教育部人文社会科学重点研究基地建设经费资助

汉语应用语言学研究

RESEARCH ON CHINESE APPLIED LINGUISTICS

北京语言大学汉语国际教育研究院 编

第 **8** 辑

商务印书馆
创于1897 The Commercial Press

2019年 · 北京

图书在版编目(CIP)数据

汉语应用语言学研究.第8辑/北京语言大学汉语国际教育研究院编.—北京:商务印书馆,2019
ISBN 978-7-100-17881-5

Ⅰ.①汉… Ⅱ.①北… Ⅲ.①汉语—对外汉语教学—教学研究—文集 Ⅳ.①H195-53

中国版本图书馆CIP数据核字(2019)第208859号

汉语应用语言学研究
第8辑
北京语言大学汉语国际教育研究院 编

商 务 印 书 馆 出 版
(北京王府井大街36号 邮政编码100710)
商 务 印 书 馆 发 行
北京艺辉伊航图文有限公司印刷
ISBN 978-7-100-17881-5

2019年10月第1版 开本787×1092 1/16
2019年10月北京第1次印刷 印张11½
定价:40.00元

目　录

简讯

汉语国际传播方略之我见*

陆俭明

提　要　汉语需要走向世界，汉语正在走向世界，但汉语不会自己走向世界，汉语走向世界的主要渠道是开展汉语教学（包括对外汉语教学、汉语国际传播、华文教学）。但真要使汉语稳步、健康地走向世界，必须在以下一些问题上有正确而清醒的认识：（一）认清学科性质；（二）明确汉语教学的核心任务和指导思想；（三）正确认识汉语国际传播的目的；（四）正确认识汉语教学中语言教学与文化教育的关系；（五）对教学法要有清醒的认识；（六）要正确认识汉语教学“本土化”问题；（七）要明白汉语教学必须以科研引航，加强基础性研究；（八）要了解汉语走向世界的条件与标志。

关键词　汉语走向世界；汉语国际传播；汉语教学；汉语教学学科性质

引　言

汉语需要走向世界，汉语正在走向世界，但汉语不会自己走向世界，汉语走向世界的主要渠道是开展汉语教学。这里所说的“汉语教学”包括在国内开展的对外汉语教学、在海外开展的汉语国际教育、华文教学。真要让汉语稳步、健康地走向世界，必须在以下一些重大问题上有正确而清醒的认识。本文所谈内容，有些在先前发表的文章中已谈过，但鉴于至今不少人还缺乏必要的认识，本文将不避重复。

一

对于汉语教学，我们首先必须认清它的学科性质。20世纪80年代初，汉语学界的前辈学者王力、吕叔湘、朱德熙三位先生都曾在不同场合说过，“对外汉语教学是一个专门的学科”。随着汉语教学的不断发展，经过20世纪80—90年代的多次讨论，大家认识逐渐趋向一致，认为汉语教学是汉语作为外语或者说作为第二语言的语言教学，已逐渐发展为一个独立的学科。正如刘珣（2005）所指出的，“它有自己独特的研究对象、研究任务、

* 本文根据在“不同区域汉语国际传播研究研讨会暨第15届对外汉语国际学术研讨会第三届汉语远程教育与传播国际研讨会”（2018年10月19—22日，浙江师范大学，金华）上所做的报告整理修改而成。

研究内容和研究方法，有自己的学科基础和已取得的研究成果，是一门其他任何学科所不能替代的专门学科”。

关于汉语教学学科，首先必须明确，它不同于汉语言文字学学科，也不同于教育学学科。

汉语言文字学学科属于语言学学科，其任务是对汉语言文字的性质、功能、结构以及运用的现状与历史发展情况及其发展轨迹进行考察、分析、研究、描写与解释，以揭示汉语言文字的一般规律，并升华为理论，以指导汉语言文字的研究和汉语语言文字的具体实践活动。

教育学学科，其任务是调查、分析、研究、论述广泛存在于人类生活中的种种教育现象与问题及其发展历史，以揭示教育的一般规律，指导教育实践。

汉语教学学科呢？它是以汉语言文字教学为基础的、关涉到汉语言文字学、应用语言学、理论语言学、教育学、心理学、文学以及跨文化交际等多学科的交叉性学科。从某个角度看，汉语教学学科主要是由汉语言文字学学科与教育学学科整合（而不是简单地相加）而成的，其任务是调查、分析、研究、论述汉语作为外语 / 第二语言进行教学的整个教学活动中的种种情况、现象、问题及其历史发展，以指导汉语教学实践，解决好教师该教什么、怎么教，学生该学什么、怎么学，其教学成效该怎么进行有效的测试与评估，如何培养称职的汉语教师，如何编写出尽可能科学的、成系列的高质量的汉语教材，如何适应时代发展的需要采用有针对性的行之有效的教学模式、教学方法等一系列问题。

二

汉语教学的学科性质决定了汉语教学的核心任务是要想方设法帮助外国的汉语学习者尽快、尽好地学习、掌握好汉语，特别是汉语书面语。

这一学科性质也决定了汉语教学的基础性教学是汉语言文字教学，尤其在初级与中级阶段的汉语教学中，从整体上来说，其他方面的教学都是为汉语言文字教学服务的。

这一学科性质也决定了汉语教学的出发点和终极目标都是让外国汉语学习者学会使用汉语，特别是学习掌握好汉语书面语，培养学生综合运用汉语的能力。

汉语教学的指导思想，从微观上来说，怎么让外国学生在最短的时间内能尽快地学习、掌握好汉语，培养起较好的包括语言能力、文化品格、思维品质和学习能力这种综合的汉语素养；从宏观上来说，开展汉语教学实质上是“开展‘国际沟通、理解教育’”，“造就国际社会情感的沟通”（胡范铸等，2018）；这就需要我们思考汉语教学怎么为构建人类命运共同体做贡献。

三

开展汉语教学的根本目的是为世界各国修建通向中国和华语社区的友谊之桥“汉语桥”。上面我们说，汉语教学的核心任务是，要想方设法帮助外国的汉语学习者尽快、尽好地学习、掌握好汉语，特别是汉语书面语；这也正是由开展汉语教学的根本目的所决定的。中国坚持改革开放政策，坚持和平发展的理念，随着中国的和平崛起，越来越多的国家和人员要与中国打交道，要来中国看看，要跟中国合作发展以达到共赢共利；特别是年轻人，想要来中国工作的人越来越多。汉语教学的目的正是要为各国民众建造通往中国的友谊之桥“汉语桥”。

四

要正确认识汉语教学中语言教学与文化教育的关系。古今中外，外语教学从来而且必然伴随着文化教育。学生在接受一种外语教学的同时，会不知不觉地接受浸润于语言教学中的该语言所属于的民族和国家的文化，特别是他们的民族理念、人生观、价值观乃至思维方式。

中国是一个文明古国，又是一个在近代饱经蹂躏与欺压而现在正在迅速崛起、逐渐成为在国际上具有举足轻重作用的和平大国。她既拥有光辉灿烂而又神奇深邃的古老文化，又有各民族交织、中外交融的现代文化。我们国家也需要将我们这种多姿多彩的中华文化融入国际多元文化的大家庭中去。汉语教学，不言而喻，也必然要承担起“中华文化国际传播”的责任。这一点，20 世纪 80 年代开始大家就意识到了。同时，由于不同民族、不同国家存在着文化上的差异，必须重视跨文化交际问题，所以汉语教师必须要有文化的头脑。但是，文化教育在汉语教学中到底应放在什么地位？这必须认识清楚。早先有媒体宣传说，“汉语教学是手段，传播中国文化才是目的”，“外国人要学的是中国文化，不是汉语”（转引自李泉，2012）等。这种看法显然是不正确的。如果以这种偏激的言辞为导向，其结果不仅会大大削弱汉语言文字教学，而且从文化传播的角度来看，这也绝非科学之举、策略之举，这反倒将有损中华文化的传播。汉语教学的重心是解决外国汉语学习者的语言学习问题，汉语教学中的文化教育是伴随性的，决不能喧宾夺主。真正有成效的文化教育都是其内容浸润于汉语教学之中，尤其是要浸润在汉语教材之中，做到“随风潜入夜，润物细无声”，潜移默化，耳濡目染（赵金铭，2013）。这样的文化教育才能有实实在在的效果。

正确认识与处理好汉语教学与文化教育的关系，这跟汉语稳步而健康地走向世界关系极大。

五

教学法是“三教”中的“一教”。教学法是很重要，但教学法都由人来掌控与实施。再说，教学法常常因人而异，因教学内容而异，因教学环境而异。这就是俗话所说的“教有定则，教无定法”。对于汉语教师来说，首先要具备比教学法更为重要的两样东西：一是汉语教师要有高度的教育责任心，二是汉语教师肚子里要有货。有了这两样东西，在汉语教学中就能做到游刃有余，得心应手。反之，再好的教学法也没有用（马真，2014）。

六

2009年开始提出了汉语教学“本土化”问题，并一直以来备受关注与热议。开展汉语教学，特别是在境外开展汉语国际教育和华文教学，这是一项学术性、技术性和政策性都很强的工程。汉语教学需要考虑“本土化”问题。问题是该怎么理解“本土化”。有一种理解，认为汉语教学特别是汉语教材要“贴近外国人的思维和生活习惯”，要“符合学生的思维方式”；认为“汉语教学面临的真正困难是不能贴近外国人的思维和生活习惯”。在这种舆论影响下，有人认为，“‘舍己为人’等故事在给外国学生讲授的时候，很多外国学生很不理解，为了使教材更容易被对象国学习者接受，就要考虑更具有文化贴近性的内容”。这些看法怎么样？应该说“不可取”，特别是关于“汉语教学特别是汉语教材要贴近外国人的思维和生活习惯”的看法更是“不可取”。而且可能会出现误导性问题。为什么这样说？

第一，众所周知，语言是思维的物质外壳。一个称职的特别是高水平的翻译人员，其外语素养与能力就体现在当他使用外语时能用目的语的思维方式来表达。外语学习的成功就在于在学习过程中能不断积累丰富的目的语的语感，其中就包含目的语的思维方式。因此，汉语教学成功的标记之一，是能让外国汉语学习者按照我们中国人的思维方式来说汉语、写汉语。

汉语教学的“本土化”主要应体现在具体教学过程中，而其前提是实现汉语教师本土化。因此，汉语教学绝对不能提“汉语教学要贴近外国人的思维方式”这样的错误要求。

第二，汉语教材就是要用地道的汉语来编写，就是要用地道的汉语来解释、说明汉语语音、汉语语法等，这有助于外国汉语学习者感受、学习汉语，使他们在汉语表达的熏陶下更好地学会汉语，能“用精良的汉语表达思想”。

“本土化”这一理念完全可取。汉语教学需要考虑“本土化”问题，我们所否定的是片面理解的“本土化”认识。那么如何正确理解和实施汉语教学“本土化”呢？“本土化”应具体体现在哪儿呢？汉语教学的“本土化”主要应该体现在教学过程中。这是汉语教学真正体现“本土化”的重要一环。这需要抓好一个环节，即有意识地注意进行语音、词汇、语法的对比性讲解，以有助于学生了解、理解与掌握。而真要使汉语教学体现“本土化”，上面已经说过，其前提条件是要实现汉语教师的本土化，特别是初级、中级阶段的汉语教学主要要由对象国国民来任教。

有人会说，对象国国民任教的汉语教师，他们在发音上、他们在用词上、他们在句法规则的使用上，肯定赶不上我们中国的汉语教师。这个看法应该说是符合实际情况的。但这只是看到了问题的这一方面，从另一个角度看，本土国民上岗担任汉语教学的任务，利大于弊。

首先应该相信，汉语教学对象国国民的汉语教师有能力胜任汉语教学工作。要知道，他们都是经过一定的考核，取得合格教学证书的。他们的汉语素养、汉语水平，以及他们对中国文化的了解，都会达到一定的程度与水平，他们有从事汉语教学的基本能力。

其次要看到，实现汉语教师本土化对汉语教学来说，起码会有三大好处：

第一，本地汉语教师虽然在发音上、在用词上、在句法规则的使用上，赶不上我们中国的汉语教师，可能会存在这样那样的缺憾，但是他们在教学中比我们更了解学生的心理，更了解教学的重点，更了解学生学习汉语的难点，比我们更善于进行对比教育，所以会更好地、有意识地引导学生学习汉语。实际的教学效果一般说来不会比我们派去的中国的汉语教师差，相反会胜出我们派去的中国的汉语教师。国内外外语教学的事实告诉我们，各国外语教学的初级教学阶段乃至中级教学阶段基本都是由本国国民任教的。我们学英语、学法语、学德语、学俄语、学日语、学西班牙语、学阿拉伯语、学韩语的时候，都不是由这些外语所属国家派来的教师教的。在初级、中级阶段全都是由我们中国的本土教师教的。汉语教学也应该走这条路。

第二，由于文化的差异，思维方式的不同，如何讲授汉语使外国汉语学习者更容易接受？外语教学的历史告诉我们，能根据教材的内容，游刃有余、信手拈来地举出与对象国国情、当地风土人情相关的例子，说实在的只有本土教师能做到，而且可以说是他们的专长。而这一点对汉语为母语的中国汉语教师来说，往往是望尘莫及的。

第三，更为重要的一点，有了一支本土化的汉语教师队伍，他们为了自己的生活和生存，他们自己就会向本国政府提出加强汉语教学的要求，而这是使汉语教学进入对象国国民基础教学体系的一个很重要的助推力量，也是汉语走向世界的一个很重要的条件。

七

汉语教学必须以科研引航，特别要做好基础性的研究工作。特别要抓好以下十项基础性研究：

一是开展服务于汉语教学的汉语要素（如语音、词汇、语法等以及汉字）及其教学之研究，科学制定汉语教学各阶段对学生的起码要求——应该掌握多少汉字、多少词语、多少成语、多少语法点？具体是哪些汉字、哪些词语、哪些成语、哪些语法点？这些汉字、这些词语、这些成语、这些语法点，在教材中出现时，孰先孰后？复现率为几？递增率为几？其研究成果应该可运用于课堂教学且能获得预期教学效果，以解决好教师教什么、怎么教以及学生学什么、怎么学的问题。

二是开展服务于汉语教学的各种系列汉语教材编写的理论研究，以便编写出学生爱看、爱学，老师好用、好教的规范、科学的汉语教材。

三是开展服务于汉语教学的汉语教师培养与培训的研究，以便从主管部门到一般教员都明确汉语教师应具备什么样的知识结构、能力结构和思想心理素质，以便不断培养高素质的称职的汉语教师。

四是开展服务于汉语教学的跨文化交际的研究，以有助于汉语教师的应变能力，有助于汉语教学质量和教学水平的不断提高。

五是开展服务于汉语教学的教学模式及其理论的研究，以便每一门课都有一个最为合理、科学的教学模式。

六是开展服务于汉语教学的教学方法、教学技能及其理论的研究，以便能充分调动学生学习的积极性，收到最好的教学效果。

七是开展服务于汉语教学的汉语水平测试及其评估机制和理论的研究，以便使汉语水平测试和汉语教学评估越来越具有较为科学的信度和效度。

八是开展服务于汉语教学的汉语学习者的习得与认知研究，包括中介语研究，以便有效地把握学生的学习走向和进度，帮助学生克服学习过程中出现和遇到的种种困难。

九是开展利用现代科技手段服务于汉语教学的理论与实践研究，以便研制出越来越多的有助于汉语教学的、具有音频和视频多重互动性的多媒体网络软件，包括慕课、微课。

十是开展汉语作为第二语言教学的学科建设的理论研究，以有助于汉语教学学科的加快建设。

这都属于汉语教学的本体研究，其研究特点是始终将“研究”跟“教学”绑在一起，时时得考虑如何将研究成果用诸汉语教学。关于要以科研引航，加强汉语教学的基础性，我从 1999 年开始就不断呼吁（陆俭明，1999，2004，2007，2008，2009，2013，2016），希望能尽快落到实处。

八

汉语走向世界，已成为“中国梦”的一个组成部分。然而汉语走向世界是要有条件的；汉语是否走向了世界也会有一定的标志。

在和平环境下，某种语言传播能获得成功，决定于两方面的因素，一是人家需要该种语言，二是该种语言对他人来说有魅力、有价值。这两方面的因素实际是互动的——人家之所以需要，是因为该种语言对他国他人来说有魅力、有价值；而越是有人需要，该语言的魅力与价值就不断提升。法语、英语、西班牙语、葡萄牙语之所以能走出国门传播到其他国家，除了早期有侵略因素之外，主要是因为具备了上述两个因素（李宇明 2018）。汉语要走向世界，也得具备这两个因素。

怎么能使汉语具备上述两方面的因素从而使汉语走向世界？

首先，当然得国家强大，在国际事务中有别国不可替代的地位与作用。国家是否强大，国家在国际上的地位是否高，不决定于国土面积的大小，也不决定于国家历史的长短，而主要决定于国家的政治、经济和教育、科学技术文化等方面形成的综合国力的强弱。英国面积不大，但工业革命以来一直是个强国；美国历史不长，但在第二次世界大战后就成了头号强国；新加坡国土面积很小，是个城市国家，历史比美国更短，但在国际上的地位有目共睹。国家强大了，各个国家无论在政治、经济、文化等各方面都要跟你打交道，进行广泛的交流；在这样的国际环境下，语言传播自然就容易获得成功。语言传播的前提条件是他人需要。国家强大了，各国都看重你了，对汉语的需要就提升了。

其次，在教育上、在科技文化发展上有自己的特色，能成为教育强国、文化科技强国，各国青年学子愿意甚至向往到这一国家求学深造。古今中外的历史告诉我们，各国年轻人，由国家派出国也好，自己争着出国也好，绝大多数是为了求学深造。要去某个国家求学深造，必然要努力学习该国的语言。因此，能为世界各国青年向往的国家和地区，他们的语言在国际传播上自然也会获得成功。

再次，要有一个优化的生活环境，包括政治环境、人文环境、生态环境等，能吸引越来越多的人向往着来工作、来生活。凡是愿意到某个国家工作、生活的人定会努力学习该国的语言。因此，能成为别国公民向往着来工作、来生活的国家和地区，他们的语言在国际上的传播也容易获得成功。

最后，还有一个很重要的条件，那就是具有良好的国际形象，包括国家的国际形象和国民的国际形象（李宇明，2015）。有良好的国际形象，就容易吸引他国国民学习该国语言。因此，良好的国际形象就容易使该国语言在国际上的传播获得成功。

这样说来，汉语真要走向世界，我们汉语学界和汉语教学界的人当然要努力做出贡献，但是光靠我们汉语学界和汉语教学界的人的努力是达不到这个目的的。汉语要走向世界，必须全体国人共同努力，以达到上述这些带根本性的条件。那么目前我们的情况如何呢？

就第一个条件来说，我们国家的经济发展、综合国力、国际地位包括国际金融地位，应该说现在已经逐步具备或接近了这一条件。中国实行改革开放以来，特别是进入 21 世纪以来，国际上所以会出现汉语热，也是由这一先决条件造成的。随着我们国家逐步富起来，强起来，汉语走向世界的步伐将会加快。但是，光有这一先决条件还不行，还得具备其他条件。

就第二个条件来说，我们目前还很难说已经成为一个教育强国、科技强国，虽然我们在某些方面，如航天技术、高铁技术、5G 通信技术、钱币支付技术、某些军事技术等已逐步进入国际前列。但我们目前很难说已经成为教育强国、科技强国。

目前，来华留学的外国留学生虽然已经超过 48 万，但学历生只有 50% 左右，而且大多是来学习汉语或学习中医或其他中华文化的，理工科技方面的留学生很少，即使有也基本都是发展中国家的学生。哪一天我们国家成为教育强国、科技强国了，就会吸引越来越多国家的青年学子，向往着到中国来留学，就像现在很多人到美国、英国、德国、法国、日本等国家留学一样。我们国家成为教育强国、科技强国了，就会在一些重要的学科，人们要想在该学科领域内将研究向前推进一步，非得阅读中文文献不可；到那时，不用我们宣传，世界各国就会有越来越多的青年学子来学习汉语了。但现在离这个条件还有很大距离。2016 年龙永图先生在一次演讲中说，澳大利亚一家报纸发表文章说，我们暂且不要讨论中国的经济总量什么时候能够超过美国，先问问另外三个“什么时候”，其中第一问就是：“什么时候全球的精英会把孩子送到中国留学，而不是像今天都把他们的孩子送到美国、欧洲留学？”龙永图在演讲中指出，“欧美教育能够吸引全球人士到他们国家学习，说明了全球精英对他们教育内在价值的认同，包括中国政府职员”。“教育的问题不仅仅关乎教育，关乎我们整个国家的竞争力”，① 也关乎汉语走向世界。

就第三个条件即优化的生活环境来说，我国有这方面的有利因素。譬如我国有悠久、深邃而又灿烂的古代文化，各地秀丽的名山大川，以及东、西、南、北、中各种不同风味的佳肴，又有最现代化的大城市，对世界各国民众很有吸引力，而我国目前乃至今后也会为各国中青年提供一定的就业机会。但是，也存在着一些不利的因素，比如雾霾等环境污

---

① 龙永图《暂且不要讨论中国崛起，先问问三个关键问题》（见 2016 年 09 月 11 日 16：17 中国新闻周刊公众号）。那三个关键问题（亦称“三个‘什么时候’”）是：第一，什么时候全球的精英会把孩子送到中国留学，而不是像今天都把他们的孩子送到美国、欧洲留学？第二，什么时候全球的年轻人会最欣赏中国的电影、文化、书籍，而不是像今天他们最喜欢的是美国、欧洲的电影、书籍、音乐？第三，什么时候全球的消费者在选择产品的时候，会首选中国的品牌？

染问题、食品安全问题、在互联网方面还不能做到完全畅通的问题等。这些不利因素又会令人却步，叫人不放心，从而会影响汉语走向世界。

就汉语的国际形象来说，国家的国际形象现在可以说空前高大。2013 年中国提出“一带一路”倡议，获得了世界越来越多的国家的点赞与支持。2017 年 5 月 14 日、15 日在北京举行的“一带一路”国际合作高峰论坛取得了巨大的成功，让我们感受到我们国家近现代以来没有像现在这样受到世界各国那样普遍的尊重。2017 年 1 月 18 日，国家主席习近平在联合国日内瓦总部发表了题为《共同构建人类命运共同体》的主旨演讲，又一次代表我们国家在全世界面前提出了“共同构建人类命运共同体”的倡议与构想，再一次获得东西方大多数国家的点赞与支持，并已写入联合国社会发展委员会第 55 届会议通过的《“非洲发展的新伙伴关系社会层面”决议》。这彰显了中国对全球治理的巨大贡献，也充分显示了我们国家空前高大的国际形象。但是，国民的国际形象目前并没有随着我国国际地位的提高而提升，相反出现了一定的负面影响。李宇明（2015）在《汉语传播的国际形象问题》一文中深刻地指出，“理性认识语言国际形象的形成机理，对于汉语的国际传播、对于汉语国际教育具有非常重要的意义”；“汉语要有良好的国际形象，需要所有使用汉语的国家和地区在思想文化、科学技术、经济、艺术等方面，都取得辉煌成就，并因其成就而促进人类的进步”；但是，“更需要人们的理性塑造”。“汉语国际教育工作者，对汉语国际形象的塑造更为直接与重要”。李宇明教授的观点我完全赞同。我还想补充的是，对汉语国际形象的塑造更为直接与重要的不只是汉语教育工作者，也包括出国访问和出国自费旅游的国民的形象。如果一个国家的国民没有底线，一切向“钱”看，出国访问或旅游不遵守他国的法律法规和习俗，该排队的地方不排队，处处摆阔，处处表现出所谓“趾高气昂”，大声喧哗、随便扔垃圾，甚至犯罪，虽然是少数，但在外国民众眼里就会产生“中国人就是这样”的印象而让人厌恶。我们都知道，人见人爱的东西，大家都愿意了解他、接近他，甚至迷恋他；人见人厌的东西，大家看着就讨厌。因此国人的国际形象会极大地影响汉语的国际传播。当然，也有好的，如河南有一位女护士在日本东京浅草寺游览时面对倒地的日本女学生毫不犹豫地立刻俯首进行急救那种救死扶伤的事迹，为我们中国露了脸，争了光，塑造了良好的国际形象。但正如崔希亮教授在北京语言大学所做的一次报告中指出的，“我们每一个中国人在国外，你就代表国家形象，人家看到一两个人在国外有这样那样的不合适的举动，人家会说，你看中国人就是这样”。

一个语言从本土向世界各国传播，怎么算是传播成功了？抽象地说，语言传播成功的标志有这样三个：

第一个标志，所传播的语言，其语言教学能纳入多数国家的国民基础教育体系，在高校、中学、小学能成为入选的外国语之一，在高校系统能设置该语言的专业，能成为第一外语选修课之一。现在已有 67 个国家将汉语教学纳入了国民基础教育体系。这应该说是一个可喜的开端。但中文 / 汉语即使在这些国家的高校大多还只是第二甚至第三外语。

第二个标志，所传播的语言的语言教学，在对象国的初级、中级教学阶段，其任课的语言教师基本都能由对象国的国民来担任，真正实现外语教师本土化。这方面还差得很远，而有些国家，如日本、美国，汉语基础教学由本国国民任教的人数这两年有下降的趋势。前一段在汉语教学界普遍存在的理念是中国派出志愿者汉语老师。殊不知这完全是个下策。其实我们也可以换位思考一下，我们学英语、学法语、学俄语、学西班牙语、学阿拉伯语、学日语、学韩语，全都是由我们中国的本土教师教的，而并不是由这些外语所属国家派来的教师教的。汉语走向世界也应该走这条路。当然，对从未开展过汉语教学的国家，可以而且应该派汉语教师去帮助这些国家建立汉语教学，但是派去的汉语教师得是有较好素养和水平的，真能成为这些国家欢迎的汉语专家。孔子学院的主要任务应该放在大力培养对象国的本土汉语教师的工作上。国家汉办负责人马箭飞在答《光明日报》记者时讲到，“延续‘汉语热’要实现四个转变”，其中之一就是“实现从我派出教师为主向教师本土化转变”。[①]这是很令人欣慰的。

第三个标志，世界各国能阅读所传播的语言的书刊报纸、能上所传播语言的网站浏览的人，越来越多，并逐年上升。这一点，值得高兴的是，随着我国国际地位的不断提高，世界各国能阅读中文书刊报纸、能上中文网站浏览的人越来越多，在各个国家具有本科学历的国民中所占的比例有所上升。升了多少？需调查落实。不过就目前而言，离这一标志还很远。

总之，汉语走向世界离目标还很远。要让离目标的距离逐渐缩短，没有他法，只有重视并大力开展汉语书面语教学。我们不能满足于已经有多少多少人学汉语了。如果光会说几句口语，学的人再多，实际作用不是很大。我们得想方设法吸引越来越多的外国中青年来学习汉语书面语，这就需要加强汉字教学，加强汉语书面语教学。

不重视汉语书面语教学，不把汉语国际教育的重心移到汉语书面语教学上，什么中华文化走向世界，什么让汉语有话语权，乃至汉语走向世界，都只能是一句空话。为什么？道理很简单。

中华文化要走向世界，其主要传播途径和渠道，那就是靠各个国家的汉学家或中文翻译人员，把我们的中华文化介绍给他们的国民，把我国的经典著作、把我国有影响的论著以及电影和电视，翻译成他们的母语或国家通用语，让他们的广大国民了解。我们也可以换位思考一下，我们对美国、英国、俄国、法国、意大利、德国、西班牙、日本以及阿拉

---

① 参见《光明日报》2017 年 10 月 28 日，第 9 版。

伯各国等文化的了解，并不是通过我们自己看英文原著、看法文原著、看俄文原著、看意大利文原著、看德文原著、看西班牙文原著、看日文原著、看阿拉伯文原著获得的，而都是通过阅读中国的翻译家的翻译作品了解的。显然，我们中国的文化要融入国际多元文化大家庭中去，就要靠各国越来越多的懂汉语、掌握汉语书面语的那些汉学家、那些汉语翻译人员。如果我们的汉语教学不重视汉语书面语教学的话，能办得到吗？

解决汉语话语权的问题也是如此。据媒体的报道，虽然我们汉语是联合国法定的工作语言，但是在虚拟空间的网络上，在联合国的实际用语中，汉语所占的比例很少很少。大量的是英语。如果在国际场合包括学术研讨会，只有少数人懂汉语，只有极少数人会说汉语，那汉语在国际上的话语权，我们想要得到就能得到吗？"解决汉语话语权"也只能是一句空话。因此，如果不是世界各国有越来越多的人真正学习掌握了汉语，特别是学习掌握了汉语书面语，汉语在国际上的这个话语权是得不到的。

要使汉语稳步、健康地走向世界，我们要努力。但光靠我们努力是达不到的，重要的还期盼政府有好的决策。

参考文献

胡范铸、陈佳璇、张虹倩（2018）目标设定、路径选择、队伍建设：新时代汉语国际教育的重新认识，《世界汉语教学》第 1 期。

李　泉（2012）国际汉语教学：学科与事业，汉语应用语言学学科建设与发展高峰论坛，北京语言大学，2012 年 8 月 20 日。

李宇明（2015）汉语传播的国际形象问题，《全球华语》第一卷（创刊号）。

李宇明（2018）语言传播研究，《李宇明语言传播与规划文集》，北京：北京语言大学出版社。

刘　珣（2005）《对外汉语教育学科初探》，北京：外语教学与研究出版社。

陆俭明（1999）关于开展对外汉语教学基础研究之管见，《语言文字应用》第 4 期。

陆俭明（2004）增强学科意识，发展对外汉语教学，《世界汉语教学》第 1 期。

陆俭明（2007）再谈汉语作为第二语言教学的学科建设问题，《长江学术》第 2 期。

陆俭明（2008）谈汉语作为第二语言教学的学科建设及其本体研究，《外语教学与研究》第 5 期。

陆俭明（2009）再谈要加强汉语作为第二语言的基础性研究，《华文教学与研究》第 4 期。

陆俭明（2013）汉语国际传播中的几个问题，《华文教学与研究》第 3 期。

陆俭明、马　真（2016）《汉语教师应有的素质与基本功》，北京：外语教学与研究出版社。

马　真（2014）教有法，教无定法，《世界汉语教学》第 4 期。

赵金铭（2013）国际汉语教育的本旨是汉语教学，《汉语应用语言学研究》（第 2 辑），北京：商务印书馆。

（陆俭明，北京大学，lu_ma2008@pku.edu.cn）

语言类型视角的区域汉语教学 *

赵金铭

提　要　本文基于语言类型视角，从同一区域中的语言类型出发，探讨不同语言类型对区域汉语教学的影响。也可以说，关注区域内学习者母语的语言类型对汉语学习的迁移作用。语言类型的不同，体现了人类语言的共性。每一种语言都在人类语言共性的基础上，保有自己的语言特点。如能分别就区域内相同与不同的语言类型，与汉语做类型学的对比，便可对汉语作为第二语言教学提供有用的参照。本文试举出中亚、东南亚和非洲三个区域的语言类型情况，画出区域语言类型地图。大致说来，中亚地区语言类型“同中有异”，非洲地区语言类型“异中见同”，东南亚地区语言类型“异趋于同”。在分析区域语言类型基础上，就其同与异，实施有针对性的区域汉语教学。

关键词　语言类型；区域；汉语教学

区域/地区汉语教学是近年来基于地缘联系而出现的语言教学概念，这是一种地区性语言教学研究，与研究世界语言地理分布的传统的地缘语言学（geolinguistics）不尽相同。区域/地区汉语教学，主要研究该地区汉语教学共同面对的汉语教学问题，商谈教学对策，提升教学质量。目前，区域汉语教学还仅限于从地域角度探讨汉语教学共性。而本文将截取语言类型（typological）视角，从同一地域中的语言类型出发，探讨不同语言类型对区域汉语教学的影响。换一个维度，也可以说，关注区域内学习者的母语类型对汉语学习的迁移作用。

目前，已有“亚太地区汉语教学学会国际研讨会”（第九届，2017年10月，韩国首尔）、“非洲41国60多所孔院非洲孔院联席会”（2018年5月，莫桑比克马普托）、“东南亚联盟汉语教学国际学术研讨会”（第二届，2018年2月，马来西亚吉隆坡）、“首届欧洲汉语教学研讨会”（2017年2月，匈牙利布达佩斯）、中亚五国的汉语教学（《新疆教育学院学报》2009年第3期）等地域性教学研讨或教学研究。

---

* 商务印书馆2008年至2018年陆续出版了80个语种《汉语图解词典》和《汉语图解小词典》，本文的一些相关语言资料取自为出版该系列词典所准备的语言背景材料。另有些语言的描述取自《中国大百科全书·语言文字》中的“世界诸语言”有关词条。

一、语言类型与区域语言教学

同一地区国家所使用的语言不尽相同，语言所属类型也不一样，展现的语言特点也多有差异。也就是说，同一地区汉语学习者的母语不同，显现的语言类型特点不尽相同，甚至有较大的差异。

学习者母语是一种已学得并掌握的语言，依据迁移理论，它会对后来学习的第二语言产生影响。母语学得的经验包括语言知识、语言技能以及思维习惯、行为方式等。起正确作用的影响是正迁移，起干扰作用的影响是负迁移。母语经验如应用恰当，其效果是正迁移；反之是负迁移。

据此，为整个地区汉语教学提出一个值得关注的问题，就是首先要对学习者的母语的语言类型有所了解。这样，才能预估学习者母语可能对学习者产生的迁移作用，从而有针对性地对同一地区不同母语背景的学习者实施有效的汉语教学。有学者认为，“语言类型学对于改进外语教学、创造人工智能，能予以一定的帮助”（《中国大百科全书·语言文字》第253页），就是基于这样的认识。

一个区域中学习者不同的母语之间最大的不同，是语言类型的不同。语言类型学就是研究世界各种语言的特征并进行分类的学科。其分类的方法是比较这些语言，找出其相同和不同之处。一般来说，类型划分，主要依据语言结构上的共同性进行分类，而不管它们之间的历史渊源。

目前世界公认的语言类型分类，是把世界语言分为四种类型：（1）孤立语——缺少词形变化，但词序很重要，如汉语、越南语。（2）黏着语——通过把词缀“黏着”在词根上来实现词形变化，如日语、土耳其语。（3）屈折语——其“屈折”是指词的内部的语音形式的变化，又叫内部屈折。如英语、阿拉伯语。上述三种分类并不能概括世界上所有的语言。而且各种语言也找不到纯粹的典型，只能找到近似的类型，因为多种语言差不多都是跨类型的。故而，又有（4）多式综合语。

二、语言类型与语言共性

现代语言类型学认为语言的类型分类不仅可以在形态层次进行，而且可以在语音（音位）层次、句法层次，甚至语义层次进行，如以有无声调为标准，可划分出有声调语言和无声调语言。根据句法，可分为SVO型语言、SOV型语言和VSO型语言。语言类型的分类，已超越出把一种语言归为某种单一类型的做法，为的是总结出一切语言或部分语言共同具有的类型特征。人类语言的共性是语言分类的依据。

语言共性的研究有两种取向，一种是基于乔姆斯基的普遍语法，一种是基于语言类型学语言蕴含共性。无论哪种，都是通过跨语言的比较，对语言的共性进行概括，同时建立人类语言变异的边界，这样，我们又可以说，语言类型学关注的是人类语言共性的描写。

从语言共性的角度去看汉语又会怎么样呢？早在 1993 年，沈家煊在《汉语特点研究和语言共性研究》一文中认为："汉语本质仍受人类语言共性的制约，很多被认为是汉语特点的事实很大程度上都是认识上的偏差而形成的，属于表面现象。汉语与其他语言之间的这些表面差异往往在较深的层次上不复存在。"

当我们把汉语语法特点，置于世界语言变异的范围来研究时，首先得承认语言的变异是有一定范围的。普遍语法理论包括一系列原则，这些原则规定了人类语言的共性，每个原则一般有不同的参数，不同的参数设定又使人类语言呈现出纷繁的个性。

三、汉语特点与世界语言

我们常常说，汉语有自己的特点，而这些特点，往往也就是学习者学习汉语的难点，是教学中要多加关注的。我们试举几条公认的汉语的特点，比如：（1）汉语属声调语言，声调区别意义。（2）汉语有量词和语气词。（3）汉语主谓结构比较松散，甚至可以没有主语。主谓结构可以充当谓语。（4）汉语中的动补结构很重要。简单的动补结构是由两个动词或一个动词和一个形容词组成的。（5）所有的修饰语都必须放在被修饰语成分的前边。

当我们以语言共性为背景，来看汉语的这些特点时，就会发现汉语语法与人类语言共性发生了密切的联系。在世界一些语言中，这些特点也会不同程度地以该语言特有的结构形式出现。

比如"汉语声调表达词汇意义"这一条。有学者做出统计，"世界上大约 60%—70% 的语言是声调语言，其中包括非洲撒哈拉地区、东亚、东南亚和中美洲的大部分语言，北美、南美和太平洋地区的许多语言，还有西欧的瑞典和某些荷兰方言"。

另有研究数据显示："在 527 种语言中，有 307 种语言是无声调的，有 132 种语言是简单声调的，只有 88 种语言是复杂声调的语言。一般认为，具有简单声调的语言不是严格意义的声调语言。这 88 种语言不是零散地分布于世界各地，它们具有聚集性，基本上都分布在赤道附近、热带和亚热带。"（陆丙甫和金立鑫，2015 年，第 33 页）

再比如"汉语所有的修饰语都必须放在被修饰语成分的前边"。我们先从领有者和核心名词的语序来看，在人类语言中，大约有三种情况：领有者前置于名词（汉语如是：张三的书），这种情况占绝大多数；领有者后置于名词，次之；两种语序共存，没有优势语序者，极少。

从动词的修饰语来看，汉语介词可以前置，也可以后置，如：往前走 / 前往上海。如果从类型学角度观察人类语言的基本语序，则与选择前置词还是后置词有很大关系。动词居首的语言常选择前置词，动词居末的语言常选择后置词，而动词居中的语言选择就不那么清晰。大多数动词居中的语言会选择前置词，有相当一部分语言选择后置词，也有既有前置词又有后置词的情况。汉语是动词居中的语言，既有前置词，又有后置词。汉语具有特性的补语，在一些语言里，可能成为动词的后置修饰语。

再拿汉语中的语气词来说，也并非汉语所独有，比如常见的六个语气词“的、了、呢、吧、吗、啊”。所谓语气词，其他语言中也会以各自不同的语言形式存在，实遍及亚、欧、美几大洲的许多种没有亲属关系的语言中，只不过与汉语的语言形式不同而已。

又比如中间不带连接性虚词的连动式也被认为是汉语区别于印欧语的一大特点。不过，类型学的调查显示，这类结构广泛存在于西非、东南亚、大洋洲等许多语言中（刘丹青，2005）。这种结构中几个动词短语如果顺序摆放不当，就会出现如下类型偏误：

（1）* 他告诉我们刚才发生的事情笑着。①

（2）* 很多旅游者来这里开着汽车。

一般认为汉语属于 SVO 型语言，如果从世界语言变异有一定范围来看，主语、动词、宾语三者的词序变化在逻辑上有六种可能，然而这六种类型在世界语言的分布上有重大偏差，即偏向于其中的三种，有一种还找不到实际存在的语言。

SVO 型语言，一些印欧系语言，如英语。汉语也属这种类型，如“我吃饭”。

SOV 型语言，如日语、突厥语。汉语也可说“我饭吃了”。学习者的类型偏误：

（3）* 我一本书买了。

VSO 型语言，如阿拉伯语。类型偏误：

（4）* 老师，去颐和园，也我。

汉语甚至在一定条件下还有 OSV 型的语言形式，如可以说“饭我吃了”。

由此看来，可以说，汉语具有很大的灵活性。

明了了人类语言的共性，不外乎就是表现为若干语言类型。而每一种语言都在人类语言共性的基础上，保有自己的语言特点。这些特点又并非只存在于自己的语言之中，它还会以某种形式存在于另一些语言之中。就像所谓的一些汉语语法特点，也会变化了形式，出现在其他语言之中。以这样的观点来观察一个区域内学习者的语言类型，从而与汉语做

① 本文外国人学习汉语的偏误句子，分别取自：佟慧君编《外国人学习汉语病句分析》，北京：北京语言学院出版社，1986 年；程美珍主编《汉语病句辨析九百例》，北京：华语教学出版社，1997 年。

出比较，无疑对汉语教学与学习是十分必要的。它会预见学习者可能受其母语类型的影响，对汉语学习产生正 / 负迁移作用，可以使教师了解学习者汉语学习偏误可能产生之根源，还可以有针对性地对母语为某类型的学习者进行汉语教学，收事半功倍的效果。

四、区域语言类型与汉语作为第二语言教学

一个区域内的语言类型，也即学习者母语，一般来说，不一定具有同一性。故而应关注区域语言类型的同与异。在教学中，应针对不同的语言类型，提出教学方案，并对该语言类型的汉语学习者可能出现的语言偏误，从类型学的角度，加以防范。我们试举出一些区域的语言类型情况，以见对汉语作为第二语言教学之影响。

4.1 中亚地区语言类型“同中有异”

中亚国家有哈萨克斯坦、乌兹别克斯坦、土库曼斯坦、吉尔吉斯斯坦和塔吉克斯坦。

前四个国家所说的哈萨克语、乌兹别克语、土库曼语、吉尔吉斯语均隶属于阿尔泰语系突厥语族，属黏着型语言。黏着型语言语法范畴通过在词根上附加各种附加成分来表现。

而同一地区塔吉克斯坦所说塔吉克语，却隶属于印欧语系印度伊朗语族，属于屈折语。

屈折型语言是通过词的内部形式变化来表达，比如时态，屈折语就是通过动词变位来表达的。这就与汉语靠时间词、动态助词等来表达时态完全不同。

又比如印欧系语言大多是主语优先语言，一个句子必须主语、谓语齐全。汉语是话题优先语言，只要有话题，并且有语境，主语可以不出现。汉语里有指称，不一定有陈述，有陈述，必有指称。在汉语里，指称还可以转化为陈述，如：这个人挺长的头发。这样的句子，印欧系母语学习者往往要说成：这个人是挺长的头发。印欧语系是双部句，还要防止汉语句中主语赘语，类型偏误如：

（5）* 我们去食堂吃饭，以后我们去图书馆看书。

我们把这种同一个地区中的语言类型，大部分语言类型相同、个别语言的类型别属的现象，叫作“同中有异”。

值得注意的是，和前四种语言同样隶属于阿尔泰语系突厥语族的语言还有土耳其语、阿塞拜疆语，以及我国境内的维吾尔语。虽然地域相隔较远，但它们与前四种语言一样也是黏着型语言，名词有数、格，动词有态、时、数；语序严格；限定语在中心语之前。如从语言类型相同角度去观察，区域汉语教学或可扩大范围。

这样，在实施中亚地区汉语教学时，就要区分不同母语背景所属语言类型，并做到粗知，以便有针对性地进行汉语教学。这也就是对所教语言和学习者母语做到知己知彼。

4.2 非洲地区语言类型“异中见同”

说到非洲的语言，如从使用人数最多的角度，有一种说法，认为非洲大陆有三大语言：阿拉伯语、豪萨语和斯瓦希里语。

阿拉伯语是联合国工作语言之一，是西亚、北非22个阿拉伯国家使用的语言，使用人口约两亿，属阿非罗-亚细亚语系闪语族，是一种综合型语言。

豪萨语也属阿非罗-亚细亚语系，但属乍得语族。豪萨语在尼日利亚北部、尼日尔南部、乍得湖沿岸、喀麦隆北部、加纳北部以及萨丽那地带的西非各国广泛使用。目前能够使用这种语言的人数有5000多万，它不是任何一个国家的官方语言，但它历来是西非地区公认的一种商业交际语。

斯瓦希里语隶属于尼日尔-科尔多凡语系尼日尔刚果语族，是非洲使用人数最多的语言之一，约5500万人使用，是赞比亚、肯尼亚、乌干达的官方语言，刚果民主共和国的国家语言之一。在马拉维、布隆迪、卢旺达、坦桑尼亚、索马里和莫桑比克等东非、中非国家斯瓦希里语被作为交际语言使用。

我们说非洲语言“异中见同”，特别表现在词汇方面，豪萨语和斯瓦希里语都吸收了大量的阿拉伯语语词。在古豪萨语中就吸收了大量的阿拉伯语词汇，特别是宗教、行政、法律、教育等方面尤多。在斯瓦希里语中，阿拉伯语词占词汇总量的30%以上。

从汉语教学的角度来看这些语言与汉语的异同，阿拉伯语无声调，而豪萨语和斯瓦希里语都是声调语言。豪萨语有四个声调和长短音，可以引发词义变化。斯瓦希里语有高低两个声调。这种有声调语言对学习汉语声调有什么影响呢？

经研究，王安红（2006）认为：“母语为有声调语言的学习者在学习初期能够很好地进行正迁移，能够比母语无声调的学习者更快地把握声调；但是在学习后期，由于有声调的母语的声调系统同汉语不一样，原来的正迁移就变成了一种负迁移，而母语无声调语言的学习者却没有这方面的干扰。”在教学中，我们也发现一些非洲学生，其母语中有高调和低调之分，在初始阶段常将汉语双音词读成一高一低或一低一高。比如汉语的“时间”，本为35+55，读成24+42（赵金铭，1988）。

又如阿拉伯语的语序有较大的灵活性，但修饰语只能紧跟在被修饰语之后。阿拉伯语无量词，但是名词除了单、复数之外，还有双数，这很特别。下述偏误多与学习者母语类型相关，具有类型学意义：

（6）* 我们没有说话很多，火车就开了。

（7）* 这是一件小事给我深刻影响的。

（8）* 他给我写了我的情况吃和住。

（9）* 这个城市有六公园。

（10）* 我喝了两个杯牛奶。

（11）* 摩托车的我丈夫很好。

（12）* 他想念很他的父母。

我们说非洲语言从类型学角度，“异中见同”，是将这一地区的语言看作类似“语言区域”问题，也称作“语言联盟”。近年来，“语言联盟”的研究日益受到语言学家的关注。所谓语言联盟，是指同一地区或毗邻地区通行的数种没有亲属关系的语言，由于长期的接触，互相影响而获得语法、语音等方面的许多相似或共同特征。语言渗透引起的语言联盟，是世界上几乎所有地区普遍存在的一种现象（《中国大百科全书·语言文字》第359页）。在实施区域汉语教学时，对这种语言状况应予以关注。

4.3 东南亚地区语言类型“异趋于同”

东南亚地区，也就是东盟10国。倘以我国南海为坐标，东南是马来西亚、印度尼西亚、文莱、菲律宾和新加坡；西边是泰国、缅甸、越南、老挝和柬埔寨。

4.3.1 泰语、缅甸语和老挝语

这三种语言属汉藏语系，跟汉语一样，均为孤立型语言。泰语和老挝语属壮侗语族、缅甸语属藏缅语族。这三种语言均为有声调语言，泰语有五个声调，却只有四个声调符号；缅甸语有四个声调：高平、高降、低平、短促；老挝语有六个声调，辅音分高、中、低三组。这三种语言虽有声调，无论调类还是调值都与汉语声调不同，教学中要特别注意。

这三种语言都有量词且很丰富，但与汉语的数－量－名的表达方式不尽相同，泰语是名词打头，然后数词，量词在最后，为名－数－量语序，老挝语也一样，但是数词“一”应放在量词之后。像这样的类型偏误：

（13）* 我们的教室在教学楼的层二。

在了解学习者母语的情况下，就要尽量避免。

汉语“所有的修饰语都必须放在被修饰语成分的前边”。缅甸语是修饰语在中心词之前。泰语则不然，定语在中心语之后，而状语或在中心语之前，或在中心语之后。老挝语的名词修饰语要放在名词之后。有这样的类型偏误：

（14）* 第一节课先我们念生词，以后念课文。

（15）* 这个小镇有工厂很多。

（16）* 季节的家乡跟这里一样。

汉语语序以SVO为主，泰语、老挝语与汉语相同，虚词也是表达语法意义的重要手段。而缅甸语却是主语－宾语－谓语的格局。应注意这样的类型偏误：

（17）* 我的家乡很大的雨下了。

由此可见，同是汉藏语系的亲属语言，在存在语言共性的前提下，也还是稍有差别。

4.3.2 越南语和柬埔寨语

这两种语言均属于南岛语系的孟－高棉语族，越南语是孤立语，柬埔寨语也属分析型语言。越南语有六个声调：平声、锐声、玄声、问声、跌声、重声。柬埔寨语却无声调变化，只是辅音分高、低两大类，随高低辅音的不同，读音上有高、低之分。

再从量词和修饰语位置上观察。越南语为有量词语言，数词、量词修饰在名词之前，柬埔寨语却无量词。这两种语言的修饰语位置与汉语不同。越南语名词修饰语一般在名词之后，柬埔寨语定语、状语放在所修饰的名词、动词、形容词之后，状语也可放在句首或句尾。

语序上也有差别，越南语句子主语在谓语之前，宾语和补语在谓语动词之后。柬埔寨语的语序也是主语－谓语－宾语。这两种语言语法意义主要由词序和虚词来表示，因为同是孤立语，这一点很像汉语。故而要注意这样的偏误：

（18）* 我翻译了一本中文书在中国同学的帮助下。

（19）* 我们应该常常谈话跟中国朋友。

这就看到汉藏语系语言与南岛语系语言的异与同，以及对汉语教学的影响。

4.3.3 马来西亚、印度尼西亚、文莱、菲律宾和新加坡

这五国的语言，全属于南岛语系印度尼西亚语族。这之中马来语、印尼语、文莱语以及新加坡的马来语，属于分析型语言，句法关系由功能词和语序来表示。只有菲律宾的他加禄语是黏着型语言，语法关系是由前缀、中缀、后缀和词根紧密结合来表示。

从修饰语位置来看，前四种语言是定语在中心语之后，状语在动词之后，这就与汉语截然不同。学习者出现如下偏误应该有其类型学的根源可查：

（20）* 地震以后，我看到中国人民的精神克服困难，很感动。

（21）* 我们的决心一定要掌握飞行技术很大。

（22）* 我们讨论了这个问题研究了办法解决它。

（23）* 通过实习，以前学过的东西，我们可以记住很好。

（24）* 天冷了，你得穿多衣服。

再从语序的角度看，前四种语言句子的基本结构全是主语－谓语－宾语，这就与汉语一样。只有菲律宾语是谓语－主语－宾语的语序，因为动词打头，学习者难免受干扰，出现：

（25）* 你开开那个房间的窗户。

（26）* 请代我问好你的父亲。

（27）* 一边我听音乐，一边唱歌。

我们说东南亚地区的语言“异趋于同”是基于如下理由：这一地区由于地缘关系，近年

来东南亚10国作为一个经济体，政治、经济交往日渐密切，人员来往日益频繁，语言属不同的语系，但语言接触与融合日渐加深。整个地区皆重视汉语教学，因此寻求语言之间在类型上的共性，发现各自语言的特性，分门别类组织汉语教学，将有助于提升汉语教学质量。

五、余论

爱德华·萨丕尔（1985）曾言："人类学家惯于凭借种族、语言和文化这三个纲目来研究人。着手研究一个自然区域（如非洲或南海）的时候，他们首先应做的事情之一就是用这三重观点来画地图。"

我们所画的地图，是从语言类型学角度，在一个区域内，画出语言类型的同与异。我们说中亚地区语言类型"同中有异"，非洲地区语言类型"异中见同"，东南亚地区语言"异趋于同"，都是就其区域内各国语言类型的现状与发展来审视的，其目的是关注学习者的母语状况，以利于开展汉语作为第二语言教学，从而取得良好的教学效果。

我们所画的只是一个区域内语言类型的地图。爱德华·萨丕尔（1985）又说："历史学家和人类学家发现，种族、语言和文化分布不平行，它们的分布区域犬牙交错，最叫人迷惑，并且它们的历史会各自走不同的道路。种族比语言容易混合。反过来说，语言会传播到远离老家的地方，传入别的种族，别的文化领域。"

从类型学角度来观察区域语言，我们已经发现语言与种族、文化分布的不平行，同一种语言类型分布在不同的民族之中，不同的语言类型也可能共存于一个种族之中。文化也是这样。所以萨丕尔才说"分布区域犬牙交错，最叫人迷惑"。我们只是强调从语言类型的角度，要了解区域内学习者母语的不同语言类型，从而更能有针对性地进行汉语教学。

参考文献

爱德华·萨丕尔（1985）《语言论》，陆卓元译，陆志韦校订，北京：商务印书馆。
刘丹青（2005）语言类型学与汉语研究，徐杰主编《汉语研究的类型学视角》，北京：北京语言大学出版社。
陆丙甫、金立鑫主编（2015）《语言类型学教程》，北京：北京大学出版社。
沈家煊（1993）汉语特点研究和语言共性研究，刘坚、侯精一主编《中国语文研究四十年纪念文集》，北京：北京语言学院出版社。
王安红（2006）汉语声调特征教学探讨，《语言教学与研究》第3期。
赵金铭（1988）从一些声调语言的声调说到汉语声调，《第二届汉语教学研讨会论文集》，北京：北京语言学院出版社。
中国大百科全书总编辑委员会（1988）《中国大百科全书·语言文字》，北京：中国大百科全书出版社。

（赵金铭，北京语言大学，zhaojinming@blcu.edu.cn）

对外汉语教学语法大纲研制的一些具体问题*

齐沪扬

提 要 面对对外汉语教学语法体系长期得不到改善的情况，学界一些学者从20世纪90年代开始，便提出改革对外汉语教学语法体系的愿望。本文讨论以下三个在对外汉语教学语法体系研制过程中涉及的具体问题，即（1）以往研究的回顾及存在的问题；（2）教学语法大纲研制中可以突破的空间；（3）教学语法大纲研制的具体思路和方法。讨论和回答这几个问题，不仅关乎对外汉语教学语法体系的建构，更有助于厘清许多存疑的问题和难以解决的问题。

关键词 对外汉语教学；语法大纲；具体问题

一、以往的研究回顾及存在的问题

1958年出版的《汉语教科书》（上下册）确立的语法体系是对外汉语教学界公认的第一个对外汉语教学语法体系，该教科书对语法项目的选择、切分、解释、编排等，基本上沿用至今。《汉语教科书》所确立的语法体系在时间（一直影响到今天）和空间（不仅影响了中国，还影响了全世界的汉语教学）上都具有深远的影响。

不仅如此，改革开放以来所产生的一些重要的考试或教学大纲也都深受《汉语教科书》的语法体系的深刻影响。其中影响最大的三个大纲分别是《汉语水平等级标准与语法等级大纲》（1996）（以下简称《HSK大纲》）、《高等学校外国留学生汉语言专业教学大纲》（2001）（以下简称《专业大纲》）、《高等学校外国留学生汉语教学大纲（长期进修）》（2002）（以下简称《进修大纲》）。以《HSK大纲》为例，基本框架跟《汉语教科书》没有大的区别。另两个大纲的语言点的设置也都大同小异，没有本质的不同。

1.1 经验和借鉴之处

学界自20世纪80年代末至今，不断地探讨教学语法体系和大纲问题，有很多真知灼见。“对外汉语教学语法大纲”的研制，是在以往研究成果的基础上起步的。上述代表性成果

* 本文得到国家社科基金重大项目“对外汉语教学语法大纲研制和教学参考语法书系（多卷本）”（项目号：17ZDA307）资助。

给研制留下了很多经验，留下了很多资料，有很多借鉴之处：

1.1.1 以往的研究已具有问题意识，提出许多值得学界思考的问题

提出这些问题的教师，大都具有本体语法研究的经历，从事对外汉语教学多年，在理论上和教学上都有造诣，提出的问题具有针对性，具有启发性，对对外汉语教学语法大纲研制研究很有帮助，使研究可以很快地面对问题、解决问题。

2015 年 12 月中旬的教学语法高层论坛上专家的发言，可以看成是“问题意识”的集中表现。例如“语法的边界问题”就是一个争论颇大的问题。“语法”到底管到哪里？边界在什么地方？是恪守“语法研究到句子为止”的结构主义观点，还是吸收“语法研究还要考虑篇章”的功能主义观点？这涉及教学语法体系的结构和范围。专家的发言和对外汉语教学语法大纲研制研究的理论来源和研究方法都密切相关。

又如对于“教什么”的问题也有争论，也就是教师教给学生的应该是哪些项目，例如句型和句式，要不要做出区别，句式的范围、种类都包括哪些，句式到底有没有确切的数量，一共有多少句式，句式应该怎么分级，等等，这些问题正是对外汉语教学语法大纲研制研究要重点考虑和重点解决的，与语法项目的提取和语法项目的分级有直接关联。

再如怎样对待学界的纷争和不一致，这也是会议上争论的问题。教学对象的不同决定了教学语法和理论语法的差异。过于“精细”的分类并不适用于教学，但所谓的“粗略”又应该怎么加以控制。本体研究中许多不一致的看法如何取舍？比如兼语句、连动句、双宾句、主谓谓语句的范围各家不一等等。这些讨论对对外汉语教学语法大纲研制过程中提取语法项目时，如何处理一些中间状态现象很有帮助。

1.1.2 以往的研究已具有改革意识，研制大纲是学界共识

20 世纪 90 年代初以来，对外汉语学界不少学者呼吁，现有的语法体系存在明显不足，需要改革。尽管有学者认为这种改革之声，只是停留在呼吁层面，未见实际的实施，但是从发表的论文和其他专业会议上的发言上看，专家们还是就现有教学语法体系的方方面面，提出了许多需要改革的建设性意见；尽管认识不同，看法也不一致，但希望研制新的大纲成为学界的共识。

有的学者是从建构体系的角度指出现有体系的不足。例如赵淑华就认为，在目前还没有成熟条件去建立语义、语用分类系统的情况下，只能从教学的需要出发，考虑建立简明、实用的结构分类系统。吕必松认为，对外汉语教学语法体系将语法教学主要集中在初级阶段，而中高级阶段的语法教学则缺乏计划性和系统性，这样的安排是不科学的。吕文华主张要重新确定初级阶段、中级阶段、高级阶段的语法教学内容，并论述了中高级语法教学在初级阶段基础上如何衔接贯通、循环递进以及深化和扩展的具体构想。

也有学者就教学语法体系中具体的语法项目设立，语法项目具体的实施等问题提出建

议。例如吴中伟建议主语和主题并用，有利于语法教学，可以避免内部的矛盾，可以取消主谓谓语句。张旺熹主张汉语教学语法系统的构建，应当以句子为核心，应着重研究句子与短语的关系、句子与句子的关系、句子和语境的关系。肖奚强认为现有大纲和教材中对句式选取面较窄，教学分级不够科学，中高级阶段的句式编排较为粗疏，新的教学语法体系或标准应该对句式系统给予扩充，句式需要重新分类和分级，高级阶段应该着重安排句式的篇章功能教学。

1.2 以往研究存在的问题

但是，在看到以往研究的成绩的同时，也应该认识到，现有的教学语法体系的不足是客观存在的；以往的研究成果，也不同程度地表现出有待进一步深入研究的地方。我们认为，已有代表性成果体现了如下特点，显示出在教学语法体系的理论背景、体系构架、大纲范围、语法项目提取和分级的原则与方法等问题上的欠缺和不足。

1.2.1 邓懿《汉语教科书》的影响过大

《汉语教科书》是中华人民共和国成立以来第一部正式出版的对外汉语教科书，是20世纪50年代汉语教学实践的总结。《汉语教科书》有其历史地位：首先是把对外汉语教学从对本族人的汉语教学中分离出来，其次是第一次提出了较为实用的汉语教学语法体系。《汉语教科书》的语法体系吸收了汉语语法学家的研究成果，总结了语法教学的实践经验，因而具有较强的针对性、实用性和完整性，对后来的教材影响很大。现在使用的语法体系，虽然有了若干变化，但并没有改变原来的体系。这从上面列举的代表性成果中可以看出。

时至今日，各种教材层出不穷，但《汉语教科书》仍不失为一部重要的参考书，受到国内外汉语教师和语言学家们的重视。一方面说明这本教材确实有其历史地位和学术地位，但从另一方面也证明了对外汉语学科发展缓慢，教学语法体系至今是五六十年以前的框架，怎么说这也是一个不太正常的现象。

1.2.2 结构主义理论的桎梏太紧

在对外汉语教学界，受语言学结构主义理论和心理学行为主义理论的影响，句型教学法曾经深刻地影响过对外汉语教材的编撰。听说领先、反复操练、以句型为中心、通过语言对比确定教学重点和难点这一些教学原则为学界所接受；在语法项目习得的操练上，遵循“词语－句型－会话”的顺序展开，语法项目限定在句子范围内。

无论从后来的各个时期所编写主干教材中，还是从20世纪80年代以来出版的一些对外汉语教学语法参考书中，都可以看到结构主义语言理论的影响。研究者们在沿袭《汉语教科书》体系的同时，事实上在贯彻着结构主义理论的语法观，这自然与研究者的学术背景是紧密联系在一起的。功能主义、特别是认知理论的传入，面对对外汉语教学的实际状况，学界的很多争论都和理论背景相关：如何看待句法、语义、语用之间的关系？对外汉语语法教学中，三者是同步教授还是分级教授？篇章概念是不是要引入到对外汉语教学中来？等等。进入新世纪的对外汉语教学，自觉地接受多元的语言学理论的指导，这应该成为学界的共识。

1.2.3 对汉语语法本质特征的认识有待加强

中小学母语教学语法体系的拟订、使用、发展的曲折过程，值得对外汉语学界记取和重视。《暂拟汉语语法系统》（简称《暂拟系统》）和《中学教学语法系统提要（试用）》（简称《提要》）之所以不受欢迎到不被重视，很重要的一个原因就是对汉语语法的本质特征认识不够清楚。在当前汉语国际教育的大环境下，面对大量不同国籍、不同年龄、有着不同学习目的的以汉语作为第二语言的学习者，要使他们能够高效、明确地掌握汉语，我们自己必须对汉语的特征有充分的了解。以往的研究成果已经揭示出了汉语的一部分本质特征，但并不全面，更缺乏系统性。

现有大纲体系尚不完整，范围还需框定。研究者们虽然尚未达成一致意见，但对于现有体系不足有相当的共识。意见主要集中在教学语法体系本身的欠缺或不足上。比如教学语法体系要向两头延伸，增加语素、构词、语段或篇章的内容，教学分级不尽合理，初级阶段比较集中，中高级阶段比较疏松，语法不足词汇来凑现象比较严重，等等。作为和母语语法教学中《暂拟系统》《提要》具有相似地位和相似作用的教学语法体系，研究者们对汉语语法本质特征的认识有待加强。

1.2.4 研究方法上的革新势在必行

以往的大纲主要有两方面的专家干预，一是汉语语法研究专家，一是第一线的教学专家。不能说这两个视角所给出的建议不中肯不值得重视，但多少也存在以下问题：本体研究的专家多不熟悉二语教学，给出的建议主要来自语法项目的结构语义的复杂程度，而第一线的教师的教学经验固然重要，但如果不是同时也是语法研究专家的话，其感性认识往往并不准确并不全面且互有异同。

语法项目的提取，语法项目的分级，这些大纲研制过程中的重要环节，应该如何进行，以往大纲研制时，均考虑过少；而对具体的研究手段、操作程序上的问题，几乎不见有论文涉及。提取和分级应该重点参考外国学生的学习需求、外国学生的教学输入和外国学生的习得状况，这些方面，以往过分依赖专家的干预，而不考虑具体研究方法的改进，这正是对外汉语教学语法大纲研制研究应该予以充分重视的问题。

二、大纲研制可以突破的空间

现有的教学语法体系的不足，是客观存在的；这些不足体现在教学语法体系的理论背景、体系构架、大纲范围、语法项目提取和分级的原则与方法等问题上。研制首先要从大纲或体系的科学性、系统性、实用性、规范性、教学性上加以考虑。针对现有的教学语法体系存在方法、内容等方面的不足，研制突破的空间，具体是在以下两个方面。

2.1 研究方法上的突破

“工欲善其事，必先利其器”，语言学研究要讲究方法。宏观层次的语言学方法论为语言学的研究设定了指导原则和研究框架，微观层次的方法或程序是宏观方法论得以体现和实现的手段，保证具体语言现象的研究的深度和精度，对于研究成果的信度和效度具有十分重要的作用。在语言学的研究中，方法论的革新或具体方法的使用是否得当，直接影响到研究的成果。对外汉语教学语法大纲研制在研究方法上的重大突破表现在以下两个方面。

2.1.1 定量分析和定性分析结合，以定量分析为主

认知语言学理论的兴起，为语言研究提供了一个崭新的视角。语言研究的趋向是更加讲求思维的精确化和研究的实证化，具体体现为研究对象、认识程序、成果表达的精确化。语言学的研究方法具有可操作性和系统性的特点。对外汉语教学语法大纲研制研究将采用定量分析和定性分析相结合，而更多地采用定量分析的方法。

不管探讨什么问题，不管采用什么方法，语言学家都必须从具体的语言素材入手，收集语料或语言数据。因此，属于定性分析的语言分析法，至今仍然是语言学的传统的研究范式，这一方法对于语言学研究具有重要意义，目前仍然是大多数语言学家普遍使用的方法。因为对于语言学的研究来说，无论是实验研究，还是调查研究或问卷研究，最后的语言分析方法都是绝对必要的。

2.1.2 发挥语料库的功能，获取实证数据作为研究的依据

以往大纲的研制方式，主要靠来自本体研究和教学一线专家的人工干预，这是在语料库语言学尚未兴起时候的唯一做法。就目前情况看，至少有三方面的数据可以从语料库中获取：第一，教材课文的实际语法项目的统计分析，可以从中山大学的教材语料库、南京师范大学通用教材数据库中获取；第二，外国学生习得状况的统计分析，可以从北京语言大学的 HSK 动态作文语料库、南京师范大学的外国学生汉语中介语偏误信息语料库、中山大学的留学生中介语语料库、暨南大学的留学生汉语中介语语料库中获取，前者的数据可以进行实际教学输入的分析，后者的数据可以进行学生输出语言的分析，而这两种分析结果可以成为对外汉语教学语法大纲研究语法项目设立的依据和标准。至于第三个方面的汉语本体研究成果，可以直接在北京大学中文系的语言学网站上查询，以便于大纲研究对这一些成果的吸纳和转换。

2.2 研究内容上的突破

方法的欠缺导致内容的欠缺，在语言学研究上表现得尤为突出。对外汉语教学中语法项目的选取、确定和教学分级是一个很大的系统工程，需做专门的研究，不可能一蹴而就。它应该随着整个教学语法体系的完善而完善。对外汉语教学语法大纲研制研究将根据实际的调查分析，理清语法和词汇的界限，确定语法项目，着力研究中高级阶段的教学分级，研制出科学、系统的大纲，并编写配套的参考语法书系。对外汉语教学语法大纲研制在研究方法上的重大突破表现在以下两个方面。

2.2.1 力求分类形式上的统一，顾全到大纲的系统性特征

现有大纲术语不很规范，取舍不很科学（包含了不该包含的，没包含该包含的）。除了学界已经指出的诸多不足以外，现有大纲单从分类的形式上看，也存在明显的不足：（1）甲级中“句子分类”与“提问方式”有包含关系。因为句子分类中包括疑问句一类。特殊句型实际是句式。（2）乙级中的“句子成分”与“补语”是包含关系，句子成分包含补语。（3）乙级、丙级、丁级共有的“固定短语”属于词汇，不应包括在语法大纲中。（4）甲级、乙级中的“强调的方式”包含丙级、丁级中的“反问句”，应该统一名称。（5）丙级、丁级中的“固定格式”与“口语格式”有交叉，口语格式应该属于固定格式的一种。

新的教学语法体系或标准应该对语法项目的提取有重新的考虑。例如对句式系统要给予扩充，句式需要重新分类和分级，高级阶段应该着重安排句式的篇章功能教学。可从句式的标记、结构、语义及其篇章功能的特殊性等角度，确定句式的范围和种类并对其进行适当的分类和教学分级。对句式之间的纠葛要仔细梳理，对句式的存废要慎重，对汉语本体研究的成果要结合教学实际予以取舍。句式的选取还应注意区分常用句式与非常用句式，在常用句式的下位分类中同样要区分常用与非常用，使用频率高交际范围广的应该优先考虑。我们有必要对现代汉语的典型的常用句式的范围、类别进行定量分析，以确定对外汉语教学的基本句式系统。

2.2.2 力求分级标准上的统一，体现出大纲的实用性特征

现有大纲基本依据《汉语教科书》的语法体系，造成中高级阶段语法不够词汇来凑的现象不足为奇。究竟中高级阶段的语法如何延伸如何深化，需要重新研究。分级不够科学，不很合理。现有大纲和教材中对语法项目选取面较窄，教学分级中高级阶段的句式编排较为粗疏。这种不合理主要反映在语法项目的分级上，虽有语法和教学专家的干预，但缺乏至关重要的外国留学生习得状况的参数。所以语法项目的选取和分级的主观性较强，不太符合学生的习得规律。

分级要充分考虑句法、语义、语用的分级。从一些对句式分级排序的研究中看出，现

有大纲、教材的分级，仅仅从句法、语义的角度考虑，是远远不能满足教与学的需要的。我们需要对选定的句式进行篇章功能的定性、定量分析，即各种句式在怎样的篇章中承担怎样的表达功能。比如重动句一般都认为这是一种使用频率不高的劣态句式，它又与“把”字句、话题句、主谓谓语句等存在一定的变换关系，那么该句式的存在价值是什么？在什么样的篇章中具有其不可替代性？又如初级阶段教学中教材和教师常常安排同义句式之间的变换练习，比如“把”字句和“被”字句之间的相互变换，但它们在一定的篇章环境中都是可以自由变换的吗？类似的问题需要学界做出回答，方能有效地提高教学的针对性。

三、研制思路和研究方法

对外汉语教学语法大纲研制的总体思路是，在语言理论和语言学习理论的指导下，运用定量和定性相结合的方法，以基础研究为支持，应用研究为导向，研制出面向第二语言教学的、具有新时期特征的汉语教学语法体系，揭示汉语教学语法体系的总体结构和特征。可以用下面几句话概括：以教学语法大纲为纲，以纵向延伸和横向联系为线索，以语法项目为研制大纲的切入点，以书系丛书为辅佐，以数据平台为支撑。下面分别论述。

3.1 以教学语法大纲为纲

在“汉语热”持续升温的背景下，制订和完善针对外国学生教育的、符合和满足新时期发展需求的“教学语法体系”，就显得特别重要。教学语法体系自邓懿（1958）主编《汉语教科书》创建对外汉语教学语法体系以来，已经有60多年的历史。期间虽然也有许多研究成果，各家对教学语法的标准、范围、成员、分级、边界（与词汇、语篇之间的关系）等有诸多探讨，但正如吕文华指出的那样，教学语法的改革之声不断，却一直停留在呼吁层面。2015年12月北京语言大学对外汉语研究中心举办“教学语法高层论坛”，学界已经有制订新的教学语法体系的共识。

现有的教学语法体系集中体现在《HSK大纲》《专业大纲》和《进修大纲》三个大纲中。但对《汉语教科书》的语法体系延续和扩展并不一定合理。面临的问题已经在前面有过论述。所以，教学语法大纲的研制是对外汉语教学语法大纲研制的主要任务和主要内容，需要集中全国的对外汉语教学和研究的力量来共同完成，需要拉出一个修订大纲和基本思路，集体讨论确定后，分头进行研究，然后汇总综合。

研制出一个完善的，有语料调查、习得考察支持的教学语法大纲，有很多研究要做，这些研究可以是大纲的组成部分，也可以是大纲的材料支撑，所有的研究都是以大纲为出发点的；至于以大纲为参照编写的“教学参考语法书系”，以大纲为中心建立起来的数据平台，都可以为现代汉语本体研究和对外汉语教学提供支持和帮助。在本项研究中，教学语法大纲将发挥“总纲”的作用，纵向的延伸和横向的联系都必须受到大纲的引领，受到大纲的制约。

3.2 以纵向延伸和横向联系为线索

从方法论角度看，定量方法和定性方法可以说是完全不同的两种研究方法，有人甚至把这两种研究方法看成是不容易调和的“两种文化”；其实这两种方法所得出的结果往往互相补充。定量研究也可以称作为实验性研究，定量方法也就是实验方法。从研究方法角度看，定性研究主要运用的是归纳方法：以数据为出发点，没有事先形成的概念；而定量研究主要运用的是演绎方法：以假设为出发点，进行预测来检验假设。

纵向延伸是指为研制大纲而必须开展的研究环节。大纲性质的不同，决定大纲研究方法的不同。以往研究中更多地依靠专家干预，依靠专家的经验来确定大纲，《汉语教科书》以来的研究大都是这样的状态。这样的研究方法主要是一种定性研究。对外汉语教学语法大纲研制研究的大纲，是一个基于语料调查、习得考察而研制成的教学语法大纲。本项研究将更多地依靠语料库，依靠问卷调查、学习预测等一些实证性的研究手段来完成，这是一种属于定量分析的方法，和以往的研究不同。本项研究中语法项目的确定和提取，语法项目分级的标准，在很大程度上以这样的研究数据作为依据。本项研究中也有专家干预这样的环节，但专家干预是在材料支持的基础上的“干预”，和以往凭教学经验做出取舍的“干预”是不一样的。所以可以这么说，大纲的“纲”的作用会在纵向的延伸中得到充分体现。

横向联系是指围绕大纲而展开的研究。横向联系有两个部分，一个是书系的研究，一个是数据平台的建设。书系是以大纲为参照编写的，作为本体研究和教学研究的重要工具书，将根据大纲项目设计为多卷本；参考语法书系的编写方针，是从大纲出发，是对大纲的深化和阐述；参考语法书系的书目确定，依据大纲中语法项目的重要性而定。总之，书系的研究都是在“大纲”的作用下展开的。书系在研究手段上，充分运用大规模语料库和计算机检索软件，力求做到观察充分、描写充分、解释充分，做到定性与定量相结合，体现出描写的科学性和时代性来，也延续了大纲的研究方法。

数据平台的建设，主要是将教学语法大纲和与之关联的资料汇编联系起来，数据平台的查询功能主要围绕大纲设定；数据平台中的对外汉语教学语法大纲数据库，通过语法项目的查询，可以了解所有的相关信息；对中介语语料库的完善和扩容，以及通用教材数据库的扩容，也主要在语法项目上进行补缺、完善和扩容，建成后能成为专为教学语法大纲服务的，能反映多国别、不同等级留学生语法项目习得的中介语语料库；后台知识库收录的两套资料汇编，也主要为了与教学语法大纲的学习和使用有最大限度的关联。可见，数据平台里的数据库、语料库、知识库的建设，都是由“大纲”来决定的。

3.3 以语法项目为研制大纲的切入点

近些年来，对外汉语学界对汉语语法项目的研究开始重视，包括语法项目分级的研究，语法项目选取的研究，语法项目排序的研究，与特殊语法现象相关的语法项目研究（例如比较句的语法项目的选取和编排，“把”字句的语法项目的选取和编排等）等等。语法项目的提取，即对语法项目的选择，就有很多学者做过不同程度的研究，如周小兵、李英、邓小宁等。但是这些研究普遍反映出的问题是：（1）在汉语事实的观察和分析上不够精确，对汉语本质性的特征揭示不够；（2）被试的样本量太小，取样的典型性上考虑问题不够全面，例如不同语言背景、不同汉语水平、不同学习动机的被试分布。

教学语法大纲中语法项目的提取，将在大规模语料库的支持下，采取以下研究路径：（1）将《HSK 大纲》《专业大纲》和《进修大纲》三个大纲中所有语法项目列出，送交一定数量的专家审阅，以调查问卷的方式确定大多数语法项目；（2）对于一些有争议的，特别是中间状态的语法项目，如语素、离合词、固定短语等，用测试的方式在中国学生和留学生中进行比较实验，通过数据作为取舍的标准；（3）对一些反映汉语本质特征的语法项目，如“把”字句、比较句、语气副词、时态助词等，在已有研究的基础上，用较大样本的被试重新进行研究。

以往语法项目分级的做法是，先确定留学生教学中初级、中级、高级不同阶段的教学目标，然后在不同阶段不同的教学目标中确定不同的语法项目，如有学者发表过对外汉语教学初级阶段语法项目排序问题的论文。先分级再确定项目的做法带来的弊病是，在级和级之间的交叉地带，就会存在语法项目的重复或者遗漏，《HSK 大纲》《专业大纲》和《进修大纲》中，“把”字句语法项目的分级情况就存在这样的现象。对外汉语教学语法大纲研制在语法项目分级上与以往做法不同，语法项目的分级是以确定好的语法项目为依据的，一个语法项目确立之后，先进行排序，然后再进行分级。也就是说，分级不是在一个横的平面如初级、中级里考虑，而是在一个竖的立体、从语法项目本身考虑。这样的研究路径，最大的优点就是避免了不同等级中语法项目重叠或遗漏现象的出现。

3.4 以书系丛书为辅佐

通俗地说，语法是人们在运用语言过程中必须遵守的“共同规则”，就像交通规则一样，具有很强的“规定性”。而这种规定性让人们在运用语言时有规则可循，也是人们能相互理解的基础。从对外汉语教学的需要看，在缺乏语言环境的二语的国家，用规定性语法分析方法为基础学习汉语，有利于为学习者提供一个正确的语言范本，尤其是在初级阶段。描述性语法更注重一种约定俗成，更关注语言的变迁，但这种语言变迁与文化息息相关，密不可分，具有很强的时代性。而这种时代性又正是汉语学习者所需要的，特别是高级阶段的学生。

在这样的理论背景下编撰出版参考语法书系，以规定性语法分析为基础，以描述性语法分析为参考，也就是说，作为教师，应以规定性语法分析法为基础教授汉语，但也必须不断学习了解描述性语法分析方法，了解语言的变化。因此，参考语法书系应该是两种语法分析方法的结合。对外汉语教学语法大纲研制研究成果将为教学语法大纲的规范和指导教学服务，对汉语作为第二语言教学具有借鉴作用，对规范对外汉语教学具有指导意义，对提高留学生教育的办学质量和办学水平有重要帮助，有利于广大师生更好地把握和理解汉语的教学语法。

参考语法书系的编写方针，是从大纲出发，是对大纲的深化和阐述；参考语法书系的书目确定，依据大纲中语法项目的重要性而定。书系的研究路径大致是：（1）依据语法项目的重要性，确定书系的书目。所谓的重要性，是指该语法项目所在等级的高低，以及该语法项目在不同等级中的分布。语法项目的重要性有客观数据的支持，也有专家的人工干预。通过筛选，列出的重要的语法项目，并以此语法项目作为书目，进入撰写阶段。（2）为便于教师的教学和学生的学习，书系对语法现象的分析，原则上采用规定性语法的分析方法。（3）作为配合大纲，为大纲服务的教学参考书，在有条件的情况下，一些书目后可以设计一些与语法项目相关的练习。（4）在研究手段上，要充分运用大规模语料库和计算机检索软件，避免与过往的专书雷同。

3.5 以数据平台为支撑

教学语法大纲的研制还需要建设一个功能完备、精确性高、实用性强的数据平台。数据平台的建设是紧紧围绕着教学语法大纲开展的。数据平台不仅将教学语法大纲和与之关联的资料汇编联系起来，而且与已建并正在完善、扩容的中介语语料库联系起来；数据平台具备较强的智能查询功能，能通过资料汇编中的材料，查询该语法项目的研究状况和习得状况，在最大范围内拓展教学语法大纲的功能和使用效率。

数据平台中处于中心位置的是对外汉语教学语法大纲数据库。这个数据库和数据平台同时建设的中介语语料库、通用教材数据库、后台知识库并列，但后面几个库的主要功能是为这个库服务。对外汉语教学语法大纲数据库的建设方法大致如下：(1)以语法项目为纲，录入教学语法大纲的原始数据；(2)对每一个语法项目进行各种关联，通过语法项目的查询，可以了解所有的相关信息；（3）关联中介语语料库，查询留学生语法项目的习得情况和偏误情况；（4）关联多类型的后台知识库，了解与教学语法大纲相关的研究动态和研究状况。

四、结语

自20世纪70年代以来，语法教学一度受到冷落，许多研究者认为有意识学到的语法结构无法转变为无意识的语言能力。然而，目前许多有关第二语言习得方面的研究，使人们对第二语言教学中语法教学的作用进行了重新思考。

首先，有研究者从心理学、心理语言学、认知语言学角度证明，有意注意是语言学习活动中的一个必要条件，语法教学虽然改变不了语法习得的顺序，但可以加速对语言形式的掌握。其次，国外学者通过母语为其他语言的英语学习者进行实证研究发现，虽然语法习得顺序改变不了，但是语法教学可以加速某些结构的掌握，如果语法教学与中介语发展阶段恰好吻合，将极大地推动学习者中介语的发展。再次，语法的概念有了新的扩展，语法不仅仅限于固定的结构形式，语法是变化的、语篇的，语法与意义形成有机的统一。

总之，对外汉语教学语法体系的建构，既要有理论上的思考，还有更多的具体问题的操作。从理论上来说，对外汉语教学语法大纲体系的建构，要真正坚持“立足汉语本质特点，融入世界二语教学”的研究方法：既强调建构具有汉语特色的教学语法体系，又坚持国际化的研究视野，和世界二语教学理论发展同步，以实例为世界的二语教学理论的完善提供支持。从具体操作上说，语法项目的提取，语法项目的分级，编撰具有特色的教学参考语法书系，建设语法大纲的数据平台，都有很多问题需要思考，上述讨论的也只是诸多问题解决过程中的一些思考。

参考文献

陈　珺、周小兵（2005）比较句语法项目的选取和排序，《语言教学与研究》第2期。
崔希亮（2003）日朝韩学生介词使用的中介语分析，《中国语言学报》第11期。
崔希亮（2005）欧美学生汉语介词习得的特点及偏误分析，《世界汉语教学》第3期。
崔永华（1990）关于对外汉语教学语法体系的思考，《语言学与汉语教学》，北京语言学院出版社。
崔永华（2015）汉语作为第二语言教学需要什么样的语法研究——一个汉语教师的视角，《国际汉语教学研究》第1期。
邓守信（2010）《对外汉语教学语法》，北京：北京语言大学出版社。
丁崇明（2006）20世纪80年代以来对外汉语教学语法研究综述，《北京师范大学学报》（社会科学版）第3期。
丁崇明（2009）韩国汉语中高级水平学生语法偏误分析，《北京师范大学学报》（社会科学版）第6期。
冯胜利、施春宏（2011）论汉语教学中的“三一语法”，《语言科学》第5期。
高顺全（2016）关于汉语（二语）教学语法体系及标准建设的几个问题，《国际汉语教学研究》第1期。
国家对外汉语教学领导小组办公室（2001）《高等学校外国留学生汉语言专业教学大纲》，北京：北京语言文化大学出版社。
国家对外汉语教学领导小组办公室（2002）《高等学校外国留学生汉语教学大纲（长期进修）》，北京：

北京语言文化大学出版社。
国家汉语水平考试委员会办公室考试中心（2001）《HSK 中国汉语水平考试大纲（初、中等）》（第七版），北京：现代出版社。
国家汉语水平考试委员会办公室考试中心（2001）《汉语水平词汇与汉字等级大纲》（修订本），北京：经济科学出版社。
黄月圆、杨素英（2004）汉语作为第二语言的“把”字句习得研究，《世界汉语教学》第 1 期。
黄月圆、杨素英、高立群、张旺熹、崔希亮（2007）汉语作为第二语言“被”字句习得的考察，《世界汉语教学》第 2 期。
柯彼德（1991）汉语作为外语教学的语法体系急需修改的要点，《世界汉语教学》第 2 期。
柯彼德（2000）汉语作为外语教学语法体系革新的焦点——汉语动词词法，《汉语学报》第 2 期。
李　泉（2003）基于语体的对外汉语教学语法体系构建，《汉语学习》第 3 期。
李　泉（2015）体系内语法与体系外语法——兼谈大语法教学观，《国际汉语教学研究》第 1 期。
李　泉（2016）对外汉语教学语法体系：目的、标准和特点，《国际汉语教学研究》第 1 期。
刘英林主编（1996）《汉语水平等级标准与语法等级大纲》，北京：高等教育出版社。
卢福波（2003）对外汉语教学语法的层级划分与项目排序问题，《汉语学习》第 2 期。
卢福波（2005）对外汉语教学基本句型的确立依据与排序研究，《语言文字应用》第 4 期。
吕必松（1990）《对外汉语教学发展概论》，北京：北京语言学院出版社。
吕文华（1999）《对外汉语教学语法体系研究》，北京：北京语言文化大学出版社。
吕文华（2001）关于述补结构系统的思考——兼谈对外汉语教学的补语系统，《世界汉语教学》第 3 期。
吕文华（2002）对外汉语教材语法项目排序的原则及策略，《世界汉语教学》第 4 期。
吕文华（2008）《对外汉语教学语法探索》（增订本），北京：北京语言大学出版社。
吕文华（2015）修改对外汉语教学语法体系二题，《国际汉语教学研究》第 1 期。
齐沪扬主编（2005）《对外汉语教学语法》，上海：复旦大学出版社。
施春宏（2011）面向第二语言教学汉语构式研究的基本状况和研究取向，《语言教学与研究》第 6 期。
孙德金（2006）语法不教什么——对外汉语语法教学的两个原则问题，《语言教学与研究》第 6 期。
孙德金主编（2012）《对外汉语语法及语法教学研究》，北京：商务印书馆。
孙德金（2016）汉语作为第二语言教学语法体系研究中的两个理论问题，《语言教学与研究》第 2 期。
王　还（1979）汉语结果补语的一些特点，《语言教学与研究》第 2 期。
王　还（1994）对外汉语教学：汉语内部规律的试金石——以“反而”为例，《世界汉语教学》第 1 期。
王　还（1994）《门外偶得集》（增订本），北京：北京语言学院出版社。
王　还主编（1995）《对外汉语教学语法大纲》，北京：北京语言学院出版社。
王建勤主编（1997）《汉语作为第二语言的习得研究》，北京：北京语言文化大学出版社。
王建勤主编（2006）《汉语作为第二语言的学习者习得过程研究》，北京：商务印书馆。
吴勇毅（2016）汉语二语教学语法系统的反思与构建，《国际汉语教学研究》第 4 期。
吴中伟（2016）CSL 教学语法体系献疑，《国际汉语教学研究》第 4 期。
肖奚强（2002）《现代汉语语法与对外汉语教学》，上海：学林出版社。
肖奚强等（2009）《外国学生汉语句式学习难度及分级排序研究》，北京：高等教育出版社。
杨德峰（2001）初级汉语教材语法点确定、编排中存在的问题——兼议语法点确定、编排的原则，《世界汉语教学》第 2 期。
杨德峰（2009）《对外汉语教学核心语法》，北京：北京大学出版社。
杨德峰、范麾京（2016）对外汉语教学语法体系反思及构建原则刍议——从三本语法教材谈起，《国际汉语教学研究》第 2 期。
杨素英、黄月圆、高立群、崔希亮（2007）汉语作为第二语言存现句习得研究，《汉语学习》第 1 期。
张旺熹（2003）关注以句子为核心的三重关系研究——谈对外汉语教学语法系统的建设，《首届国际对外汉语教学语法讨论会论文集》，北京：中国社会科学出版社。
赵金铭（1996）对外汉语语法教学的三个阶段及其教学主旨，《世界汉语教学》第 3 期。
赵金铭（2002）对外汉语教学语法与语法教学，《语言文字应用》第 1 期。
赵金铭（2002）外国人语法偏误句子的等级序列，《语言教学与研究》第 2 期。
赵金铭主编（2008）《基于中介语语料库的汉语句法研究》，北京：北京大学出版社。
赵金铭（2010）汉语句法结构与对外汉语教学，《中国语文》第 3 期。
赵淑华（1990）连动式中动态助词“了”的位置，《语言教学与研究》第 1 期。
赵淑华（1992）句型研究与对外汉语教学——兼析“才”字句，《语言文字应用》第 3 期。
赵淑华、刘社会、胡 翔（1995）北京语言学院汉语精读教材主课文句型统计报告，《语言教学与研究》第 2 期。
赵淑华、刘社会、胡 翔（1997）单句句型统计与分析，《语言教学与研究》第 2 期。
周小兵等（2007）《外国人学汉语语法偏误研究》，北京：北京语言大学出版社。
周小兵、刘 瑜（2010）汉语语法点学习发展难度，《华文教学与研究》第 1 期。

（齐沪扬，杭州师范大学，qhyang@hznu.edu.cn）

中级汉语教学另一途径：以文学作品教授汉语

柯佩琦

提　要　设计外语课程需考虑两个基本因素，一是要达到何目标，二是如何达到此目标及其相互关联的教学法。苏黎世大学汉学系的中级汉语教学的主要目标是培养阅读能力，从而为学生学习汉学专业打下基础。为达到此目标，汉学系设计了用文学作品教授汉语的教学模式。此模式并不新鲜，在瑞士正规高中外语课程里有一定的普遍性，但很少用于汉语教学。本文介绍此模式在汉学系的应用以及它所蕴含的重要理念。

关键词　中级汉语；外语教学模式；教材；文学作品

苏黎世大学东方学院汉学系这20多年汉语课程改变很大。20世纪八九十年代初中高级汉语都是用《实用汉语课本》，90年代末开始对汉语课程进行改革，先更新初级汉语教学，为此编写了教材《中国话》《中国字》，同时逐步改变了中高级汉语课程设计，中级汉语以文学原著为教材，高级汉语以文学和非文学原著为教材。这些改动都源于我系师资队伍（包括来自中国的公派教师）的专业态度、探索和创新精神，以及系里给予实施的自由。

更新的计划有两个特征，一是强化一年级汉语，二是从二年级开始不用课本了。本文讲的是第二个特征，从初级汉语以课本为教材到中级汉语以文学原著为教材的过渡及其出发点。

一、更新中级汉语教学的起因

设计外语课程需考虑两个基本因素，一是要达到何目标，二是如何达到此目标及其相互关联的教学法。苏黎世大学汉学系的中级汉语教学主要目标是培养阅读能力，从而提供念汉学专业最基本条件之一。[①] 当然，今天的汉学系也不能不考虑外语教学的发展，所以，在培养阅读能力的同时，我系制定了口头和书面的交际能力为次目标。

---

① 汉学本科必修学分为120学分，1学分等于30小时的工作量。现代汉语课占其中35%左右，平均达到的水平是欧洲框架B2水平。

为达到主次目标，我系于2003年开始更新中级汉语课程。推动更新的决定因素是三个，一是系里的老师觉得现有的中级汉语课本不很符合汉学本科教学概念，靠使用课本达不到制定的目标。二是作者本人在高中学习外语的心得，我们高中外语课照例文学原著。三是那时出了一本小册子叫作《以文学为语言教学：试谈诠释性（hermeneutic）外语教学的途径》（Hunfeld，1990），是德国艾希斯特－因戈尔施塔特天主教大学的英语教授编写的文集。这小册子对我系更新中高级汉语课程产生了一定的影响。

汉学本科中级汉语一周六课时，开始还舍不得停用课本，只用其中两节课上文学。理由是至少得保证旧课程的学习成果，再者汉语教学界没有类似的经验可参照。在得到学生两年的良好反馈之后，我们决定舍弃课本，光用文学作品作为教材。

二、选用文学作品的几点思考

外语课本通常是聚焦形式，考虑难易，以教学必达到的目的为准则减缩语言。从学习者的眼光来看，课本保证由易到难的累进正线。

用读者的眼光去看外语课本，很容易看出来因为减缩语言，反映不了语言的真相，同时，也导致文本内容浮浅单调。很多汉语老师意识到这一点，觉得光上课本不够，不得不加些文化信息来弥补不足。所以在国外，汉语课经常分成学习语言和了解文化两部分，一部分时间花在学习汉语上，一部分时间花在学习中国文化上。

外语教学不仅是传授交际技能，不仅是教学习者在日常生活中转换语码说自己想说的话，也应该让学习者开阔眼界放开思路。其目标是传授在某社会使用的交际工具的同时，也传授该社会的文化信息。前者有利于培养交际能力，后者有助于认识异国文化，即深造跨文化能力。所以，外语教学要考虑交际语言和文化语言的融合，学习者和读者的兴趣。学习者要掌握交际工具，读者要探索了解蕴含文化的文本。换言之，好的外语教学转换在传授形式与内容之间（Butzkamm，2004：22），转换在真实交际与练习交际之间，有时聚焦于信息，有时聚焦于形式。出于这些考虑，我们认为中级汉语用文学作品作为教材有潜力融合学习者和读者的需要。文学语言精致真实，内容丰富，是转换教学焦点的好资料。

三、选用中长篇小说的益处

当然，作品要在语义和语法方面衔接初级汉语水平，这就涉及测试可读性的问题。那时候，这方面的研究还不算很多，没有今天的自动化分析平台如台湾师范大学的“文本可读性指标自动化分析系统”，来自动化分析文本多项特征。我们当时主要靠教师的教学经验和已有的四级频率词汇表等来制定某某文本的可读性指标，如语言要朴素的口语，即对话多，偏正结构少而短，词语频率比较高，而且词汇量有限，等等。因此排除了诗歌和散文。短篇小说对话体常常不多，而且因为词语的复现率很低，词汇量会比较高。基于这些考虑，我们认为选中长篇小说最为合适。

选用的第一部小说是刘震云的《贫嘴张大民的幸福生活》，根据学生的反馈，只用了两年，这故事大概最能吸引20世纪80年代生活在中国的读者。第三年换用了毕飞宇的《玉米》，又换上了郭小橹的《我心中的石头镇》。换来换去主要与故事内容及其社会环境有关。光从选教材的困难可见教程改革的试探性质。后来我们找到了余华的长篇小说《许三观卖血记》，这部小说一直用到现在。

这部长篇小说从学习者的角度来看，一方面语言上衔接初级汉语水平，词汇频率比较高，还含有很多初级汉语的词语，便于复习。口语多，对话、独白多，因而偏正结构少而不长，句子长短有限。因为是长篇，复现率很高。另一方面具有在中级汉语必须接触的语言现象，如句际与句群、词语重复、主题－述体结构、回指、指示、省略等语篇衔接现象，即语篇的连贯性（cohesion）。我们认为初级汉语基本上以句子为学习单位，中高级汉语以篇章为学习单位，因此除了扩大词汇量、介绍非常的语法点以外，还有本质上不同的学习内容，如上述的篇章现象或汉语语体、韵律等问题。

从读者的角度来看——这里要强调的是学生都是有经验的读者，他们理解小说的虚构性，不会把它当成真实——小说讲一个普通家庭40年的苦乐悲欢，因此包含着很多中国历史文化信息。同一班同学对书中的人物和他们的行为都有各自的理解、分析和情感。他们对文化背景也有各自的认识和体验。因为是长篇，学生能对人物产生感情，正面也好，反面也好。这一切都是互动交流最丰富的资源，是在课堂里进行真实交际的缘起。总之一句话，学生有很多话可以说！

四、小说配套：听书和翻译版本

这本小说有由播音员朗读的听书和翻译版本。两种材料都有助于简化基础教材到原著为教材的过渡阶段。

听书一方面让纸上的语文活起来。语言本身有声，有语调、语气、节奏等韵律现象。学习者从听觉感受语言的感情色彩，更能感动。专家公认学习者因学习对象产生的感情，有利于记忆。

听书又在文本的易读性（legibility）上对学习者有一定的帮助。初级汉语课文通常是连汉字带拼音。中级汉语文本都是汉字，对非汉字圈的学习者是跨越性的进展。学习者面对着一方块一方块连串的文本，不知道在哪里截断。分词断句、分析句子成分都是困难。

一个没有学习过欧洲七八世纪拉丁文字的读者，面对那个时代的字母全篇连写的文献，也许能体会到欧洲学生对纯汉字文本的视觉感受。欧洲中期世纪才逐渐形成了拉丁文字的正词法，开始有分词、大写小写、标点符号等以便简化阅读的行为，开始了从朗读到默读的过程，也可以说从读到看的过程（Raible，1991）。今天以拉丁字母为文字的各种语言不同的正词法或多或少提高了文本的易读性。以德语正词法为例，词和词之间的间隔表示词限，间隔就是识别词限的表征。大写字母的开头表示随后的词是名词，基本上是注视焦点，一般来说，读者注视实词字母的次数多，注视虚词、代词字母的次数少。如此正词法的表征提供很多有意义的视觉信息，方便阅读理解。为此可参见在阅读德文时的眼动考察的实验成果（Gfroerer，1989）。

听书通过停顿、轻重读等朗读手段帮助学习者识别句子结构如主语、谓语，前置状语或宾语，信息焦点等语言现象，在一定的程度上能提高汉字文本的易读性。不过，这些说法都来自我系教师的经验，没有精确的实验数据。

最后再简单地说说翻译版本的用处。翻译版本因为面向该语言区读者的市场，翻译质量高，语言精致地道，值得进行对比原文和译文的练习活动以便培养语言意识。[①] 更重要的是，翻译版本给学习者提供了课外的救生艇。学习者需要时可参考翻译，确定自己是否真正理解了。如此也减轻认知负担，避免产生挫折感，而且可以拉齐全班的认识水平，防止理解比较慢的学习者掉队，等等。

这是中级汉语另一教学途径的简介。虽说此途径的主要学习目标是培养阅读能力，给学生学习汉学专业奠定基础，但是课程整体设计包括课堂里的练习等语言活动原则上还是综合课的教学方式，并非仅仅是阅读课教学。教学效果是否比更有普遍性的教学模式好，还无法确定。不过，可以肯定的是，老师一次又一次地上小说课不觉得厌烦，学生看完一部长篇小说很有成就感。

参考文献

Butzkamm, Wolfgang (2004). *Lust zum Lehren, Lust zum Lernen*. Tübingen, Franke Verlag.

Butzkamm, Wolfgang, Caldwell, John A.W. (2009). *The Bilingual Reform, A Paradigm Shift in Foreign Language Teaching*. Tübingen, Narr.

Cook, Guy (2010). *Translation in Language Teaching, An Argument for Reassessment.* Oxford, Oxford University Press.

Gfroerer, Stefan, Günther, Hartmut, Bock, Michael (1989). Augenbewegungen und Substantivgroßschreibung - Eine Pilotstudie. In Eisenberg, Peter, Günther, Hartmut, Hrsg., *Schriftsystem und Orthographie*. Tübingen, Niemeyer (111–136). Reihe Germanistische Linguistik 97.

Hunfeld, Hans (1990). *Literatur als Sprachlehre. Ansätze eines hermeneutisch orientierten Fremdsprachenunter-*

① 双语教学的作用，参见 Cook（2010）、Butzkamm（2009）。

richts. Berlin, Langenscheidt.

Raible, Wolfgang (1991). *Die Semiotik der Textgestalt, Erscheinungsformen und Folgen eines kulturellen Evolutionsprozesses.* Heidelberg, Carl Winter Universitätsverlag. Abhandlungen der Heidelberger Akademie der Wissenschaften, Philosophisch-Historische Klasse (Jg. 1991) Abh. 1.

（柯佩琦，瑞士苏黎世大学东方学院汉学系，brigitte.koella@aoi.uzh.ch）

北京语言大学成立汉语国际教育研究院

2019 年 6 月 6 日，北京语言大学汉语国际教育研究院揭牌仪式暨汉语国际教育发展论坛在逸夫楼报告厅隆重举行，全球首家汉语国际教育研究院挂牌成立。北京语言大学校长刘利教授、孔子学院总部党委副书记于天琪、北京大学陆俭明教授、汉语国际教育研究院院长崔希亮出席揭牌仪式并讲话，副校长张旺喜主持揭牌仪式。

在随后召开的汉语国际教育发展论坛上，北京语言大学赵金铭教授、北京大学赵杨教授、中国人民大学李泉教授、山东大学宁继鸣教授等分别就汉语国际教育的理论视角、研究方法和宏观战略作了精彩报告，研究院院长崔希亮教授进行了系统总结。

汉语国际教育研究院是北京语言大学在教育部人文社会科学重点研究基地“对外汉语研究中心"与汉语国际推广基地“国际汉语教学研究基地”基础上，重新整合校内外汉语国际教育学科优势资源与优秀人才，全新打造的一个旗舰级汉语国际教育研究机构。研究院将凝练重点研究方向，整合学术力量，强化协同攻关，对接国家需求，产出更多前瞻性、引领性、跨学科的高水平成果，更好地服务国家战略和世界各国汉语教育需求。

研究院将在十二个重点领域开展研究：（1）面向汉语国际教育的语言研究；（2）语言学习与认知研究；（3）互动语言学与汉语教学研究；（4）汉语国际教育资源研发；（5）汉语国际教育技术应用研究；（6）汉语教学理论与方法相关研究；（7）汉语国际教育发展与评价研究；（8）孔子学院及世界主要语言传播机构发展研究；（9）汉语国际传播的区域与国别研究；（10）汉语国际教育建设与研究；（11）汉语国际教育语料库建设与研究；（12）汉语国际教育信息资源集成与服务。

研究院拟于近期启动团队组建工作，以多种形式聘请校内外、海内外的著名专家和优秀中青年学者作为兼职研究人员加盟研究院。

研究院的成立将对汉语国际教育学科建设和汉语国际传播事业发展产生重要影响。

（王一帆　供稿）

基于语料库的新媒体语言透视

崔希亮

提　要　新媒体语言有自己的特点，很多人都做过研究。但是基于语料库的研究还不多见。本文以北京语言大学的BCC语料库为根据，统计考察新媒体各种语言现象，并透视它们的语言学价值、修辞学价值以及社会学价值。

关键词　新媒体语言；基于语料库；语言学；修辞学；社会学

所谓新媒体，指的是网络媒体，包括电脑网络媒体和移动网络媒体，它是与传统的平面媒体（报纸杂志）和有声媒体（广播电视）相对而言的。新媒体是一种新的传播媒介，传播速度快，传播内容庞杂，传播范围广。新媒体的语言有自己的特点，最主要的特点是它的交互性、即时性和流行性，还有它的随意性和私密性，也有一些研究者还提出了其他一些特点，如时尚、新潮、创新性、个性化、简洁、粗俗等等，不一而足（李琼，2016；罗譞，2018；霍慧娜，2017）。有关新媒体语言的研究不少，但是仍有深入研究的空间。有人对2002—2012年新媒体的语言研究做了总结回顾（赵雪和曹彦男，2012），可见学术界早已关注新媒体的语言问题了。2012年以后不断有新的研究成果问世（尚伟，2017），尤其是有学者从话语应用和传播的角度对特定领域的新媒体语言进行语用分析，有一些新的发现（王建华，2017，2018），或者从社会环境和语言选择的角度对特定领域新媒体语言进行研究（施麟麒，2018）。大家角度不同，研究方法不同，所观察到的现象也有所不同。有学者从传播方式的角度出发认为人类社会经历了几次语言革命，中国的语言自1919年始已经发生了两次语言革命，新媒体的普遍应用是第三次语言革命（赵莉，2014：2—3）：

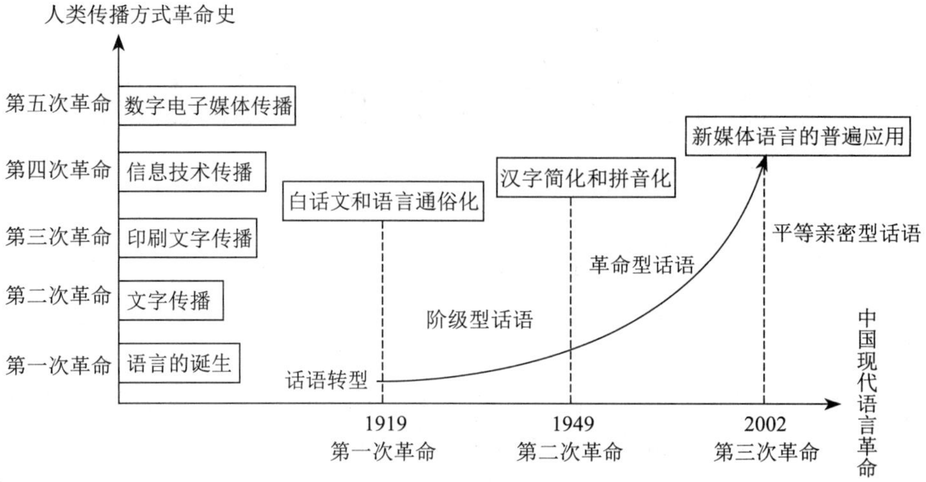

图 1　人类传播模式与中国现代语言革命中的话语转型

李雪（2016：9）有一个调查，认为新媒体有如下一些特点：

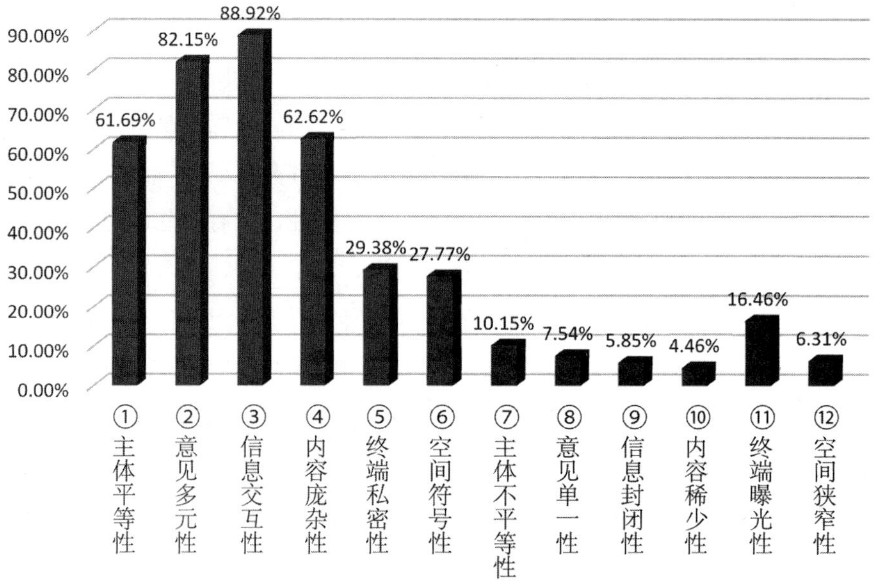

图 2　新媒体的特点

尽管新媒体语言的影响力是很大的，但是它们基本上局限在某些特定的场合、某些特定的人群（朋友圈、粉丝圈、网游圈、韩流圈等），说语言革命也许为时尚早。我们以北京语言大学的 BCC 语料库①为依据，比较一些新媒体语言现象在不同语料中的分布，从而

① BCC 汉语语料库，总字数约 150 亿字，包括报刊（20 亿）、文学（30 亿）、微博（30 亿）、科技（30 亿）、综合（10 亿）和古汉语（20 亿）等多领域语料，是可以全面反映当今社会语言生活的大规模语料库。

透视新媒体语言在语言学、修辞学和社会学中的价值。

一、新媒体语言的语言学价值

新媒体语言的产生和传播与新媒体的传播方式有关。新媒体的传播与平面媒体不同：传播速度很快，传播面很广，发布者和受众可以互动，一些语言形式刚出现的时候大家觉得新奇，于是很快得到传播，但很快就会变成陈词滥调，语义磨损速度很快，于是就会发生变异，或者创造一些新的语言形式，这些语言形式包括新词、新的用法，或者旧词被赋予新的意义，还有不合常规的缩略语、短时流行的话语形式、字母词和数字词、一些表情态的语气词等。这些新媒体语言现象在传统平面媒体中很少见到，有一些只在某些圈子里使用，圈外的人不甚了了，例如“白莲花”“圣母白莲花”“玛丽苏”“杰克苏”“非酋”“欧皇”。有些已经传播开来，大家基本上都知道是什么意思，如“直男”“绿茶婊”“白富美”“高富帅”，尽管这些词语不是什么人都会用。我们考察了文学语料、报刊语料、微博语料、科技语料和古汉语语料，可以看到这些词语主要出现在微博语料中。有一些也会出现在报刊语料中，但是数量远远少于微博，科技语料偶尔会有少量分布，大多是研究性文章所举的例子。

表 1（a） 新媒体常用词语 1

	直男	绿茶婊	逼格	屌丝	白富美	高富帅
文学	0	0	0	0	0	0
报刊	2	0	5	58	29	58
微博	1241	1915	529	41 282	7851	9742
科技	1	0	0	0	0	0
古汉语	0	0	1	0	0	0

一些词素还可以很能产，与其他词素结合构成新词，如“心机婊”“脑残婊”“咖啡婊”“红茶婊”“奶茶婊”“工作婊”“纯情婊”“虎牙婊”“布丁婊”“炫富婊”“蜜糖婊”等：

表 1（b） 新媒体常用词语 1

	心机婊	脑残婊	咖啡婊	红茶婊	奶茶婊	工作婊
文学	0	0	0	0	0	0
报刊	0	0	0	0	0	0
微博	3	1	4	11	4	30
科技	0	0	0	0	0	0
古汉语	0	0	0	0	0	0

表 1 所列举的都是常用名词，这些名词都带有褒贬意义，有些词很不雅，但是使用频

率高了之后它本来的意义就淡化了。

表 2　新媒体常用词语 2

	你造吗	有木有	打酱油[①]	脑子瓦特了	么么哒	吐槽	坑爹
文学	0	0	5	0	0	0	1
报刊	0	5	112	0	2	720	16
微博	540	69 127	4962	78	20 194	42 722	29 034
科技	0	0	17	0	0	1	0
古汉语	0	0	0	0	0	0	0

表 2 所列举的都是一些短语，“你造吗”是“你知道吗”的连读音变；“有木有”是“有没有”的方言音变；“打酱油”被赋予了新的意义；“脑子瓦特了”是上海话，意为“脑子进水了”，“瓦特”是英语 water 的音译；“么么”是亲吻动作，“哒”大概跟“好哒”中的“哒”相仿；“吐槽”“坑爹”不需要解释了。此外，还有“酱紫”是“这样子”的连读音变“这样”的合音，“表”是“不要”的合音。

表 3　新媒体常用缩略格式

	喜大普奔	人艰不拆	十动然拒	不明觉厉	细思恐极	累觉不爱	男默女泪
文学	0	0	0	0	0	0	0
报刊	17	12	7	13	2	2	2
微博	1413	3563	421	1420	337	337	127
科技	0	0	0	0	0	0	0
古汉语	0	0	0	0	0	0	0

表 3 所列的都是一些新的缩略语，“喜大普奔”是“喜闻乐见、大快人心、普天同庆、奔走相告”的缩略形式；“人艰不拆”是“人生已经如此的艰难，有些事情就不要拆穿”的缩略形式；“十动然拒”是“十分感动，然而拒绝”的缩略形式；“不明觉厉”是“虽然不明白什么意思，但是觉得很厉害”的缩略形式，等等，不一一详解。

表 4　新媒体常用句式

	神马都是浮云	你妈叫你回家吃饭	我爸是李刚	哥只是个传说	要么忍，要么残忍
文学	0	0	0	0	0
报刊	2	0	1	0	0
微博	813	30	175	290	85

① 微博语料和报刊语料的“打酱油”是“路人”“不相干的人”“凑热闹的人”，文学语料和科技语料的“打酱油”是“用瓶子买酱油”的意思，它们是“打酱油”的原意。

（续表）

	神马都是浮云	你妈叫你回家吃饭	我爸是李刚	哥只是个传说	要么忍，要么残忍
科技	0	0	0	0	0
古汉语	0	0	0	0	0

还有一些高频的句子也是新媒体常用的，如表4所列。此外还有很多类似的句式，有的流行一阵子就烟消云散了，有的过一段时间又被激活。比如：

（1）我从不以强凌弱～～～我欺负他之前真不知道他比我弱…

（2）都想抓住青春的尾巴，可惜青春是只壁虎。

（3）没人牵手，我就揣兜。

（4）你走你的过街天桥，我过我的地下通道。

（5）我的兴趣爱好可分为静态和动态两种，静态就是睡觉，动态就是翻身…

（6）一分钱一分货，稀饭吃了不经饿。

（7）不能因为咱俩有过节，你就把我当节过。

（8）语不惊人死不羞。

（9）哪里跌倒，哪里爬起……老是在那里跌倒，我怀疑那里有个坑！

（10）在海边不要讲笑话，会引起“海笑”的。

（11）本是打算搜狗，结果看到猫扑。

（12）唉～这人要一没正形，连头痛都是偏的。

此外还有一些字母缩写和数字谐音的语言形式，这些语言形式在微博语料中出现的频率很高。主要原因是它们打字方便，另外还有隐蔽性，有点儿像“黑话”，圈外的人不懂。当然这些字母词在其他语料中也有，但是意义不同。字母缩略词语在科技文献中很多见，它们都是约定俗成的，行业性特点很明显。如果产品命名的缩略语不小心与新媒体语言的字母词同形了就可能变成笑话。例如：

（13）九口修返厂研制生产的ZDM-SB型地膜抡种机，今年全部记设了阻膜轮装五，受列了用户欢迎。（科技语料）

（14）BT杀虫剂防治棉铃虫应用技术要点吴瑾阿克苏地区农业科技开发中心EB-82灭蚜菌剂是中国农科院生物防治研究所研制的新生物制剂，对蚜虫有很强的杀灭作用。（科技语料）

SB和BT在新媒体语言中分别是“傻逼”和“变态”的字母缩略词。参看表5：

表 5 新媒体常用字母词

	GG	SB[①]	BT[②]	Kick	GF[③]	BF[④]	PMP[⑤]
文学	0	0	0	0	0	0	0
报刊	43	220	331	3	65	31	26
微博	4853	11 334	31 642	252	2830	16 378	269
科技	0	76	20	0	12	14	4
古汉语	0	0	0	0	0	0	0

表 6 新媒体常用数字词

	1414 意思意思	9494 就是就是	1314 一生一世	520 我爱你	886 拜拜咯	7456 气死我了	8147 不要生气
文学	0	0	0	0	1	0	0
报刊	0	1	2	?	1	2	0
微博	234	34	2887	9946	2352	25	142
科技	1	0	0	0	1	0	0
古汉语	0	0	0	0	0	0	0

表 6 所列是一些数字组合，它们以谐音的方式与一些通用词汇关联。

新媒体语言中有一些语气词使用频率也很高，我们考察了“～哒”，发现在文学语料中它几乎都是拟声词，不是语气词，在报刊语料中有拟声词，有方言对音，也有外来语记音，少部分是语气词。在科技语料中“咯咯哒”出现频率很高，这是产品名称，此外还有“喀哒”“叭哒”等拟声词，少量语气词。

表 7（a） 不同语料“哒”的使用频率

	～哒
文学	343[⑥]
报刊	828[⑦]
微博	46 490[⑧]

---

① 报刊语料和微博语料 SB 是“傻逼”的简拼，科技语料不是。

② 微博语料的 BT 是“变态”的简拼，报刊语料有一部分是“变态”的简拼，科技语料没有“变态”的用法。

③ 微博语料 GF 是英文 girl friend 的简写，报刊语料也有这种用法，科技语料的 GF 没有这种意思。

④ 微博语料 BF 是英文 boy friend 的简写，报刊语料也有这种用法，但很少，科技语料的 BF 没有这种意思。

⑤ 微博语料 PMP 是“拍马屁”的简拼，其他语料没有这种用法。

⑥ 文学语料中的“哒”大多都是拟声词，不是语气词。

⑦ 这里的“哒”一部分是拟声词，一部分是语气词。

⑧ 只有少量的拟声词，大部分是语气词。

（续表）

	～哒
科技	911①
古汉语	1161②

为了排除其他用法，我们用“a哒”“a滴”“a咯”和“v哩”“v咧”“v呗”等形式来进行检索，结果如下（这里所列举的“哩”“咧”“呗”都是固有的语气词，有些方言色彩比较明显，我们仍然可以观察到在微博语料中它们出现的频率远远高于其他语料。当然这也许跟语体有关，我们会另文探讨）：

表7（b）　新媒体常用语气词

	～哒	～滴（嘀）	～哈	～咯（lo）	～哩	～咧	～呗
文学	0	0	0	2	2565	476	270
报刊	4	0	0	2	3014	232	477
微博	5581	18 289	400	11 436	2455	3187	8283
科技	0	0	0	0	998	287	241
古汉语	0	0	0	0	0	0	0

汉语第一人称有“我”“俺”“偶”“吾”“余”“某”等形式，在新媒体中，经常用“偶”来代替“我”。

表8　不同语料常用第一人称代词

	我	俺	偶+v
文学	1 991 978	6324	1③
报刊	4 994 543	20 525	0④
微博	17 790 374	48 382	13 919⑤
科技	3 932 427	2783	0⑥
古汉语	2 732 283	50 414	0

新媒体语言还有一些语言形式，在其他媒体语言中比较少见，但是在微博语料中大量使用，例如：

---

① 这里的“哒”有拟声词，如“哪哒儿”中的“哒”；还有一些是外来语记音，少部分是语气词。

② 几乎都是拟声词。

③ 检索文学语料共得到388个“偶v”的例子，只有1例是人称代词的用法。

④ 检索报刊语料共得到2284个“偶v”的例子，我们考察了1—1000例，没有一个是人称代词的用法。

⑤ 这里的例子绝大部分是第一人称用法。

⑥ 检索报刊语料共得到11 464个“偶v”的例子，我们考察了1—1000例，没有一个是人称代词的用法。

表 9 新媒体语言高频语言形式

	a 歪歪	伤不起	姑凉（姑娘）	我勒个去
文学	1	0	0	0
报刊	0	38	0	0
微博	3583	31 964	2876	4485
科技	3	0	0	0
古汉语	0	0	0	0

表 10 新媒体多用构式

	有一种 n 叫 n	a 不到哪里去	还 v 呢	爱 v 不 v
文学	3	18	454	38
报刊	31	18	305	72
微博	755	350	3032	4019
科技	22	48	132	62
古汉语	0	0	0	0

新媒体语言还有其他一些独特的语言形式，限于篇幅，这里就不展开讨论了。

二、新媒体语言的修辞学价值

新媒体语言在语言形式和表达方式上有很多创造性的用法，这些用法在修辞方面可以说是很成功的，它增强了语言的表现力，也为这些语言形式的流行创造了条件。例如：

（15）世界上最遥远的距离，不是我站在你面前，你却不知道我爱你，而是我们俩一起出门，你去买苹果四代，我去买四袋苹果。（对比 / 仿拟）

这个句子之所以能够流行，是因为它脱胎于泰戈尔的诗句，这个表达方式是对泰戈尔诗句的模仿（泰戈尔的《飞鸟与鱼》）：

（16）世界上最遥远的距离，不是生与死，
而是我就站在你面前，你却不知道我爱你。
世界上最遥远的距离，不是我就站在你面前，
你却不知道我爱你，而是爱到痴迷却不能说我爱你，
世界上最遥远的距离，不是我不能说我爱你，而是想你痛彻心脾。
……

还有一些句子来源于某句歌词，如下面的句子来源于刘若英的《光》，这里的“一下子”和“一辈子”构成对比关系，让人印象深刻：

（17）你来过一下子，我想念一辈子。（对比）

刘若英在年轻人那里有很多粉丝，这句话因为歌而流行。

（18）想问你是不是还记得我名字，
当人海涨潮又退潮几次，
那些年那些事，那一段疯狂热烈浪漫日子，
啊！恍如隔世——
你来过一下子，我想念一辈子！
……

也有一些表达式利用双关的修辞手段。例如下面的句子，“放电”是“对自己喜欢的人发出求爱信号”，“来电”指的是“来电话”，这两个“电”同形不同义：

（19）不要对哥放电，嫂嫂有来电显示。（双关）

还有一些例子利用跳脱的修辞手段，出人意料之外。例如：

（20）姐从来不说人话，姐一直说的是神话。（跳脱）

这是一种修辞手段，意在言外，说话人中间突然转向，改变说话的路径，让听者的思路也跟着跳跃。又如“人生自古谁无死，为了经验怕锤子”，“清明时节雨纷纷，多给前任上上坟”，都是突然转变话锋。在修辞手段中，隐喻是无所不在的修辞手法。例如：

（21）所谓门槛，过去了便是门，过不去就成了槛。（隐喻）

这是一句流行很广的话，有点儿像“鸡汤”，但是非常有哲理。“门槛”是具体的物象，“槛”是抽象的物象，把两者放在一起说很巧妙。下面的例子也是这样，“两肋插刀”是虚言，“一把刀”是实言。前者是比喻，后者不是：

（22）我不是不想为你两肋插刀，是因为我只有一把刀。（虚实）

俗话说“姜还是老的辣”，于是有人说出这样的话：

（23）如果全是老姜，将是一个何等辛辣的社会。（隐喻）

这是一种隐喻的修辞手法，说话人利用既有的语言表达形式中的某个意义范畴，通过隐喻移花接木到另一个意义范畴上。有的时候为了取得幽默效果，利用婉曲和双关手段创造新的说法。例如：

（24）左脑全是水，右脑全是面粉，不动便罢了，一动全是糨糊。（婉曲 / 双关）

或者利用语用学的蕴含意义表达某种意义，这种意义要靠听话人自己去联想，去发现这句话的蕴含意义。例如：

（25）你的丑和你的脸没有关系。（蕴含）

“你的丑和你的脸没有关系”意味着你的丑和你的其他方面有关系，如“你的观念”“你的行为”“你的灵魂”等。这是一个开放的蕴含关系。有的时候干脆很简单地利用双关手段表达说话人的态度和调侃。例如：

（26）我这人不太懂音乐，所以时而不靠谱，时而不着调。（双关）

“不靠谱”“不着调”本来的意义是说在音乐造诣上水平低下，但是在现代汉语中只用它们的隐喻意义，“做人做事不可靠，不守规矩”。这里表面上是说不懂音乐，实际上是语带双关，因为“不靠谱”“不着调”本来早就脱离了本义。这个句子因为有上文“我这人不太懂音乐”背景，把听话人的预期设置到一个语义场中，看似运用了“不靠谱”“不着调”的本来意义，实际上说话人的用意在另外一个语义场，用的还是它们的隐喻意义。

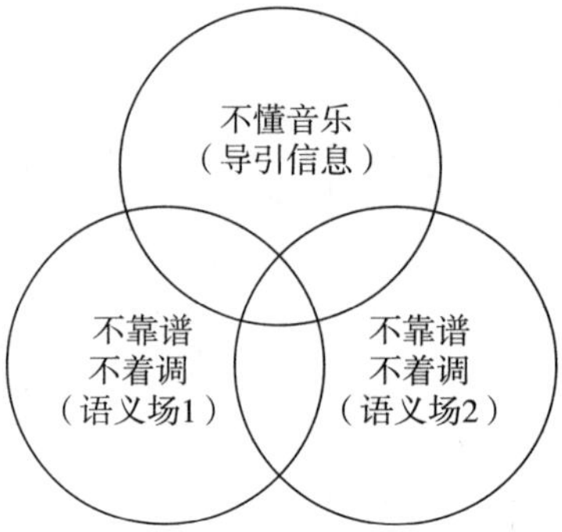

图 3　双关涉及不同语义场

三、新媒体语言的社会学价值

通过对新媒体语言的透视，我们可以在社会学意义上了解我们这个社会，了解新媒体的语言使用，了解新媒体的人群。虚拟世界存在着诸多的“圈子”，新媒体语言在不同的圈子里有不同的潮流，这些潮流有的时候可以反映出一个社会群体的集体焦虑、集体无意识、集体愤怒，也可以反映出不同社会群体的价值取向、社会心理。每个圈子都有自己的标签和自己的圈子文化，圈内人在这里可以找到知己，获得认同感。这些圈子大大小小有很多，粗略地看有以下一些（见下页图 4。有些圈子里还可以细分成不同的更小的圈子）。

各个圈子彼此之间也有交叉，并不是泾渭分明的。有交集的地方所创造出来的语言形式往往可以成为社会通用语的一部分。下面我们分几个主题来讨论新媒体语言的社会学价值。

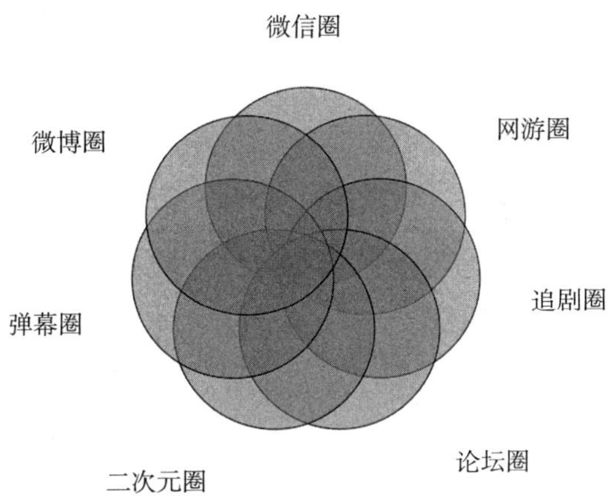

图 4 新媒体社交圈示意图

3.1 “标题党”与媒体文化

我们看网络新闻经常被“标题党”忽悠，点开之后才发现内容与标题风马牛不相及。这在新媒体圈子里几乎成了约定俗成的现象，大家对此都不满意，但是却无法根除。根据中国互联网络信息中心（CNNIC）2018 年 1 月 31 日发布第 41 次《中国互联网络发展状况统计报告》，中国网民规模已经达到 7.72 亿，手机网民占比达到 97.5%，达到 7.53 亿。这意味着新媒体已经成为人们获取信息的主要渠道。在海量信息中，如何能够抓住读者就成了很多信息发布者的头等大事。标题显然是非常重要的，他们在标题上做文章，主要手段是夸大其词、制造悬念、刺激暗示、激将法等。例如：“史上最牛……”“全中国都在看……”“大家注意啦，不看要吃亏啦！”“中国股市要有重大变化！”“刚刚传来的消息：特朗普即将遭到弹劾！”等，标题都有些危言耸听，看内容则严重失实。又比如“震惊！管理层出游竟然包下一辆火车！上市公司员工爆出惊天内幕！”“最新重磅：崔永元冒死实名举报的竟然是他！”“他们找到了治疗癌症的新方法！”“太可怕了！女子睡前做了这件事，竟然导致不孕不育！”“为什么说住酒店最好不要关厕所灯？酒店服务员偷偷告诉你原因”“欧洲美女为什么不愿意嫁中国男人？”……这里边既有故意卖关子、制造悬念，也有一些暗示。有的时候还会用到激将法，例如“是中国人的转发”“是男人一定要知道”。关于标题党现象，很多人已经提出批评，例如贾晓红（2018）、王诗瑶和石晋阳（2018）等，也有人对新闻标题进行比较研究，发现了新媒体与传统媒体的差异（颜晓尹，2018）。吴振东和王艳（2018）称这种现象是“标题党思维”，这是很有道理的。这种标题党思维已经渗透到新媒体语言的骨髓。我们从微博和报刊中可以看到标题党思维的确已蔚然成为一时风气。下面是 BCC 语料库反映出来的标题党思维：

表 11 新媒体反映出来的标题党思维

	史上最	吓死	大尺度	惊呆了	曝光	狂 V
微博	17 430	15 265	1701	25 172	22 654	15 465
报刊	1362	158	131	818	6336	42 945

3.2 网络语言暴力与社会戾气

新媒体时代也是自媒体时代，在虚拟社会里，语言暴力现象比较突出，这可以从一个侧面看出日益严重的社会戾气。新媒体的一个特点就是某些极端的表述很容易形成某种趋势，跟风的人越来越多，公正的、理性的言论往往被语言暴力淹没（蒋婷，2013）。有人注意到了自媒体语言暴力的治理问题，指出很多社交平台设置了暴力语言过滤软件，如“垃圾”“去死吧”“蠢猪”“去你妈”“智障”“人渣”“败类”“婊子”等暴力词汇通过技术手段可以屏蔽（陈燕燕，2018），但是有很多语言暴力现象是以隐蔽的方式存在的，例如“卧槽”“我擦”“我去”“买了表”“二百九（二百五＋三八＋二）”等。这些伪装起来的语言形式，大部分是詈骂语或不雅的话，也有一些是为了避讳或应对审核（如“毛衣战”是“贸易战”的伪装形式）。我们从语料库中也可以看到，其他语料出现这些语言暴力的频率几乎为零。例如：

表 12 新媒体经过伪装的语言暴力现象

	猫了个咪	买了个表	我去年买了个表	草泥马	牛叉	特么
文学	0	0	0	0	0	0
报刊	0	0	0	1	0	0
微博	128	3373	2160	15 897	1342	14 606
科技	0	0	0	0	0	0
古汉语	0	0	0	0	0	0

“垃圾”“去死”“蠢猪”“去你妈”“智障”“人渣”“尼玛”“婊子”这一类词汇并非是新媒体特有的，然而我们可以看到，它们在新媒体中出现的频率远远高于其他媒体。

表 13 不同语料中语言暴力现象统计比较

	人渣	婊子	傻逼	尼玛	去死吧	智障
文学	36	1055	4	51	81	17
报刊	12	51	0	1127	7	268
微博	4270	5139	58 585	94 566	4582	1965

（续表）

	人渣	婊子	傻逼	尼玛	去死吧	智障
科技	30	97	4	242	25	219
古汉语	0	507	0	2191	4	1283

以“尼玛”为例，在微博语料中几乎都是詈骂语（“你妈”的变身），且出现频率极高，而在其他语料中基本上是人名，“尼玛”在藏语中是“太阳”的意思。

3.3 新媒体语言所反映的社会价值取向

新媒体语言出现的这些现象其实都是社会现象在虚拟空间的真实反映，它反映了某些社会群体的社会价值取向。例如“佛系”一词的流行，反映的是某些人的生活态度。请看下面一段文字：

> 这么高的人气，或许是因为现代社会压力太大，许多民众其实都想放下脚步，放空身心，享受片刻无欲无求的宁静感。这与本周大陆突然火爆的“佛系九零后”概念其实有着类似的内涵。“佛系员工”（指交代的任务从不推辞，但也绝不会给自己揽工作，工作质量永远保证合格，但从不会有惊喜）、“佛系恋爱”“佛系点赞”……跟台湾一样，大陆一线城市年轻人工作、学习、生活压力很大，已经觉得很辛苦，所以推崇“一切随缘”。一方面，这是好事，不争不抢，随性豁达。另一方面，有时也有面对竞争和压力，消极怠惰之嫌。好与不好，存乎一心。（《人民日报（海外版）》2017 年 12 月 23 日）

这段文字是对“佛系”一词最好的注释。还有一些词汇带有歧视性和侮辱性，如“打工仔”“死基佬”“变态佬”“矮穷挫”“死八婆”“剩女”“玻璃”等，这都反映出一些不健康的社会价值观念。

3.4 新媒体语言的嬗变与大众心理

新媒体的语言也是在不断变化的。这种嬗变也从一个侧面反映出社会面貌的变化和世态人心的变化。例如 BCC 语料库中关于“走后门”一词的历时检索可以看出这个词的热度是在不断变化的[①]：

① BCC 语料库的历时检索请参看荀恩东、饶高琦、谢佳莉、黄志娥（2015）。

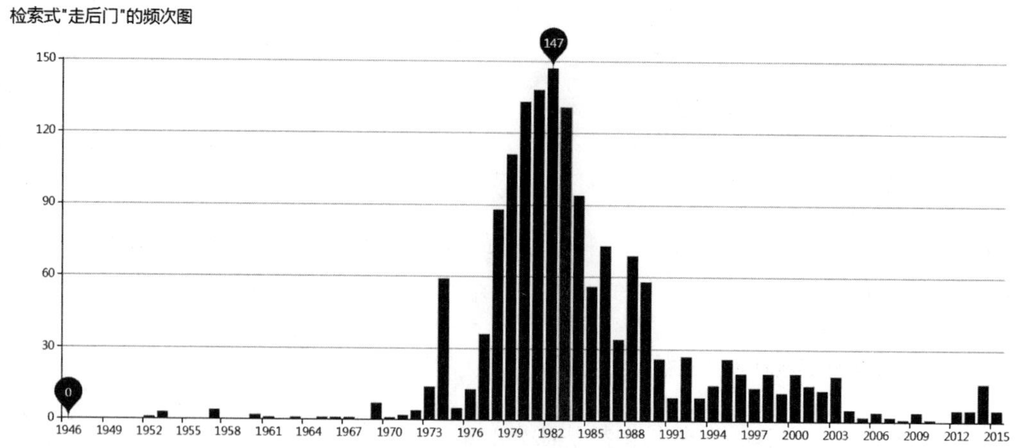

图 5　“走后门”一词的历时变迁

我们也可以看到，“吃软饭”一词主要在微博语料中出现，而“吃闲饭”则各个语料都有分布：

表 14　“吃软饭”与“吃闲饭”比较

	吃软饭	吃闲饭
文学	7	31
报刊	4	321
微博	474	113
科技	7	76
古汉语	7	24

在新媒体语言中，有些语言形式出现频率很高，如“帅哥”“美女”，但是我们也看到它们出现的时间段集中在新媒体出现之后。

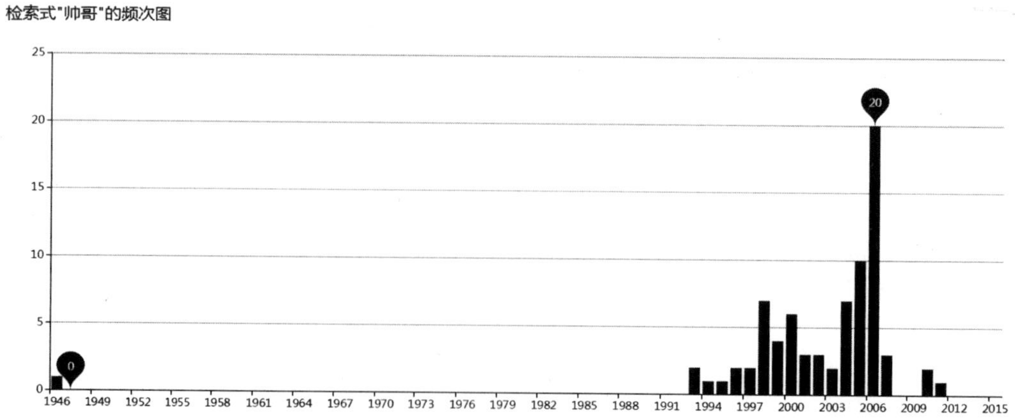

图 6　“帅哥”一词的历时变迁

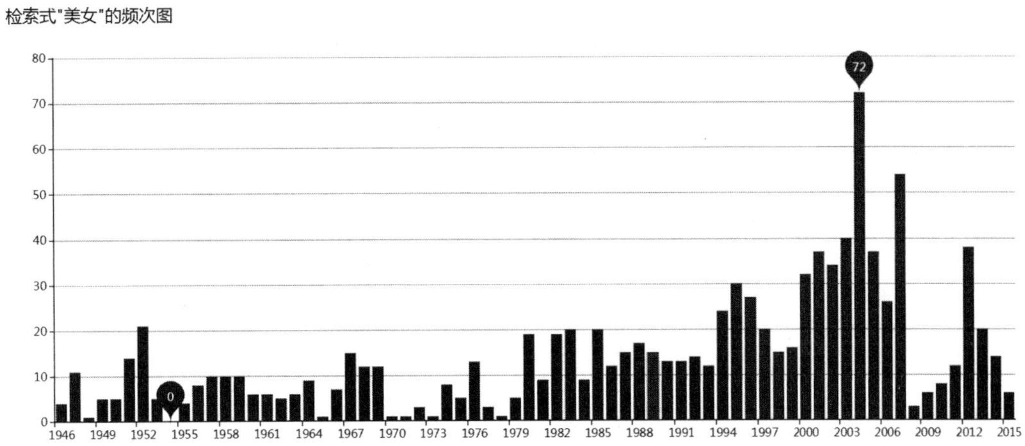

图 7　“美女”一词的历时变迁

由于BCC语料库的历时检索主要局限在报刊语料，所以这个图表不能反映“帅哥”“美女”的完整面貌。称谓问题在中国社会是一个敏感问题，称呼错了会给自己带来很多麻烦。有一段时间社会上凡是男人都称“老板”，凡是女人都称“小姐”。现在这两个称谓形式已经式微：

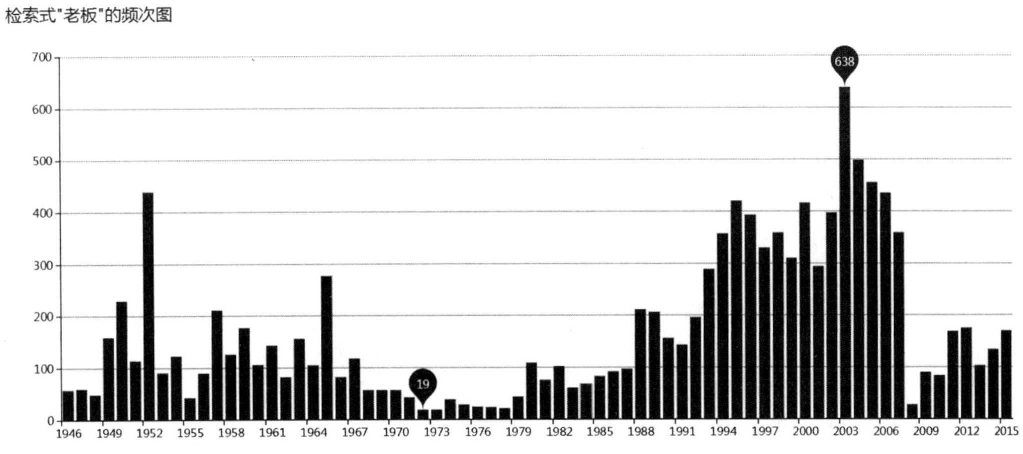

图 8　“老板”一词的历时变迁

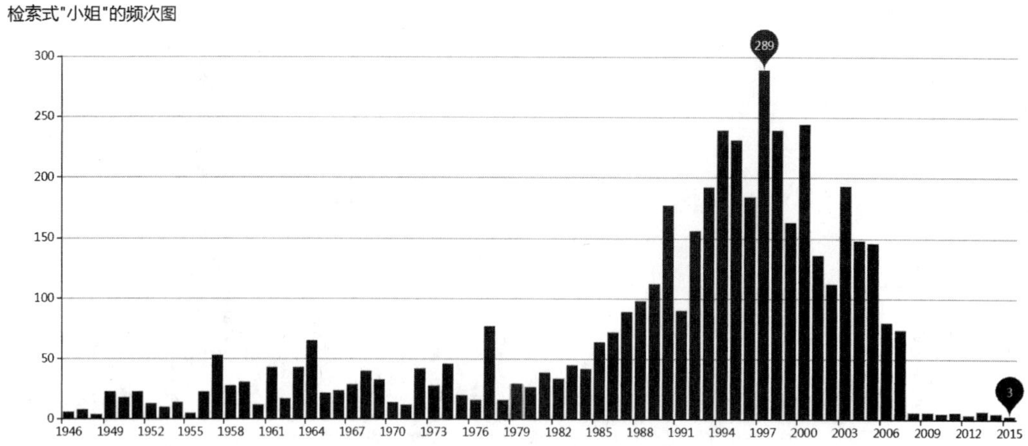

图9 “小姐”一词的历时变迁

在20世纪末“十亿人民九亿商，还有一亿待开张”的年代，“老板”是个热度很高的称谓，“小姐”也是个热度很高的称谓。现在这两个词开始变冷。从这种变化中我们可以窥见世态人心的变化。

参考文献

陈燕燕（2018）自媒体语言暴力问题探究，《新媒体研究》第17期。
谷云峰（2018）网络流行语言看青少年的价值观特点，《教育现代化》第26期。
霍慧娜（2017）媒体融合背景下新媒体语言特点研究，《新媒体研究》第20期。
贾晓虹（2018）新媒体“标题党”乱象及治理，《新媒体研究》第7期。
蒋　婷（2013）自媒体传播中语言暴力“一边倒”现象的研究，《今媒体》第7期。
李　琼（2016）新媒体时代网络新闻报道的语言特点，《今媒体》第11期。
李　雪（2016）新媒体对大学生价值观的影响及其对策研究，广西师范学院硕士学位论文。
罗　谖（2018）网络语言的价值观引导与治理，《媒介经营与管理》第17期。
尚　伟（2017）新媒体语言的发展及其规范，《北华大学学报》（社会科学版）第4期。
施麟麒（2018）政务新媒体的社会语境与语言选择，《语言文字应用》第1期。
王建华（2017）《政务新媒体话语应用与传播研究》，上海：上海交通大学出版社。
王建华（2018）政务新媒体语言应用，《语言文字应用》第1期。
王诗瑶、石晋阳（2018）纸媒公众号“标题党”现象与受众认同分析，《青年记者》7月下。
吴振东、王　艳（2018）噱头的诱惑与媒介素养——新媒体时代语境下的“标题党”思维分析，《新媒体研究》第9期。
荀恩东、饶高琦、谢佳莉、黄志娥（2015）现代汉语词汇历时检索系统的建设与应用，《中文信息学报》第3期。
颜晓尹（2018）新媒体和传统纸媒新闻标题语言对比——以《人民日报》为例，上海外国语大学硕士学位论文。
赵　莉（2014）新媒体科学传播亲和力的话语建构研究，中国科学技术大学博士学位论文。
赵　雪、曹彦男（2012）新媒体语言研究十年，《理论与现代化》第4期。

（崔希亮，北京语言大学汉语国际教育研究院，cuixl@blcu.edu.cn）

从新词语“XY 杀”看类后缀“杀”的形成及成因 *

——兼论网络时代汉语动源类后缀的衍变空间

姚昭璞

提　要　通过考察新词语“XY 杀”（如“摸头杀、微笑杀”），本文分析了类后缀“杀”的形成及成因。我们发现，类后缀“杀”源自“秒杀”，承载“秒杀”的整词义后参与构词，在“杀”的作用下，“XY 杀”具有共同的语义类属。在成因上，受到“XY 杀”的标记作用显著、口语的传播速度快、“杀”的认知凸显度高、受众的文化态度开放及媒介的推动力强等因素的驱动。结合“瘫”“抱”的构词表现，本文发现汉语动源类后缀具有衍变空间，但由于受众群体和传播途径较为单一，其生存度尚待观察。

关键词　XY 杀；类后缀；杀；形成；成因

一、引言

近几年，网络上涌现出一批新词语“XY 杀”，这类词多见于社交软件和非正式的新闻报道中，如：

（1）第二张背影杀简直是无敌啊。（微博，2018 年 3 月 3 日）

（2）谁说我不会被跟我一起学习的人所吸引，中学喜欢过的人都是通过一招讲题杀制服的我。（微博，2016 年 4 月 17 日）

（3）魏千翔最新写真曝光，画风冷峻现眼神杀。（搜狐网，2018 年 4 月 2 日）

（4）梁俊一新剧成“最帅东厂护卫”，上演“颜值杀”。（腾讯网，2016 年 8 月 5 日）

例（1）中的“背影杀”指好看的背影使人短时间内着迷；例（2）中的“讲题杀”多用于异性之间，指对方认真讲题的样子使人短时间内产生崇拜之情；例（3）中的“眼神杀”指对方极具魅力的眼神使人短时间内折服、着迷；例（4）中的“颜值杀”指好看的面容使人短时间内着迷。“杀”的本义为“使人或动物失去生命”。而在上述几例“XY 杀”中，

---

* 本研究得到教育部人文社会科学青年基金项目（项目批准号：16YJC740052）和北京语言大学梧桐创新项目（中央高校基本科研业务专项资金）（项目编号：17PT02）资助，北京语言大学张博教授为本文的研究对象定名为“动源类后缀”，论文写作过程中得到导师孟凯副教授的悉心指导和同门的宝贵建议，谨此致谢。

“杀”指短时间内使人产生崇拜、着迷之情，该语义在本义的基础上有所抽象。

吕叔湘（1979：40—41）在对“类词缀”进行界定时指出“汉语里地道的语缀并不很多，……有不少语素差不多可以算是前缀或后缀，然而还是差点儿，只可以称为类前缀和类后缀……因为它们在语义上还没有完全虚化，有时候还以词根的面貌出现”。当“杀”做后位成分时，语义已有所抽象化，那么其可被归为类后缀吗？

充当类后缀的词语如“族”“门”“党”“奴”“迷”等大多由名词性成分发展而来，相关研究不胜枚举（曹大为，2007；张谊生，2007；周士宏，2008；陈昌来和朱艳霞，2010；刘楚群和龚韶，2010；翟甜和孟凯，2013 等）。但由于以往由动词性成分发展而来的汉语动源类后缀的现象较为少见，相关研究仅集中于“化”“控”等（郭潮，1982；杨可人，2006；曹春静，2011；雷冬平，2011 等）。除“XY 杀”外，近年来源自动词性成分的后位成分参与构造多音节词的现象日渐增多，如“葛优瘫”[①] 等“X + 瘫”、“考拉抱”等“X + 抱”等，那么这些“X + V”中的 V 都可认为是类后缀吗？其衍变空间如何？这些问题值得我们探讨。

二、“XY 杀”中“杀”的来源

我们通过网络搜索到“XY 杀”42 例，具体如下所示：

半脸杀　抱头杀　背影杀　壁咚杀　侧颜杀　吹眼杀　捶地杀　打球杀　低头杀
嘟嘴杀　额头杀　鼓嘴杀　刮鼻杀　后背杀　喉结杀　虎牙杀　回头杀　回忆杀
讲题杀　气质杀　接吻杀　靠肩杀　口琴杀　理想杀　撩发杀　摸头杀　摸肚杀
摸脚杀　蒙眼杀　挠头杀　捏脸杀　捧脸杀　情话杀　掏钱杀　调戏杀　挑衅杀
听歌杀　微笑杀　洗碗杀　眼神杀　颜值杀　正脸杀

百度百科对某些“XY 杀”做出了释义，如“侧颜杀”和“摸头杀”，前者的释义是“侧脸的颜值足以秒杀异性或者粉丝”，后者的释义是“通过摸头把女生给秒杀”，“XY 杀”中的“杀”被释为“秒杀”，那么“杀”是否来源于“秒杀”？

“秒杀”是教育部 2007 年 8 月公布的 171 个汉语新词之一，起源于英语的“seckill”。“seckill”最早用于形容足球赛最后阶段的进球，因为此时进球对手没有还击时间，由此产生“秒杀”的本源义“在比赛的最后关头击败对手取得胜利”。但是《现代汉语词典》（第 7 版）（下文简称《现汉》）并未收录该义。根据林筠涵（2013）的推论，在汉语中“秒杀”的本源义已由“绝杀”表达。“绝杀”是球类运动术语、象棋术语，指在赛事最后阶段给

---

① 本文的语料来自网络，主要是百度、新浪等网站，为行文简洁和节省篇幅，例词一般不注明出处。

对手致命一击。因此，在汉语中“秒杀”已不用于形容足球赛最后阶段的进球，但其本源义中的“击败对手”义被保留了下来。如《现汉》对“秒杀”的两个解释就是：

①瞬间击杀，指在极短的时间内击败对手（多用于网络游戏中）；

②泛指在极短的时间内就结束：～价（在短时间内就结束的优惠价）。

相较于本源义，义项1的适用范围由单一的球类比赛领域扩大为网络游戏等多个领域，但仍保留了本源义的“短时间击败对手”义。义项2由义项1的“短时间内击败对手”泛化而来，最早用于网络购物领域，卖家在网上发布低价商品，多个买家在极短时间内抢购，抢购成功的买家也可被理解为获胜者，其中仍有义项1的“短时间内击败对手”义。

从“秒杀”的三个含义可看出，“秒杀”词义发生泛化，主要表现在“杀”的语义发生了泛化，“秒”的语义基本没有发生变化，仍表示“短时间”义。“秒杀”中“杀”的含义主要有“击败对手”“结束某事”，语义通过引申的方式发生泛化，相似性是“使对方失去优势”。“击败对手”就是使对手失去优势，这很好理解。至于“结束某事”，我们以词典所举的“秒杀价”为例，其他同时抢购的买家可理解为是竞争者，使竞争者失去优势，击败竞争者，则抢购成功，该事结束。“秒杀”中的“杀”的语义衍变过程如下图所示：

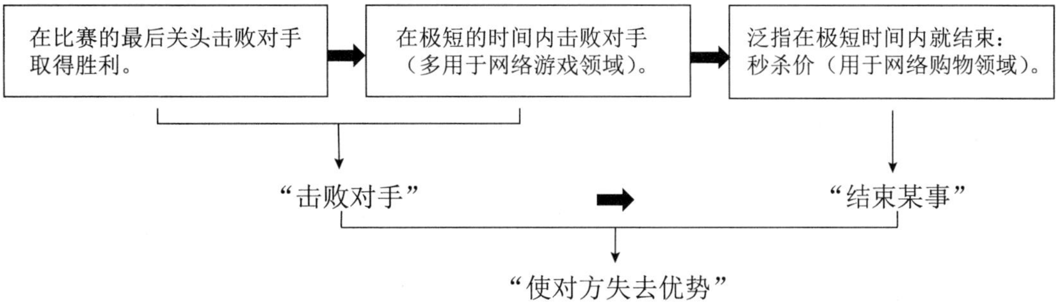

图1　“秒杀”中的“杀”的语义泛化过程[①]

随着“秒杀”出现在社交平台上的频率越来越高，使用范围越来越广，出现了一些诸如“她的美把我秒杀了”“大家被她独特的声线秒杀了”的句子，两句都指短时间内对方某一方面的魅力给人带来极致的心理感受，被其魅力打动的一方，在心理上失去优势地位，产生崇拜、迷恋之情，而对方则在心理上处于上风，这两处同样通过引申的方式实现语义的泛化。

生活中，能使人短时间产生极致的心理感受，进而生发出崇拜、迷恋之情的行为或客观存在很多，其被提取出来后，与“秒杀”结合。现代汉语以双音节为主，双音节被提取

① 方框内为“秒杀”的词义，细箭头表示从中提取出来的“杀”的语义特征，粗箭头表示义项的发展方向。

出来与“秒杀”结合的可能性很大，即组配而成的新词语为四音节的可能性大。周荐（1997）指出“四音节单位成词的机会不多，通常情况下它只构成大于词的单位，如果不是自由词组的话，就会是固定语。而三音节单位却成词成语的可能性都很大”。受到词长的制约，组配而成的新词语应控制在四音节（不含四音节）以内。因而，“秒杀”只能并合为单音节，由“杀”① 承载“秒杀”之义。这也符合张博（2017）提出的“并合造词法”，“两个音节共同承载的语义归于其中一个音节，为构造复合词提供语素或造出单音节词”。这样一来，“杀”被保留了下来，参与造词。

三、类后缀“杀”的形成

“杀”与“XY”组合，产生了一定数量的“XY杀”，“杀”是不是类后缀还得从其判定标准来看。

“类词缀”这一概念自吕叔湘（1979：40—41）明确提出之后，关于类词缀判定标准或构词特征的研究有很多（陈光磊，1994；马庆株，1995；王洪君和富丽，2005；张小平，2008；曾立英，2008；沈光浩，2011、2012、2015；苏宝荣和沈光浩，2014等）。不同于其他研究着重于定性分析，曾立英（2008）是一种实证式的研究，采用定量研究与定性研究相结合的方法，穷尽性地考察类词缀，提出了类词缀的构词特征，具有较强的普适性，因此本文以曾文提出的构词特征为判定依据，即类词缀是具有定位性、意义半虚化的能产性强的不成词语素。

3.1 定位性

曾文提出的“定位性”是指类词缀在某一个词性、某一个或几个义项上定位，即“定词性”“定义项”。“定词性”指某一语素在充当类词缀时，始终保持一个词性。“XY杀”中的“杀”在做后位成分时始终保持动词性。“定义项”指在某一固定义项上该语素的位置是固定的。当“杀”指使人短时间内产生极致的心理感受或崇拜、迷恋之情时，其始终处于词语后位，在指“使人或动物失去生命”时，“杀”就不是定位构词，如“杀人”“虐杀”“厮杀”等。因此，“XY杀”中的“杀”符合类词缀具有定位性这一特征。

---

① “秒”也能承载“秒杀”的整词义，但此时“秒”具有谓词性，并在句中独立运用，如“在学校遇到了她，结果她一句话把我给秒了”（百度贴吧，2012年2月26日）。

3.2 意义半虚化

曾文提出的“意义半虚化”包括三个方面：一是类词缀的意义通常是该语素的比喻义或引申义，去掉之后影响整个词义的表达；二是类词缀常表示某个“范畴”义；三是类词缀兼有表达性派生和功能性派生。从第一个方面看，“XY 杀”中的“杀”承载了“秒杀”整词义，指使人短时间内产生极致的心理感受或崇拜、迷恋之情，是由“秒杀”本源义中的“短时间内击败对手”义逐步引申而来的，引申过程中语义发生了泛化，“杀”去掉之后仅剩表客观存在或行为的“XY”，明显影响整个词义的表达。从第二个方面看，在“杀”的作用下，“XY 杀”表示某种使人短时间内产生极致的心理感受或崇拜、迷恋之情的客观存在或行为，具有共同的语义类属。第三个方面涉及的表达性派生和功能性派生由 Beard（1995）提出，前者“反映说话者的主观态度”，后者指“改变词的语义方面，所表达的意义相当于一些格（case），如表示施事、受事、地点、来源等”。[①] 从“XY 杀”中的“杀”的语义可看出，“杀”反映出说话者主观上的崇拜、迷恋之情，具有表示观点、态度的功能，[②] 即“杀”兼有表达性派生和功能性派生。因此，“XY 杀”中的“杀”符合意义半虚化这一特点。

3.3 能产性

曾文指出类词缀具有能产性的特点。从数据上看，我们共搜索到自 2014 年至 2017 年产生的“XY 杀”42 例，“杀”表现出一定的能产性。那么背后的原因是什么？主要原因在于“杀”表达的概念复杂降低了“XY”的入词标准。“XY”指某种行为或客观存在，生活中能使人短时间内产生极致的心理感受或崇拜、迷恋之情的行为或客观存在很多，这为“XY”提供了足够多的可替换成分。

其次，“杀”的语义强调人对“XY”的主观感受，在提取“XY”时，往往需要其能快速激活受众的相关认知，这就使得事件中最凸显的元素成为理想的备选项。刘娅琼（2012）指出一些社会敏感事件获得普遍关注后，给事件中最凸显的元素命名便于受众一接触就迅速激活整个事件，这种命名方式即“事件投射命名”，并已逐渐从敏感事件扩展到非敏感事件。如“理想杀”，来自热播电视剧《最好的我们》，男主角认真说出理想使女主角短时间内产生崇拜、迷恋之情的情景给观众留下了深刻的印象，将该事件中最凸显的因素“理想”提取出来参与造词，便于激活受众的相关认知。这种提取方式与主观认知相关，没有

① 二者定义转引自董秀芳（2005）。

② 曾文对类词缀进行了几乎穷尽性的考察，在 Beard（1995）所说的功能性派生上有所发展，增加了一些格，但仍存在确属于功能性派生，却无法明确地归入某一格的情况，如“表示观点、态度”等。

严格的量化标准，相对自由、灵活，便于批量造词。因此，“XY 杀”中的“杀”具有能产性。

3.4 不成词语素

曾文的“不成词语素”只是“相对不成词”，即语素在其类词缀义上定位且可能不成词，在其他义项上不定位且可能成词。“XY 杀”中的“杀”在使人短时间内产生极致的心理感受或崇拜、迷恋之情这一意义上定位且不成词，在其本义“使人或动物失去生命”上则不定位，如“杀戮”“厮杀”等，且可充当动词。因此，“杀”符合类词缀是“不成词语素”这一特征。

综上，我们认为“XY 杀”中的“杀”已初步符合类后缀的构词特征，属于新兴类后缀。

四、类后缀“杀”的成因

4.1 “XY 杀”的标记作用显著

本文第二节提到，“秒杀”的整词义发生了并合，当“秒”承载“秒杀”义时，“秒”具有谓词性，能独立运用，那么为什么“杀”承载“秒杀”义时，不能独立运用，只能处于词语后位呢？这是因为“秒”通常做量词，在《现汉》收录的由“秒”构成的词语中只有“秒杀”一例动词，其余皆为名词或量词，如“秒表”“秒差距”。因此当“秒”充当动词独立使用时，受众激活的只能是已为人熟知的相关动词“秒杀”，“秒”的单独使用不会造成歧义。但“杀”本身就是一个可独立运用的单音动词，若像“秒”一样单独使用，受众激活的一般是其本义，而不是其承载的“秒杀”义，这使得“杀”必须寻求新的表达方式，作为其承载的“秒杀”义的标记。

承载“秒杀”义的“杀”指短时间内使人产生极致的心理感受或崇拜、迷恋之情，兼有致使义和结果义，将“杀”作为后位成分与表客观存在或行为的“XY”组配，既能还原出完整的事件义，又能在人们理解词义时起提示性作用。

4.2 口语的传播速度快

在现代汉语中，“秒杀”产生于网络游戏领域，以口语的形式传播。“杀”承载“秒杀”义与“XY”结合之后，新产生的“XY 杀”也就继续在口语中传播。口语的主要特点在“XY 杀”上都有所体现，如“XY”提取自与生活密切相关的情境，用词平易、自然，无须考虑增加修饰性成分，且替换自由。“XY 杀”结构简单，生成过程短，整词词义贴近生活，易懂易用。新词语“XY 杀”一旦在口语系统中形成，就成为一种约定俗成的符号，常出现在社交软件或一些人们喜闻乐见的非正式新闻报道中，并通过口耳相传，广泛传播，最终形成一个词群。

4.3 “杀”的认知凸显度高

“杀”能成为类后缀还与其本义的认知凸显度有关。一方面，“杀”的本义指“使人或动物失去生命”，该语义下所指的行为产生的后果都是负面的，且与人们的自身安全紧密相关，具有震慑性，这使得“杀”字在认知域中颇为凸显。因而当“杀”与“XY”结合，虽然其承载的语义发生了变化，但由于字音、字形都没有发生变化，仍能快速成为关注焦点。另一方面，“XY杀”中的“杀”的语义并不带有负面色彩，甚至带有褒义色彩，与受众以往对“杀”的认知相反，这种强烈的反差也使得“杀”的认知凸显度会比较高。

“XY杀”指短时间内使人产生极致的心理感受或崇拜、迷恋之情的客观存在或行为，极言产生时间之短与心理感受之强烈。这种表现手法与人们乐于追求事物夸张式表达的心理相符，能够快速引起关注。由于“XY杀”多在社交软件上使用，为了更热切地表达出内心感受，也为了获得更高的关注度和互动频率，使用者会将“XY杀”这种结构运用到语言表达中去，同样的倾向也见于非正式的新闻报道。高关注度带来的高频使用，使得“XY杀”的数量逐渐增多。

4.4 受众的文化态度开放

“XY杀”词群的形成也与受众的文化态度有关。“XY杀”多在网络上使用，网络环境里的活跃群体以八零后、九零后为主，与更高年龄层的人群相比，这些年轻人在语言使用方面可能不会过多地考虑文化禁忌问题。本义下的“杀”大多出现在负面语境中，因而“杀”给人们留下的印象也颇为负面，除了一些不可避免的语境，很多人在言语交际中一般不会使用“杀”。八零后、九零后的年轻人从小生活的社会环境、家庭环境相对宽松，接受的教育也多重视培养他们的自我意识，这批年轻人更敢于打破禁忌，彰显个性，表达自我，这就使得他们乐于接受并使用新词语“XY杀”。

4.5 媒介的推动力强

随着微博、微信等社交软件的发展，人们公开发表评论的平台日益增多。这些社交软件的受众大多为年轻人，年轻人的社交语言趋向简练，加之其对新事物的捕捉能力、理解能力强，简练化的社交语言不仅不会给其带来互动上的阻碍，还能加快打字速度，提高互动频率，推动某些特殊语言形式的传播。此外，很多主流社交软件的评论功能有字数限制，这也会促使人们采取相对简练的语言表达形式。“极致的心理感受或崇拜、迷恋之情”对涉世未深的年轻人而言，是较为普遍的主观感受，“XY 杀”一经出现，极易引起年轻人的共鸣，从而推动该类词的传播。

五、网络时代动源类后缀的衍变空间

除了动源类后缀“杀”，近年来动词“瘫”“抱”也表现出类后缀化的倾向，并在构词上表现出一定的能产性。那么为何会出现典型动词类后缀化的现象？网络环境下人们的交际特点又与汉语动源类后缀的形成有何关系？

5.1 动词“瘫”“抱”的类后缀化

我们通过网络搜索到一些“X + 瘫”新词语，如“白领瘫”“北京瘫”“葛优瘫”“狗狗瘫”“横店瘫”“柬埔寨瘫”等。新词语“X + 抱”也有一些，如“背后抱”“公主抱”“考拉抱”“跨头抱”“抢劫抱”“胸间抱”等。那么这两类新词语是如何形成的呢？

我们先看“X + 瘫”。最早出现并流行的是“葛优瘫”①。该词取材自早些年的情景喜剧《我爱我家》，本指剧中演员葛优无比颓废地瘫在沙发上的姿势，现被网友用来自嘲，比喻自己颓废的现状。该词的突然流行与时下人们的网络聊天风格、年轻人中兴起的“丧文化”②有关。近几年，年轻人喜欢在网络聊天时使用表情包——网民自制的表情图片，包括静态图片和动态图片，多是明星或影视剧人物的表情截图，有时肢体动作也会被一并保留，有些会被配上幽默、讽刺的文字。相较于传统的网络聊天表情，表情包的表现力更强、含义更丰富。从言语交际的角度看，表情包是一种被符号化的身势语，作为对文字聊天的补充，帮助使用者更形象地表达心理感受。葛优瘫在沙发上这一颓废的姿势也被做成了表情包，那么为什么表现颓废状态的表情包会大受欢迎呢？

近年来在年轻人中兴起了“丧文化”，相较于更高年龄段人群不愿表露自己负面的生活状态，八零后、九零后的年轻人更敢于表现出自己不理想的一面，这样表现负面状态的表情包恰好能被其所用，借以宣泄心理感受，因而该表情包一经出现就广为流行。当为人熟知之后，为了省去搜索表情包的烦琐，谈话者会直接以文字的形式输入“葛优瘫”。

那么为什么提取出来的是“葛优瘫”呢？“事件由动作及其参加者、环境成分构成，

---

① “葛优瘫”也称“葛优躺”，但由于“躺”很难表现出“颓废”义，因此“X + 躺”没有流行开来，至今只有“葛优躺”一例，本文暂不将“躺”考虑进来。

② 目前对“丧文化”还没有严格的界定，“丧文化”是兴起于年轻人的一种亚文化，表现形式多为带有颓废、绝望、悲观等负面色彩的语言、文字、图画、视频或表情包，实质是年轻人对大压力下的生活状态的自嘲和控诉，背后隐藏着年轻人不轻言放弃的乐观心态。

这两方面之间的关系构成事件框架……在事件框架中动作激活参加者和环境成分，动词是触发器”（王红旗，2004）。“葛优”“瘫”分别提取自事件框架中的参加者与动作，“瘫”能激活诸如坐具这样的环境成分，将二者提取出来，便于还原整个事件。稍晚出现的“北京瘫”与其形成过程类似。由于动作的发出者不同，“瘫”这一动作会有多种多样的情态特点，给人们带来不同的主观感受。当情态特点较为突出时，能够表示发出者的名词性成分就会被提取出来与“瘫”结合，如“千玺瘫”“猫咪瘫”等，如此逐渐形成词群，“瘫”表现出类后缀化的倾向。

此外，动词“抱”也表现出类后缀化倾向。最早出现的是“公主抱”，取自动漫中王子抱起公主的姿势，该姿势后来被广泛运用于影视剧，逐渐流行开来，现指“男子双手横抱女子的姿势”。一般而言，抱的方向与站立的方向相同，而“公主抱”是横抱，与站立的方向相反，这使得其相较于其他“抱”姿更为凸显。将“公主”一词提取出来，便于人们通过横躺着的被抱者激活对该“抱”姿的认知。之后出现了一批以该词为基式的，形容不同“抱”姿的“X + 抱”，如“背后抱”“跨头抱”“熊抱”等，动词“抱”的类后缀化倾向开始显现。

5.2 动源类后缀的衍变原因

虽然目前“瘫”“抱”的意义虚化程度不及“XY 杀”中的“杀”，尚不能将二者明确归为类后缀，但其在能产性、定位性等方面表现出来的类后缀化倾向，为我们剖析动源类后缀的衍变空间提供了补充性依据。总的来说，动源类后缀具有衍变空间可能与以下因素有关：

5.2.1 动源类后缀承载的语义信息比名源类后缀更丰富，使得其组配条件相对宽松。翟甜和孟凯（2013）讨论了名源类后缀“迷”“狂”，二者表示“痴迷于某一事物或行为的人”，同时痴迷义类后缀这个范畴也被“虫”“痴”“鬼”“粉”等共同分割。背后的原因与“迷”“狂”仅涵盖痴迷义一个范畴，承载的语义信息有限分不开。反观动源类后缀“杀”，指使人短时间内产生极致的心理感受或崇拜、迷恋之情，涵盖崇拜义、迷恋义等多个范畴，承载的信息更多，组配条件也就更宽松。

5.2.2 “在事件框架中，动作激活参加者和环境成分，动词是触发器”（王红旗，2004）。将动词提取出来与事件中最凸显的、能够涉及参加者或环境成分的词语搭配，便于还原整个事件，以表达更丰富的含义。社交软件的特点促使人们更加追求言简义丰。只要不断替换与某一动词搭配的词语，就能表示某一类事件，这种高效的成词模式符合人们的心理预期，有利于词群的形成，推动该动词固定下来并沿着类后缀的方向发展。

5.2.3 网络时代下表情包盛行，而表情包实质上是符号化的身势语。当某一表情包被人熟知之后，聊天时为节省搜索表情包的时间，谈话者会倾向于用简练的语言描述表情包，难免涉及能表示身势语的动词。而且表情包能表示言外之意，蕴含的意义新颖、丰富，大多是已有词语无法表达的，往往需要重新造词，此时上一点提及的成词方式恰好能为人们所用，从而带动动词的类后缀化。

但汉语动源类后缀的生存度还有待观察。如类后缀“杀”主要在以年轻人居多的网络社交平台上传播，较为单一的传播途径和受众或许会阻碍其未来发展。为此我们进行了非正式口头随机测试，发现40岁以上人群对“XY杀”不够了解，少数人表示听过这一结构的词语，但不明白具体含义，更多的人则表示没有听说过这类词。从性别上看，在对“XY杀”有一定接触的人群中，男性对产生于游戏、动漫领域的“XY杀”，如“回头杀”“回忆杀”理解得更好，女性则对产生于偶像剧或娱乐新闻报道的“XY杀”理解得更好，而产生于后者的“XY杀”在数量上占95%左右，即性别因素也或许会限制“XY杀”的发展。同样，“瘫”类词和“抱”类词也存在受众群体单一的问题，其生存度也是我们后续研究需要跟踪的地方。

六、结语

本文主要探究了类后缀“杀”的形成及成因。类后缀“杀”来源于“秒杀”，由于“秒杀”参与造词会受到汉语词长的制约，“秒杀”的整词义便并合到单音节“杀”上，使“杀”得以保留参与造词。

从类后缀“杀”的形成来看，在定位性方面，“杀”做后位成分时义项固定且始终保持动词性。在意义方面，“XY杀”中的“杀”的语义是该语素的引申义，在其作用下，“XY杀”具有共同的语义类属，且“杀”兼有表达性派生和功能性派生，符合类词缀意义半虚化的特点。在能产性方面，“杀”表达的概念复杂降低了“XY”的入词标准及“XY”的提取方式相对灵活，使得“杀”具有一定的能产性。此外，“杀”仅在使人短时间内产生极致的心理感受或崇拜、迷恋之情这一义项上定位且不成词，符合类词缀是“不成词语素”这一特征。因此，本文初步认为“XY杀”中的“杀”是新兴的类后缀。

在成因方面，受“XY杀”的标记作用显著、口语的传播速度快、“杀”的认知凸显度高、受众的文化态度开放及媒介的推动力强等因素的驱动，“杀”不断被用来构词，“XY杀”逐步形成具有一定数量的词群。除类后缀“杀”外，本文结合动词“瘫”“抱”的构词表现，发现网络时代动源类后缀具有衍变空间。但由于这类词多在网络上使用，受众群体单一化，其生存度还需观察。

参考文献

曹春静（2011）网络用语"控"的流行及其修辞解释，《当代修辞学》第 3 期。
曹大为（2007）"族"的类词缀化使用分析，《山东社会科学》第 5 期。
陈昌来、朱艳霞（2010）说流行语"X 党"——兼论指人语素的类词缀化，《当代修辞学》第 3 期。
陈光磊（1994）《汉语词法论》，上海：学林出版社。
董秀芳（2005）汉语词缀的性质与汉语词法的特点，《汉语学习》第 6 期。
郭　潮（1982）"化"尾动词的语法特点，《汉语学习》第 3 期。
雷冬平（2011）附缀式网络新词族"X 控"探析，《贵州社会科学》第 10 期。
林筠涵（2013）从"秒杀"看"秒 + V"结构的由来，《现代语文》（语言研究版）第 8 期。
刘楚群、龚　韶（2010）词语族的构造理据及规范问题分析——基于"X 族""X 奴"的对比分析，《语言文字应用》第 2 期。
刘娅琼（2012）从"X 帝"等看敏感事件投射命名——兼论关系性框填结构，《当代修辞学》第 2 期。
吕叔湘（1979）《汉语语法分析问题》，北京：商务印书馆。
马庆株（1995）现代汉语词缀的性质、范围和分类，《中国语言学报》第 6 期，北京：商务印书馆。
沈光浩（2011）现代汉语类词缀的界定标准与范围，《河北师范大学学报》（哲学社会科学版）第 3 期。
沈光浩（2012）汉语派生词新词语研究，河北师范大学博士学位论文。
沈光浩（2015）《汉语派生式新词语研究》，北京：中国社会科学出版社。
苏宝荣、沈光浩（2014）类词缀的语义特征与识别方法，《语言研究》第 4 期。
王洪君、富　丽（2005）试论现代汉语的类词缀，《语言科学》第 5 期。
王红旗（2004）框架及其在语言表达中的作用，《语言研究》第 1 期。
杨可人（2006）现代汉语类后缀的语法语义研究，北京语言大学硕士学位论文。
曾立英（2008）现代汉语类词缀的定量与定性研究，《世界汉语教学》第 4 期。
翟　甜、孟　凯（2013）痴迷类后缀"迷""狂"的组配条件——兼论痴迷类后缀的范畴分布，《汉语应用语言学研究》第 6 辑，北京：商务印书馆。
张　博（2017）汉语并合造词法的特质及形成机制，《语文研究》第 2 期。
张小平（2008）《当代汉语词汇发展变化研究》，济南：齐鲁书社。
张谊生（2007）附缀式新词"X 门"试析，《语言文字应用》第 4 期。
中国社会科学院语言研究所词典编辑室（2016）《现代汉语词典》（第 7 版），北京：商务印书馆。
周　荐（1997）论四字语和三字语，《语文研究》第 4 期。
周士宏（2008）从类词缀"门"的产生看语言接触中外来语素的汉化，《黑龙江社会科学》第 5 期。
Beard, R. (1995). *Lexeme-Morpheme Base Morphology: A General Theory of Inflection and Word Formation.* Albany: State university of New York Press.

（姚昭璞，北京语言大学汉语国际教育研究院，1442356163@qq.com）

面向第二语言教学的汉外虚词对比中的语言“偏侧关系”及其“对齐”问题*

王鸿滨

提　要　在汉外语法对比时，虚词普遍兼具多种功能，因而广泛存在偏侧关系（skewed relations），无法根据语法意义，也无法根据语法功能对齐。本文以虚词对比研究为例，揭示以往语法对比，特别是对外汉语虚词研究中受制于偏侧关系出现的种种问题，为展开充分而均衡的跨语言虚词研究做有益的探索。

关键词　语法对比；虚词对比；偏侧关系；对齐

一、引言

“比较”（compare）和“对比”（contrast）是人类认识事物、研究事物的一种最为基本的方法，也是语言学研究的一种基本方法。真正意义上的“对比”和“比较”的思想，应该追溯到19世纪上半叶德国语言哲学家威廉·洪堡特（William Humboldt，1767—1835）的论著，他指出：“只有当人们看到语言这一观念有这么多种体现，并能对不同民族的语言特点从个别和一般两方面进行比较和对比之后，才能更清楚地理解一个民族的语言及其语言特点。”伴随着比较生物学的发展，历史比较法（Historical Comparison）的诞生可谓语言研究方法论的一场革命，马克思和恩格斯（1845—1856：518）对此的评价是“这些科学正是由于比较和确定了被比较对象之间的差别而获得了巨大的成就，在这些科学中比较具有普遍意义”。20世纪40年代，以弗里斯（Charles Fries，1887—1967）、拉多（Robert Lado，1915—1995）为代表的美国应用语言学家将“比较”和“对比”的方法引入了第二语言教学，它的基本假设是建立在对学习者母语（mother tongue）与目的语（target language）进行细致描写的基础之上，通过两种语言的对比分析，可以预测（predict）外语学习的困难所在。在国内学者中，吕叔湘（1947：81）非常重视“比较”在语言学习和教

* 本文受北京市哲学社会科学基金项目《古汉语动 / 介关系多功能语法形式的语义地图研究》（课题编号：17YYB009）、国家社科基金重大项目《基于“互联网+”的国际汉语教学资源与智慧教育平台研究》（课题编号：18ZDA295）资助。

学中的重要性，他认为：“只有比较才能看出各种语文表现法的共同之点和特殊之点。”此后30多年，汉语界、外语界、对外汉语界乃至理论语言学界，在语音、语义、语用和文化等方面的汉外对比上取得了丰硕成果。然而在具体的实践中，不同语言对当虚词往往词形各异，词源不同，功能参差。在语法意义的表现形式上，还出现同中有异、异中有同的搭接关系；在语法范畴的确认中常常出现亦此亦彼、非此非彼的重合关系；在语法对比时更是无法根据语法意义，也无法根据语法功能对齐。以往的虚词比较始终未能找到有效的对齐手段，例如对齐词形则语法意义支离，对齐语法意义则词形纷繁。从研究方法来说，据义求同，侧重对比中的共性，在操作中只求其“同”而忽略其“异”，容易掩盖另一部分功能的差异性，而这种差异性很可能具有类型学意义，忽略这些差异就反而无法求得真正的语言共性；据形求异，将一个虚词的多种表意功能拆散处理，则会掩盖这些功能用同一形式负载的事实，一方面违背了同一个形式负载多种功能的语言共性，另一方面这些功能之间可能有某种内在的语义关联，这种内在联系则同样可能具有跨语言的共性。因而，虚词比较中由于偏侧关系（skewed relations）[①]而造成的无从对齐现象直接影响了跨语言对比研究的深度和广度。而在虚词对比中，如果回避“偏侧”这个问题，更是难以解决跨语言虚词比较中的诸多问题。

二、二语教学中语言对比理论与对比语言学研究的新趋势

2.1 从二语教学的角度看语言对比

追溯60年的外语教学历史，传统的“对比分析”从求“异”思路出发，注重的是语言形式（linguistic form）上的差异，例如语音、词汇和语法等表层显性（dominant）的问题。随着认知语言学的发展，给传统的“对比分析”注入了新鲜血液。Boers等（2010：8—9）认为决定外语学习的要素有：输入频率（frequency of encounters）、注意程度（a certain degree of focus）、目标项目（target item）的复杂程度（degree of complexity）等。显然，除了输入频率之外，能够注意到二语的形式或母语和二语的差别是习得的前提条件；其次，目标项目的复杂程度和母语背景有关，若二语目标有可能受到母语迁移（L1 transfer）的负面影响，则复杂度高，较难习得，因为学习者需要时刻摆脱母语迁移的负面影响，克服母语的识解（construal）习惯，重新学习并适应和运用新的识解方式。同时，在实际教

①“偏侧关系”这一概念最早是赵元任先生在进行方言对比研究时提出的，见《国语统一中方言对比的各方面》（1970）一文。收入《赵元任语言学论文集》，北京：商务印书馆，2006年，第635—641页。

学中，即使保证有足够的输入频率，我们也会发现二语学习者也远不如母语学习者成功，究其原因，在于业已养成的注意（noticing）习惯使二语者注意不到二语与母语的不同之处，因此完全依靠“自下而上”（bottom-up）进行类比（analogy）、归纳（induction）、概括（generalization）、记忆（memory）的方法无法让学习者高效习得二语（Bybee，J，2008）。这就需要教师通过显性教学中解释（explain）、对比（contrast）等方式，明确指出二语同母语的形式差别，以及二语识解的不同特点。在此基础上，对比语言学也分化为理论对比分析（domparative analysis）和应用对比分析（comparison and analysis of application）两类（柯平，2016：77）。理论对比分析旨在奠定对比分析的理论框架，主要关注两个或多个语言中的普遍范畴或者普遍特征的表现，并在其范围以内指出相似点、等值点和等同点的标准。而应用对比分析，主要涉及两种语言中的共同范畴，着重一种语言中的某个范畴在另一种语言当中的实现，以便解决应用性问题。因此，所有的语际之间的内部及外部共时性的研究都属于现代对比语言学的研究范畴。

2.2 语言对比研究的趋势

2.2.1 理论层面的转向

语法研究的主要目的就是搞清楚语法意义和语法形式之间的匹配（matching）关系，其任务之一就是搞清楚一个语法意义可以用哪些语法形式表现，同时，一个语法形式可以表达哪些语法意义。印欧语往往以形态为主，有比较明显的外在语法形式或类型标记（marker），形式与意义的联系相对直接、单一，比较适合从形式到意义的“归纳－分析”（induction analysis）的研究方法。汉语是迥异于印欧语的一种语言，一方面语法形式比较隐秘，另一方面由于汉语的语法形式灵活多变，形式和意义之间的关系更是错综复杂，语法结构和语义结构之间存在“一对多”和“多对一”的偏侧关系，特别是汉语中语法表现手段和词汇表现手段、词法表现手段和句法表现手段界限不明，从过往的汉语本体研究的成果来看，穷尽性的分析几乎很难做到，显然，西方的传统语法理论在汉语语法研究中难以顺利套用。

此外，两种语言的“形式－意义”体系存在巨大差异。例如吕叔湘（1947：81）曾讨论汉语带有工具语义角色的词有“以”“将”“把”“凭借”“由”和“用”等[①]，而俄罗斯语言学家Панова（2011：306）把俄语中的“工具格”分为12种不同的语义角色，如下表：

① 吕叔湘将这些“代表赖以完成动作的事物”的词称为“凭借补词”。

表 1 Панова 对俄语工具格的语义角色分类[①]

语义角色	例子	语义角色	例子
工具	Писать кистью 写 毛笔（用毛笔写字）	驱动	Восхищаться красотой пейзажа 欣赏 美丽 景色（欣赏美丽的景色）
受事	Руководить заводом 管理 工厂（管理工厂）	时间	Воскресным утром 周日 早上（周日的早上）
效应基因	Ветром сорвало крышу 风 吹毁（了） 房顶（风吹毁了房顶）	量度	Мерить сантиметрами 量 厘米（用厘米来测量长度）
施事	Эта школа была построена рабочими моей компании 这所 学校 被 建造 工人 我的 公司 （这所学校是由我公司工人建造的）	观点	Россия богата ресурсами 俄罗斯 资源 丰富（俄罗斯的自然资源很丰富）
原因	Болеть гриппом 生病 感冒（感冒了）	比拟	Кричать петухом 喔喔叫 公鸡（像公鸡一样喔喔叫）
方位	Идти обходным путём 走 绕行 路（绕道走）	起点、中间点、终点	Закончить крахом 结束 崩溃（一切都崩溃了）

显然汉语中与工具范畴相关的形式标记很多，而语义角色却比较少。以上吕叔湘分类中意义是同一的，形式是不一致的；而 Панова 分类中形式是同一的，意义是不一致的。也就是说俄语格具有一些固定的语素（morpheme），但是那些语素所含有的意义数量很多。例如，“-ом”（语素）是工具格的标志，但是它含有的意义色彩是不一样的，在上面“руководить заводом”这个例子中，这个语素表示受事，而在“болеть гриппом”的例子中，这个语素表示原因。这就使以往“形式→意义”的研究范式在语言对比研究中存在先天不足。

事实上，两种不同的语言对比，从语法角度来看，大部分情况下语法对比是不可能的，Мустайоки（2010：282）指出，对比语言学的主要原理是 TERTIUM COMPARATIONS，即找到两个语言中的共同参数，以此发起对比，进行对比之前还要决定从哪个层面入手，为此，他提出了两个对比层面：语法层面和语义层面。

语法层面：表层结构对比→形式标志与其语法特点对比；

⇕

语义层面：深层结构对比→语义角色与其特点对比；

一般而言，意义是常量，形式是变量，而唯有语义才是自然语言中的元语言（meta-language），它属于语言共相（language universals），尽管不同语言能够拥有同一的语法范畴，然而在不同的语言中它具有不同的形式标记（即形态、句法、词汇等标志），因此，语言对比需要从语义角度入手。近年来，国内不少研究者开始逆向而行，先确定语言必然要表达的范畴（category）和关系（relationship），然后看这些范畴和关系在汉语中是通过怎样

---

① 感谢北京语言大学语言科学院俄罗斯学生 *SUTAKOV AYSEN* 提供的俄语资料并进行了汉语翻译！

的语言形式实现的，即从交际和认知中所涉及的范畴和关系入手，通过演绎（deduction）分析的方法进行语言对比研究。由于人类的基本交际能力是相似的，这种演绎分析的方法从人类认知和交际的共性出发，不仅适用于所有的语言，而且天生适合语言的比较研究，即同样的意义体系在不同的语言中是怎么样通过不同的表达体系实现的，从而比较各种语言的语法异同。目前从语法意义到语法形式的研究范式已经在时间（李向农，1997）、空间（齐沪扬，1998）、方所（储泽祥，1997）、工具（吴继光，2003）以及数和量（李宇明，2000）等语义范畴，因果、比较（李焱，2010）和递进、选择（周有斌，2004）等语义关系上取得了大量的成果。从历史的角度我们能够发现，对比语言学研究重点已经从语法层面对比转移到语义层面对比，开始真正走上跨语言比较的道路。

2.2.2 理论层面的转向

不同语言可以有不同的语法范畴，不同的句式系统。比如性、数、格范畴，有生和无生，自主和非自主，“把”字句、重动句、疑问句、连锁句等，而同一语法范畴有不同的语义内涵。如日语的被动句对应汉语的蒙受句。此外，各种语言有自己的语法特色，如：汉语的空间位移句的三位一体表达，V上、下、进、出、回、过的路径模式，连动句中的时间原则等。王还（2012：142，147，149）曾针对汉语语法体系的特殊情况，提出了在具体操作中，对比研究应该遵循的三个原则：

一是在议论语法问题时，一定要分清楚语法概念和一般的思维概念。

二是同一语法术语在两种语言中所代表的内容不会完全相同。

三是同类词在不同语言的句子中功能不完全相同。

为了预测学习者在第二语言学习中可能出现的困难，很多语言教育家在教学中进行对比分析，并制定了语言对比难度等级，以便于对比分析在教学中的运用。例如C. Practor的“难度等级模式”将难度从高到低分为六级（刘珣，2000：188）。我们整理如下：

表2　C. Practor的“难度等级模式”

级别	难度描述	举例
零级	两种语言中相同的成分。	英汉“动词＋宾语”的语序。
一级	在第一语言中分开的两个语言项目，在目的语中合为一项。	英语第三人称代词he和she的区别。
二级	在第一语言中有而目的语中没有的语言项目。	英语语音［ð］［θ］。
三级	第一语言中的某个语言项目在目的语中虽有相应的项目，但在项目的形式、分布和使用方面又有着差异。	汉语无标记被动句； “是……的”表示被动意义。
四级	目的语中的某个语言项目，在第一语言中没有相应的项目。	汉语声调、汉字、“把”字句、多种补语。
五级	第一语言中的一个语言项目到了目的语中分出两个或两个以上的项目。	英语visit与“参观”“访问”和“看望”的对应性。

其中第三级，最能体现上文所提到的“偏侧关系”，学习者也必须把它作为目的语的

新项目重新习得。随后，Wang（2011：107—125）在研究二语习得中母语迁移情况时，从搭配层面出发，将汉、英动名搭配中“对等”和“不对等”搭配分为四小类：

表 3　英、汉动名搭配对应表[①]

分类	描述	分类	描述
差别类	汉语中一个形式对应英语的多种形式	对应类	一个形式在英汉语中都有
新类	一个形式在汉语中没有，但英语中存在	完全不同类	英汉语的形式完全不同

蔡金亭（2018）在此基础上，把英、汉语动名搭配情况分为“一致搭配”和“不一致搭配”两大类，再细分为四小类，其中“不一致搭配”再细分为四个小类。

表 4　英、汉动名搭配中不一致搭配情况对应表

分类	举例
新类别搭配	1. 英语动名搭配对应汉语的一个词。 2. 汉语动词对应于英语的一个动词短语。
词汇不一致搭配	1. 主动词不对应。 2. 汉语中一个动词对应英语中的几个动词。 3. 英语动名搭配中需要介词，而汉语的对应表达没有介词。
语序不一致搭配	语序的调整（如汉语的状语要提到动词前面）。
结构不一致搭配	特殊句式（如英语动宾搭配后面接补语时对应汉语“把”字句）。

在翻译教学界，罗选民和徐莉娜（2007）在其《语义匹配与翻译教学》中讨论翻译过程中要达到真正的“匹配”，重点是语义关系结构，通常情况下，呈现出“完全匹配”和“不完全匹配”两种情况：

表 5　翻译中的语义匹配

完全匹配	不完全匹配
1. 母语话语与源语话语的语义关系结构一致，语法特征相同或相近。 2. 源语语法关系结构跟语义关系不对称，两种语言的语法关系特征也不相同，但在二语习得的过程中译者对源语形式的陌生感已经消除。	1. 源语形义不一致。 2. 两个语言系统之间语义范畴的不对应影响词义的确定和选择。 3. 两个语言系统之间词的搭配范畴以及搭配能力不对应。 4. 源语和译入语的句子所含命题数目不对应。 6. 语序不一致。

以上“一致搭配”和“不一致搭配”、“完全匹配”和“不完全匹配”这两对概念及其内容对于我们二语教学中的语言对比有着同样的价值。

---

① 作者所说的“形式相同”是指英汉语的搭配能够逐词对译，否则为不同。

2.2.3 习得层面的转向

“标记”（marker）的概念最早在 20 世纪 30 年代由布拉格学派提出，将语言成分进行有标记的（marked）和无标记的（unmarked）二分，语言中的核心特征被普遍语法管辖，需要较少的证据就可习得，是无标记的，而后者需要更充分的证据才能习得，是有标记的。无标记项优先于有标记项；其后 Eckman 等人（1977，1984，1985a，1985b）又提出“类型标记性对二语习得难度影响”的观点。Eckman 除了提出“标记假设”（markedness hypothesis）之外，还提出“标记差异度假设”（markedness differential hypothesis），认为在预测习得难度时同时应该考虑母语和目的语对应语法项目的标记性，并认为“语言学习者的学习难点预测可以在系统比较母语语法、目的语语法和普遍性语法的标记关系的基础上进行”。他的预测如下：

（1）目的语和母语不同并且标记程度高于母语的部分困难；

（2）比母语标记程度高的目的语的各部分的难度与相对的标记程度对应；

（3）目的语中和母语不同但标记程度不高于母语的部分不困难。

Ellis（1994）认为语言中从具体操作来看，目前大多数二语习得研究者都承认母语负迁移（negative transfer）是造成偏误（errors）的重要因素，传统的研究方法往往只关注负迁移，研究者发现二语产出的错误后，往往根据预感把错误表达与其可能的母语表达进行比较，如果相似，就判断为母语负迁移，因而研究结果不完全一致。Jarvis（2000：535—556）提出的母语迁移研究的统一框架 （united framework），以及在此基础上发展而来的迁移研究的比较取向（comparison-based approach）（Jarvis，2010），无疑使迁移研究走向了科学化道路。近年来，蔡金亭（2017：56）主张要重视母语与目的语之间的相似性对二语习得可能带来的正迁移，他认为对正迁移的研究在理论和实践上均有重要意义，在理论上有助于深化语言共性对二语习得的影响，在实践上能够帮助学生更好地利用跨语言相似性提高二语学习的效率。在他的“二语词汇产出的心理语言学模型”中，直接把学习者过渡语（interlanguage）表达中的某个特征与母语表达中相应特征进行对比，重新界定了母语迁移的概念，并从语言对比的角度，给予二语习得中母语迁移新的认识。

表 6　语言对比中迁移的分类

<table>
<tr><td>正迁移</td><td colspan="2">过渡语特征与目的语一致</td></tr>
<tr><td>干扰性迁移</td><td>母语中存在某个特征</td><td rowspan="2">负迁移
过渡语特征与目的语不一致</td></tr>
<tr><td>抑制性迁移</td><td>母语中缺少某个特征</td></tr>
</table>

用跨语言相似性的程度来进行对照，干扰性迁移（intrusive）导致二语中出现的一些类似母语的用法，抑制性迁移（inhibitive transfer）则会抑制二语学习中正确使用词汇或结

构（Ringbom，2007：56）。

三、虚词对比研究中存在的问题以及偏侧关系的表现

本文所讨论的“偏侧关系”即同一个语言形式具有多种功能，而这种功能在不同语言中并不都负载于一个语言形式，从而造成各语言的对当形式跟功能的编码和匹配的不对称。这种偏侧关系又是不受语言形式和语法范畴制约的，因此受这种偏侧关系的制约，虚词的对比呈现出以下特点：从形式着眼，相同形式在不同语言里的表意功能既有相同之处也有相异之处；从功能着眼，相同功能在不同语言里负载形式既不全异也不全同。在明确了目前对比研究在理论和方法方面的转向，我们再来看本文所关注的面向二语教学的汉外虚词对比中所面对的一些偏侧关系。

3.1　关于概念名称的问题

在语言对比研究中，首先需要明确的是概念的名称问题，我们以“介词”为例。由于传统的语言学研究对象主要是以前置词为主的印欧研究，所以前置词最早引起人们的注意，后置词作为语法术语要晚于前置词，而概括这两者的adposition，则是当代类型学形成初期，Comrie（1981）在 *Language Universals and Linguisitic Typology* 中提出的，而circumposition则是在Greenberg（1980）*Circumfixes and typological change* 提出的“框缀”（circumfix）基础上，于 *The diachronic typological approach to language*（1995）重新定义的，因而也是在介词系统中产生最晚的一个术语。其中preposition、postposition和circumposition三个术语中，均含有其上位概念adposition中的position（位置），pre-（前）、post-（后）和circum（环绕）只是标示其所处的位置。在类型学视野中的介词体系如下（王鸿滨，2007：11）

③ Adposition（附置词）

① Preposition（前置词）　② Postposition（后置词）　④ Circumposition（框式介词）

图1　类型学研究中的“介词”体系[①]

至此，我们才能窥见类型学背景下，汇集了尽可能多的各类型语言“样本”之后，所形成的最为完整的“介词”系统全貌。再从不同语言的词类系统内部的分布情况来看，日

① 图1中的标号按照术语产生的先后顺序排列。

语中的词类一般分为12种，即动词、形容词、形容动、名词、代词、数词、副词、连体词、接续词、感叹词、助动词和助词，并没有直接与汉语介词完全对应的词，日语的“助词”是指“本身无词形变化，不能独立使用，只能附着在其他独立词后面表示该词与其他词的关系及其在句中的语法作用的附属词”（彭广陆，2007：310），按照其在句中的语法功能和作用共分为六大类，[①] 其中，“格助词”是指用在体言或体言性词组后表示该体言在句中的语义功能以及和其他成分之间的相互关系的词，日语中的10个基本格助词在语法功能上与语言类型学中的“后置介词”对应。因此，汉语的介词大部分都可以译为日语的格助词，而且主要是补格助词，但是，由于汉语介词和日语格助词的数量及其用法的差别，会出现一个汉语介词翻译为多个格助词、多个介词翻译成一个格助词的情况，例如日语表示“处所”“时间”时，常用格助词“で”和“に”，但是格助词“で”可对应汉语的介词“在”“用”等，而“に”也可以对应汉语的“在”“离”“和”等，但是“で”和“に”并不一定要对应翻译成介词“在”。单从同一语法术语在两种语言中所代表的内容来看，汉语介词和英语介词并不是完全对应的关系。英语的“介词”又叫“前置词”，因为它总是置于名词、代词等前面，所以称preposition；而汉语“介词”的“介”是“介引”的意思，它的作用更多的是“介绍”，使一类实词与另一类实词发生关系。因此，汉语“介词”主要是用在名词或名词性词组前面，共同组成介词短语（prepositional phrase），做名词、形容词的附加成分，分别表示时间、处所、条件、方式、对象等。从这个意义上说，汉语“介词”虽然在位置上也置于名词之前，但汉语是从作用上取名的，而英语是从位置上命名的。在这种情况下，传统的介词教学，往往面临两种语言的“介词”的语法功能不对应（例如英语和汉语）问题，或者在两种语言中功能相同的语法概念叫法不统一（例如俄语、日语、韩语和汉语的叫法均不同）的问题。

3.2　关于对比的方向问题

在对比研究的实践过程中，30多年的汉外对比研究的经验告诉我们一个事实：语言对比的方向至关重要。如果从一种语言到另一种语言，往往会陷入从强势语言（prestige language）出发来关照弱势语言（non-prestige language）的思维定式，所谓的“强势”和“弱势”的判定，不是一个绝对数量概念和标准，取决于我们对这种语言的熟悉程度，特别是在语言学上的描写成熟度（潘文国，2010：29—30）。目前的普通语言学理论主要是在印欧语各语言之间进行比较和对比得出的结论，间或采用一些非印欧语的外观特征（例如汉语一

---

① 日语的助词按照其在句中的语法功能和作用共分为六大类：格助词、终助词、接续助词、提示助词、并列助词和副助词。

类的“孤立语”等），并非真正意义上的“平等”“综合”的比较，得出的结论难免会出现偏颇。因此，如果是单向性（unidirectional）对比研究，只要有一方是英语，“从英语出发”几乎是人们不加思考的选择，目前国内的英语教学即是一例。一方面是因为英语作为世界通用语的地位不可撼动；另一方面，百年来仿照西方“葛郎玛”建立起来的中国语法体系，由于是建立在拉丁语法框架之上的，长久以来人们的习惯思维做法就是：英语语法的任何一个语法术语和形态标记，几乎都已经被作为标签贴在形态欠发达的汉语身上，进行了不恰当的比附，在具体对比中产生“汉语无语法”的错觉，人们很少去探究汉语的“主语”“谓语”“宾语”以及“SVO”结构与英语是不是具有实质上的对等性等。这样的“对比”研究，不仅淹没了汉语的独特个性，更为严重的后果就是在普通语言学中找不到汉语的位置，长期使汉语和西方诸语言失去了对话的可能。

3.3 关于二语产出的问题

对于二语学习者来说，不管是从两种语言本体差异的角度，还是从二语习得的复杂性角度来说，虚词的掌握都是词汇和语法学习的重点，也是难点之一。例如我们知道工具格（tool cases；instrumental cases）是“格”语法范畴之一，在俄语中它的形态标记是各种语素和介词，Greenberg（2016：78）认为格是不可对比的现象，因为虽然不同语言中格的名称是一样的，但是其功能是不一样的，不过格的用法是可以对比的。为了将两种语言中工具范畴进行对比，俄罗斯学生 SUTAKOV AYSE 在 2018 年曾做过一个问卷，调查了 22 名不同背景俄罗斯汉语学习者工具格的使用情况，结果表明：俄罗斯汉语学习者在进行俄语工具格的俄译汉过程中，总共运用到了 15 种汉语语法结构来进行对译，包括“以”字句、“为”字句、“被”字句、“用”字句、“把”字句、“由”字句、“有”字句、“连”动句、“像……”字句、“是……的”以及“SVO”等句式，这表明俄语中的工具格含有不同的语义范畴，并可以用不同的语法结构对译成汉语，这一对比呈现出较为典型的语言“偏侧关系”，显然，表层分析根本无法展开其所有功能。

再从二语学习的角度看，具体到英汉两种语言，其在数量分布上表现出的悬殊，会不会导致母语为英语的学习者在学习汉语的过程中偏好使用介词呢？从而不可避免地出现母语正负迁移现象呢？根据崔希亮（2005）的统计，“从总体上看，欧美学生在使用汉语介词的时候是有自己的特点的，这种特点首先表现在使用的频率（frequency）上。与日本学习者、朝韩学习者以及以汉语为母语的中国人相比，在母语表达上，欧美学生使用介词的频率要高得多”。当然，这种差异似乎还应该表现为中国学习者在学习英语的过程中，由于英语介词的功能表现远远比汉语活跃，受母语表达的影响，在掌握英语介词时是否也会存在同样的有关使用频率的问题呢？如果再落实到二语学习中具体介词语言点的学习和运用，非英语母语的学生在英语介词学习中，母语的介词系统又是怎样影响英语介词学习的效果或语言的产出呢？对此，Jarvis & Odlin（2000：535—556）曾做过一项研究，对比了一语分别为芬兰语和瑞典语的学习者的第二语言英语空间介词的产出情况。该研究也发现，在描述同样的语境（context）时，芬兰学习者更倾向于使用英语介词 on，而瑞典学习者则更多使用了英语介词 in。该研究表明，即使是习得同样的第二语言，不同的一语学习者学习的效果和认知的途径也不尽相同。

3.4 关于对比的方法问题

认知语言学认为，语言反映的是人对现实世界的认知过程和认知结果。与母语学习不同，二语学习者已经形成了母语的概念系统和一整套的百科知识，因此，学习一种新的语言，就意味着要对自己已有知识进行重组。同时，母语的概念体系在二语学习时会“悄无声息”地起着中介作用。蔡金亭（2018）母语迁移实验证明：两种语言中，某种语言缺少某种形式特征而造成的零关系（zero relation）无时无刻不发生作用，“在‘无’的基础上通过外语输入和联系建立新的词汇表征比在‘异’的基础上进行重构更难”。

基于以上认识，当前认知框架下的“对比分析”更侧重于不同语言间深层次的概念/范畴（concept /category）层面的比较，蔡金亭（2015：55—75）提出的“二语词汇产出的心理语言学模型”（psycholinguistic model of L2 lexical production）将学习者的两种语言共享概念层分为：母语独有范畴、共享范畴和二语独有范畴，这一对比视角就为“对比分析”研究用来解决教师的教学（teaching）和学生的习得（acquisition）开辟了新的阵地。在二语学习中，让学生有意识地建立“目标语”（target language）概念，有效地重组大脑中语言知识概念体系，需要教师在教学中进行多个概念层次上的“对比分析”：词汇层面上的概念差异、语法概念上的差异，以及两种语言隐喻（metaphor）在概念上的差异等，以双语词汇表征为例，其包含概念（concept）、词目（lemma）、词位（lexeme）三个层面（蔡金亭，2015，2018）。一方面虽然三个层面之间彼此连接，但具体连接强度却不同；另一方面在每一层中，虽然一语和二语分别储存，但彼此连接。由于二语词目发展不完善，既包含学习者通过接触二语获得的二语信息，也包含从一语“复制”过来用于“补缺”的一语信息，同时，一语词目的语义、句法、搭配信息都会映射到二语词目中。怎样从语言对比中的“偏侧”关系入手，在从概念到词目到词位的激活过程中，引导学生从“无意识”的习得（acquisition）转向“有意识”的认知（cognize），这是当前外语教学领域展现给我们的全新课题。

四、结语

在以上这些问题没有很好解决之前，教师在课堂上把所要对比的各个义项和用法看成是词典上出现的不同义项，基本就是根据课文中义项出现的顺序，结合特定的语境（context）来孤立地逐个介绍和讲授，学生只能逐个学，挨个记，教师和教材展现给学生的语法知识往往显得零散、孤立，不成系统，多个义项之间难以形成相互关联的语义网络（semantic network），不便于学生记忆和提取。而有些教师已经注意到了不同语言之间的各种差异，为了所谓的“求同”“辨异”，甚至将不同语言中的虚词进行简单的比附或意义层面的对译，却不考虑各自的功能差异。通常来说，这样的讲解往往使得不同对比项各个义项之间的主次关系十分模糊，习得者们面对与自己母语的系统相去甚远的一种语言，只能依靠死记硬背，或者在语境（context）中用猜测含义的方法来掌握其用法，学习效果相对较差。

以上虚词对比研究中表现出来的种种“偏侧”问题促使着我们从虚词习得的各个层面进行多维思考，以期在面向二语的现代汉语虚词研究中有所突破，透过虚词形态标记本身，展开真正意义上的汉外虚词对比研究。

参考文献

蔡金亭（2015）在二语产出中判断母语迁移的比较－归纳方法框架，《解放军外国语学院学报》第 5 期。
蔡金亭（2017）《中国大学生英语产出中的母语迁移历时研究》，国家社科基金项目结项报告。
蔡金亭（2018）母语迁移对中国大学生使用英语动名搭配的动态影响，《外语教学与研究》第 1 期。
储泽祥（1997）《现代汉语方所系统研究》，武汉：华中师范大学出版社。
崔希亮（2005）欧美学生汉语介词习得的特点及偏误分析，《世界汉语教学》第 3 期。
柯　平（2016）《对比语言学导论》，北京：北京大学出版社。
吕叔湘（1947）《中国文法要略》，北京：商务印书馆。
李向农（1997）现代汉语时间参照定位的语表形式—— X 前 / 后，《语言研究》第 1 期。
李　焱、孟繁杰（2010）《汉语平比句的语法化研究》，南京：南京大学出版社。
李宇明（2000）《汉语量范畴研究》，武汉：华中师范大学出版社。
刘　珣（2000）《对外汉语教育学引论》，北京：北京语言文化大学出版社。
罗选民、徐莉娜（2007）语义匹配与翻译教学，《外语教学与研究》第 5 期。
潘文国主编（2010）《汉英语言对比概论》，北京：商务印书馆。
彭广陆（2007）《日语知识百题》，北京：北京大学出版社。
齐沪扬（1998）《现代汉语空间问题研究》，上海：学林出版社。
王鸿滨（2017）《面向二语教学的汉语介词研究》，武汉：中国广播影视出版社。
王　还（2012）《门外偶得集》（第 3 版），北京：北京语言大学出版社。
吴继光（2003）《现代汉语的用事成分与工具范畴》，武汉：华中师范大学出版社。
周有斌（2004）《现代汉语选择范畴研究》，南宁：广西师范大学出版社。
Boers, F., de Rycker, A., & de Knop, S. (2010). Fostering language teaching efficiency through cognitive linguistics: Introduction. In de Knop, S., Boers, F., & de Rycker, A.(Eds.), *Fostering Language Teaching Efficiency*

through Cognitive Linguistics (pp.1−6). Berlin/New York: Mouton de Gruyter.

Bybee, J. (2008). Usage-based grammar and second language acquisition. In Robinson, P., & Ellis, N. C. (Eds.), *Handbook of Cognitive Linguistics and Second Language Acquisition*(pp.216−236). New York : Routledge.

Comrie (1989). *Language Universals and Linguistic Typology* (Second Edition). Chicago University Press.

Crossley, M., & Jarvis, P. (2000). Introduction: Continuity, challenge and change in comparative and international education. *Comparative Education*, 36(3): 261−265.

Eckman, F. R. (1977). Markedness and the contrastive analysis hypothesis. *Language Learning,* 27(2): 315−330.

Eckman, F. (1984). Universals, typologies and interlanguage. In William E. Rutherford (Eds.), *Language Universals and Second Language Acquisition* (pp.79−105). Amsterdam/Philadelphia: John Benjamins.

Eckman, F. (1985a). Some theoretical and pedagogical implications of the Markedness Differential Hypothesis. *SSLA*, 7: 289−307.

Eckman, F. (1985b). The markedness differential hypothesis： Theory and applications.In Wheatley, B., Hastings, A., Eckman, F. R., Bell, L., Krukar, G., & Rutkovsk, R. (Eds.), *Current Approaches to Second Language Acquisition:Proceedings of the 1984 University of Wisconsin-Milwaukee Linguistic Symposium* (pp.3−21). Bloomington, Indiana: Indiana University Linguistic Club Publications.

Ellis, N. (1994). *Study of Second Language Acquisition.* Oxford University Press.

Greenberg, Joseph H. (1980). Circumfixes and typological change. In Elizabeth, C. Traugott *et al.* (Eds.), *The 4th International Conference on Historical Linguistics* (pp.233−241). Amsterdam: John Benjamins.

Greenberg, Joseph H. (1995). The diachronic typological approach to language. In Masayoshi Shibatani & Theodora Bynon (Eds.), *Approaches to Language Typology* (pp.xii+381). Oxford: Clarendon Press.

Humboldt, Wilhelmvon (1997). On the comparative study of language and its relation to the different periods of language development. In Harden, T., & Farrelly, D. (Eds.), *Eassays on Language* (pp.1−22). Frankfurt: Peter Lang.

Jarvis, S. & Odlin, T. (2000). Morphological type, spatial reference, and language transfer. *Studies in Second Language Acquisition*, 22(4): 535−556.

Панова Г. И .(2011). *Морфология русского языка: энциклопедический словарь-справочник.* М.: КомКнига.

Мустайоки Арто (2010). *Теория функционального синтаксиса: от семантических структур к языковым средствам.* М.: Языки славянской культуры.

Ringbom, Håkan (2007). Cross-linguistic similarity in foreign language learning, multilingual matters. *System*, 35(3): 400−401.

Robinson, P. & Ellis, N. C. (2008). *Handbook of Cognitive Linguistics and Second Language Acquisition.* New York: Routledge.

Wang, D. J. (2011). Language transfer and the acquisition of English light verb + noun collocations by Chinese learners. *Chinese Journal of Applied Linguistics*, 34(2): 107−125, 128.

（王鸿滨，北京语言大学汉语学院，binhw85@163.com）

基于口语语料的韩国初学者介词“在”习得认知过程考察*

周文华　程　筱

提　要　基于课堂教学和口语考试实录口语语料的考察发现：韩国学生很早就习得了“在”介引地点成分的全部功能－形式地图，但只习得了介引时间和范围成分的部分功能－形式地图，而介引表条件成分的用法在下学期才初现；学生习得的难点主要集中在贯穿学习始末的方位词使用和语序偏误，而介词“在”的误代及误加是阶段性出现和变化的偏误。同时，本文还对二语习得研究中的时间属性，输入与输出的互动关系，以及课堂语料与口语考试语料的辩证关系等影响因素进行了剖析。

关键词　形式－功能地图；习得认知过程；微变化分析；输入输出互动

一、引言

赵葵欣（2000）、崔希亮（2005）和周文华（2011）等根据不同语料，针对不同国别学生的介词习得研究都证实“在”是外国学生使用最多的介词。同时，其使用还涉及介词短语在句中的位置问题（如张保胜，1983；侯敏，1992；张赪，1997、2001；王一平，1999；林齐倩，2003；孟万春，2006；王灿龙，2008 等），介词的隐现（如陈信春，1990；储泽祥，1996；张宏胜，1996 等），以及介词框架的构成（如王艾录，1982；权正容，1995；储泽祥，2004 等）等许多特殊规则，所以介词“在”一直是外国学生习得的重点和难点。近年来，专门针对介词“在”习得的深入研究成果也不断出现，如李金静（2005）、林齐倩（2011）、周文华（2013）等针对表处所义介词“在”字短语的偏误与习得研究，还有丁安琪和沈兰（2001）以口语语料为数据来源的韩国学生介词“在”各种表义用法的全面考察。丁、沈文是首次以口语语料为数据来源的介词“在”习得考察，且对研究中的各种变量控制得很好，无论是在研究范式还是结论上都非常有价值。不过她们对韩国学生是如何掌握介词“在”不同语义功能的不同句法形式的习得认知过程并未涉及。因此，本文拟以课堂教学／口语考试实录语料为数据来源，采用微变化分析（Granott & Parziale,

* 本文系国家社科基金项目“类型学视角下的英、韩学生汉语语序习得研究”（17BYY117）的部分研究成果。

2002；周丹丹和王文宇，2013）的方法考察一年级韩国学生习得介词“在”字短语不同语义功能和句法形式的详细认知过程。主要试图解释以下三个问题：

问题 1：韩国学生习得介词“在”形式－功能地图（form-function mapping）（Schachter，1986；Bates & Mac Whinney，1989；N. Ellis & Collins，2009；R. Ellis，2015）的认知过程是怎样的？

问题 2：韩国学生习得介词“在”时的难点是什么？

问题 3：课堂教学环境下[①]教师输入与韩国学生输出之间的互动关系怎样？

二、语料说明与研究内容

2.1 语料说明

众所周知，在语言习得的过程中，输入与输出是两个重要的方面（Gass & Mackey，2006；Piske & Young-Scholten，2009）。语言输入包括多种形式，它主要“指学生从不同的方面所接触的任何语言素材。这些素材可能是从老师那里或书本中来的，也可能是从同学、朋友或非正式的学习场合听到、看到的”（温晓虹，2007）。但在课堂教学的环境下，教师的课堂话语是输入的主体，且往往对学生的输出有直接影响，比如学生在课堂上的输出很多都是在教师的询问、启发和指引下完成的。因此，本研究的输入语料仅限于教师的课堂话语。

本文所用语料收集于 2011—2014 年间一年级上下学期的外国学生汉语听说课堂教学及相应的期中、期末口语考试，由自然状态下的课堂教学录像和口语考试录音转写而成，可以客观、真实地反映出课堂教学 / 口语考试环境下汉语输入、输出及语言互动的情况。共包含三个子库，分别是教师课堂话语语料库、韩国学生课堂话语语料库和韩国学生口语考试语料库。

表 1　实录语料库各子库数量分布表

阶段	性质	字数 / 字
一年级上学期（简称“一上”）	教师课堂话语	525 010
	韩国学生课堂话语	25 673
	韩国学生口语考试话语	30 059
一年级下学期（简称“一下”）	教师课堂话语	833 939
	韩国学生课堂话语	56 153
	韩国学生口语考试话语	65 873

① 我们把研究限定在课堂教学环境下，一是因为“正式的课堂教学对中介语的习得过程、习得速度和最终水平都有直接的影响”（Long，1987），这一变量的控制对于研究结果的可靠性具有重要的作用。二是我们所用语料主要为课堂教学实录的输入与输出语料，以及相应的口语考试语料。

2.2　研究内容

丁安琪和沈兰（2001）以吕叔湘（1980）的五种语义功能分类进行介词“在”不同用法的分类，但没有涉及语义功能分类内部的句法形式特征分析。实际上，五种不同表义的“在”字短语的内部构成与句法位置存在差异，若进行习得认知过程的详细考察就要先对每一类的功能－形式地图（function-form mapping）[①]进行细致分析。

2.2.1 “在$_{1}$”介引时间成分，其构成的介词短语可在动词前（在$_{11}$[②]）、动词后（在$_{12}$）做状语及在助词“的”前做定语（在$_{13}$），如：

（1）很多人都【在】这个时间看电视。[③]

（2）第一句话，月落乌啼霜满天，所以发生【在】哪个季节？

（3）心疼是【在】参与之后的行为。

2.2.2 “在$_{2}$”介引地点成分，其构成的介词短语也可在动词前（在$_{21}$）、动词后（在$_{22}$）做状语及在助词“的”前做定语（在$_{23}$），如：

（4）【在】北京、上海打的都是非常贵的，所以他说的是小城市即使打的也不贵。

（5）网上购物呢，你可以坐【在】家里就买，你不需要出门、不需要走路，没有距离。

（6）他【在】黄山上的情况怎么样？

2.2.3 “在$_{3}$”介引范围成分，多构成“在……上/里/中”或“在……方面”等介词框架，也可在动词前（在$_{31}$）、动词后（在$_{32}$）做状语及在助词“的”前做定语（在$_{33}$），如：

（7）你们可以看看人家【在】问题的设计上是一个一个推进的。

（8）它可以用【在】汉语的称呼上面。

（9）一直【在】梦里的动物都是讨厌的。

2.2.4 “在$_{4}$”介引表条件的成分，多构成“在……下”介词构架，置于动词之前，如：

（10）【在】老黄牛的帮助下，他好不容易就追上织女了……

（11）所以你买吃的时候，都是【在】自己不是特别饿的情况下，然后去买，是吧！

2.2.5 “在$_{5}$”介引表行为主体的成分，主要构成介词框架“在……看来”，如：

（12）【在】中国人看来，这个意思就是很棒，非常棒，很好。

---

① R. Ellis（2015）指出，形式－功能地图主要检验某些功能如何用一个特定的形式来表达，功能－形式地图主要检验不同的形式如何实现一个特定的功能。所以，从“在”的整体角度看是“形式－功能地图”，而针对“在”不同表义功能的句法分析则是“功能－形式地图”。

② “在$_{11}$”标记为在1用法的下位类用法1，“在$_{12}$”标记为在1用法的下位类用法2，下文的标记以此类推。

③ “在”的功能－形式地图例句均为教师课堂上的真实例句。各种用法的具体句法限制条件请参见引言所列文献，限于篇幅，不再一一说明。同时，受语料数量限制也没有像周文华（2013）那样对置于动词之前的句法位置进一步细分。

（13）浪漫【在】一般人看来就是有情趣。

可以看出，语义功能不同的“在$_1$”“在$_2$”和“在$_3$”具有基本一致的句法形式，只是“在$_3$”有时需要构成不同的介词框架；“在$_4$”和“在$_5$”也需要构成不同的介词框架，但句法位置比较单一。本文的语料考察与丁安琪和沈兰（2001）的考察结果一致，“在$_5$”在输入与输出中均未出现，本文暂不对它进行分析。

三、习得认知过程考察

3.1 输入与输出情况的总体对比

我们把一年级上、下学期介词“在”各种用法的输入、输出数据汇总成表 2：

表 2　一年级介词“在”不同用法输入、输出数据分布汇总表

		教师课堂输入		韩国学生课堂输出					韩国学生考试输出				
		数量	频率	正例	误例	合计	正确率	频率	正例	误例	合计	正确率	频率
上学期	在$_{11}$	118	2.248	8	2	10	0.800	3.895	8		8	1.000	2.661
	在$_{12}$	9	0.171							1	1	0.000	0.333
	在$_{13}$												
	在$_{21}$	886	16.876	49	9	58	0.845	22.592	59	14	73	0.808	24.286
	在$_{22}$	433	8.247	8	4	12	0.667	4.674	7	9	16	0.438	5.323
	在$_{23}$	47	0.895	1	1	2	0.500	0.779	4	2	6	0.667	1.996
	在$_{31}$	106	2.019	3		3	1.000	1.169	2	1	3	0.667	0.998
	在$_{32}$	10	0.190	2	2	4	0.500	1.558	1	1	2	0.500	0.665
	在$_{33}$	2	0.038	1		1	1.000	0.390					
	在$_4$												
	合计	1611	30.685	72	18	90	0.800	35.056	81	28	109	0.743	36.262
下学期	在$_{11}$	341	4.089	14	4	18	0.778	3.206	18	5	23	0.783	3.492
	在$_{12}$	9	0.108	3		3	1.000	0.534					
	在$_{13}$												
	在$_{21}$	1338	16.044	119	32	151	0.788	26.891	217	14	231	0.939	35.067
	在$_{22}$	534	6.403	45	8	53	0.849	9.438	43	8	51	0.843	7.742
	在$_{23}$	46	0.552	2		2	1.000	0.356	21	2	23	0.913	3.492
	在$_{31}$	349	4.185	11		11	1.000	1.959	14	9	23	0.609	3.492
	在$_{32}$	78	0.935										
	在$_{33}$	13	0.156										
	在$_4$	83	0.995	7	1	8	0.875	1.425	1	1	2	0.500	0.304
	合计	2791	33.468	201	45	246	0.817	43.809	314	39	353	0.890	53.588

注：频率＝数量 / 相应阶段输入（输出）语料总量，表中的输入和输出频率都是万分位的，正确率是百分位的。

把表 2 中“在”不同用法的输入、输出频率转化成图 1，可以清楚地看到两个学期介词“在”不同用法输入、输出频率的变化趋势：

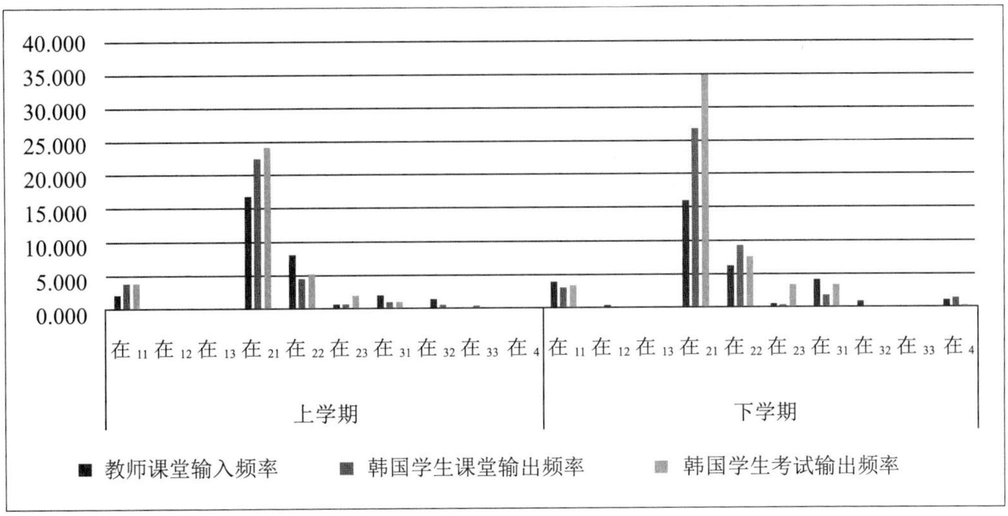

图 1　输入与输出频率对比图

从图 1 可以清楚地看到以下几点：（1）无论是输入还是输出都是“在$_2$”的频率最高，这与周文华（2011）通过书面语料考察得到的结果一致；（2）韩国学生对“在$_2$”各种用法的输出都要明显高于教师的输入；（3）一下的输入与输出频率要高于一上。

将表 2 中的正确率数据转化成图 2，可以看到介词“在”不同用法正确率的变化趋势：

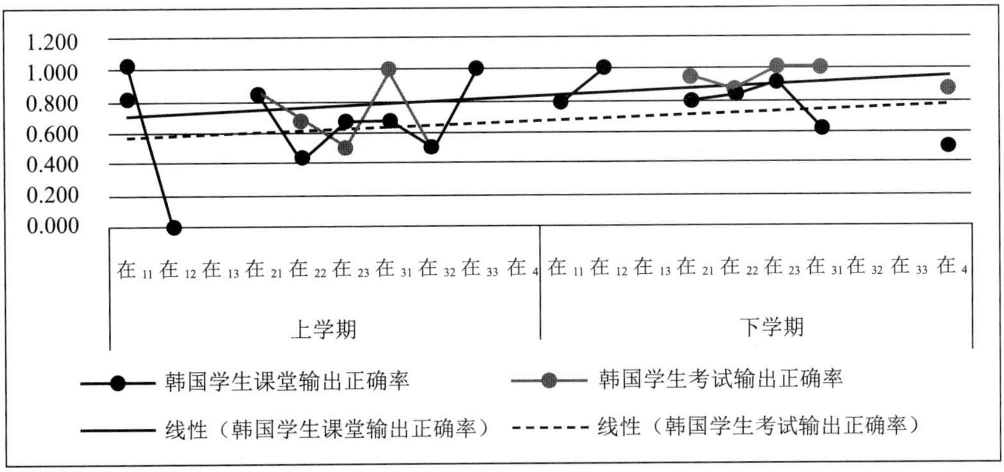

图 2　韩国学生输出正确率趋势图

从图 2 的线性趋势上看，有两条明显的规律：（1）韩国学生课堂输出正确率要好于口语考试输出正确率；（2）无论是课堂上还是口语考试中，正确率的线性趋势都是平稳上升的。

3.2　课堂输入、输出互动的习得认知过程分析

3.2.1 “在 $_1$” 功能－形式地图的习得认知过程

“在 $_1$” 的功能－形式地图中，只有 “在 $_{11}$” 是高频输入的。相应的，韩国学生也是高频率输出的。虽然学生的使用中有不少偏误，但总体来看是已经习得的语言项目。

“在 $_{12}$” 在上下学期都只输入了 9 例，这对于跨度两个学期的语料收集密度来说是微不足道的，要好几节课才会出现 1 例。而韩国学生在一上对 “在 $_{12}$” 是零输出，一下才输出了 3 例 “出生在……”，格式化的倾向很明显。所以，其习得状况还不能确定。

3.2.2 “在 $_2$” 功能－形式地图的习得认知过程

“在 $_2$” 的功能－形式地图在输入与输出中都是高频出现的，也是韩国学生习得最早、最全的介词 “在” 功能－形式地图：（1）“在 $_{21}$” 的输入、输出频率最高，正确率也都维持在较高的水平。（2）“在 $_{22}$” 的用法比较特殊，对学生来说有一定难度，所以韩国学生明显表现出一上输出频率较低，且正确率仅为 0.667；一下才有较好的习得表现，输出频率开始高于教师输入频率，且正确率也提高到了 0.849。（3）而 “在 $_{23}$” 在两学期保持几乎一样的输入量（47 例和 46 例），但韩国学生对 “在 $_{23}$” 的输出是相当谨慎的，一上输出了 2 例（包括 1 例偏误），一下也只输出了 2 例与输入相同的用例。可见，课堂上的习得数据并不太理想，但口语考试语料将补充它的习得数据，详见下文。

3.2.3 “在 $_3$” 功能－形式地图的习得认知过程

“在 $_3$” 功能－形式地图中也只有 “在 $_{31}$” 在上下学期维持较高的输入频率。韩国学生在一上输出 3 例，一下输出 11 例，而且正确率都是百分之百。表面看 “在 $_{31}$” 似乎是 “在” 所有形式－功能地图中习得最好的一项。事实是否如此呢？分析语料就会发现，韩国学生一上输出的 3 例在教师输入中均可找到相同的短语形式；一下韩国学生输出的 11 例中只有 4 例不同的用例，如：

（14）【在】工作的方面，他是很好，但是【在】家庭的方面，他不是爸爸。

（15）我【在】学习上都没问题。

虽然 “在 $_{31}$” 在两学期的正确率都是百分之百，但这并不能说明学生的习得很好。因为其输出频率很低，例句分析发现模仿和重复的成分很重。这种百分百正确率的低频率输出实际上是学生基于模仿和格式化的谨慎使用的一种表现。

“在 $_{32}$” 在一上的输入也很少，只有 10 例；到一下时输入频率增加明显。但奇怪的是韩国学生并没有在一下也相应增加 “在 $_{32}$” 的输出，反而一例也没有输出。结合一上零

星的输出和0.5的正确率，我们推测“在$_{32}$”对于韩国学生来说认知难度较高，所以才会出现一下没有“在$_{32}$”输出的情况。结合“在$_{12}$”“在$_{22}$”的习得表现可以看出，介词“在”短语置于动词之后的形式－功能地图总体来说难度较高，学生的习得不理想。

而“在$_{33}$”只在一上出现1例模仿用例，到一下教师输入增加的情况下，韩国学生也没有输出用例。综合“在$_{13}$”和“在$_{23}$”的课堂输出情况可以看出，介词“在”短语置于“的”前做定语的形式－功能地图对韩国学生来说认知难度更高。只有“在$_{23}$”这样高频率输入的语言项才出现在了学生的习得序列中。这说明对于比较难的语言项目只有高频输入才会对学生的习得有影响，低频输入的影响力极弱。

3.2.4“在$_4$”功能－形式地图的习得认知过程

“在$_4$”没有出现在一上的输入与输出中，随着一下教师输入的大量出现（83例，频率占第5位），韩国学生在课堂上也以差不多的频率出现，但分析学生的用例发现，除了1例“在……努力下”，其他都是“在……帮助下”，如：

（16）【在】大家的共同努力下，这次演出很成功。

（17）【在】老师帮助下，这次考试考得非常好。

但不管怎样，韩国学生确已在一下开始使用“在$_4$”。至于其习得的最终状况还要看二、三年级的输出情况，本文暂且不述。

3.3 课堂输出与考试输出对比分析

从总体上看，本文考察的大部分介词“在”的用法都保持课堂与考试基本一致的输出状况，即课堂上出现的大部分用法在口语考试中也出现了，这说明两种语料具有很强的内在关联性。而且，口语考试语料可以作为课堂输出语料考察得出的习得状况的验证和补充：

首先，“在$_{11}$”“在$_{21}$”和“在$_{31}$”是课堂上高频输入与输出的形式－功能地图，在口语考试语料中也表现出高频输出的状态。“在$_{11}$”“在$_{21}$”在正确率上也没有太大的波动，且都是口语考试中正确率高于课堂正确率；出现波动的只有“在$_{31}$”，且都是口语考试中正确率低于课堂正确率。其中最反常的波动是一下口语考试中“在$_{31}$”输出频率突增，而正确率却突降。分析语料发现，学生输出了很多像“在交通上”等涉及方位词使用的用例，但由于他们分不清何时该加什么方位词，从而出现大量偏误，导致正确率急剧降低。总之，从口语考试与课堂语料的综合考察来看，“在$_{11}$”“在$_{21}$”的难度较低，习得也比较顺利，而“在$_{31}$”的习得则不那么顺利。

其次，“在$_{12}$”“在$_{22}$”和“在$_{32}$”中只有“在$_{22}$”在两学期的课堂与口语考试语料中出现较高输出频率。但对比正确率就会发现，一上课堂上的正确率不高，口语考试中的正确率更低；到了一下，课堂上和口语考试中的正确率才提高。这说明，在一上韩国学生对“在$_{22}$”的掌握并不好，只有到了一下，他们的掌握才有所改善。“在$_{12}$”只在一下的课堂上出现 3 例重复用例，在口语考试中没有用例出现，所以还不能判定韩国学生在一下已经习得了“在$_{12}$”。“在$_{32}$”也是同样的情况，一上课堂与口语考试中的输出频率极低，而且正确率也只有 0.5，说明这种用法对韩国学生来说认知难度是比较高的。到了一下，课堂上和口语考试中都没有它的用例出现。这种情况应该如何判断其习得状况呢？按初现率（Meisel，Clahsen，& Pienemann，1981；Pienemann，1998）的观点，只要在自然语言输出中出现 3 例非格式化的用例，就可作为学生语言发展的证据。Pienemann（2015）甚至指出哪怕只出现 1 例，也可作为语言发展的证据。这个标准改变了以往人们把正确率作为习得标准的做法，更注重学生自然产出语言的能力。但它对语言习得发展的历时因素考虑不足，即学生初次输出少量用例后，是否还会持续输出？如果少量输出之后不再持续输出了，我们有理由怀疑初现用例的偶然性。所以，不能根据一上少量的数据就判定韩国学生已经习得“在$_{32}$”，仍需更长时期的纵向语料来验证其习得状况。

再次，“在$_{13}$”“在$_{23}$”和“在$_{33}$”中，“在$_{13}$”和“在$_{33}$”在口语考试中均未出现，可见其课堂上的零星输出不足以说明其习得状况。只有“在$_{23}$”的口语考试语料补充了课堂语料的不足：无论是输出频率还是正确率都较课堂语料有所提高，充实了课堂输出数据，足以说明韩国学生已经习得了该语言项目。

最后，“在$_{4}$”在口语考试中极低的输出频率和正确率也支持上文关于其习得状况仍需更多语料验证的观点。

至此，可以总结出韩国初级学习者习得介词“在”不同功能－形式地图的认知过程：

（1）韩国学生首先大量接触和输出的是“在$_{2}$”的功能－形式地图，一上就均已习得，其难度顺序是“在$_{21}$< 在$_{22}$< 在$_{23}$”。

（2）对于“在$_{1}$”和“在$_{3}$”，韩国学生只大量接触和习得了功能－形式地图中的“在$_{11}$”和“在$_{31}$”；而其他的难度较高，且输入频率不高，学生虽有零星输出，但都没有持续性，其习得状况还需更多的纵向语料来考察。

（3）“在$_{4}$”的功能－形式地图对韩国学生来说有一定难度，直到一下在高频输入的刺激下韩国学生才开始输出，按初现率的标准可以认定为已经出现在学生的习得序列中，但其习得的最终状况仍需后续语料的验证。

四、习得认知过程中的难点

由于介词“在”前三种表义功能在句法形式上存在一致性，[①] 可从偏误形式入手，以发现各种用法中普遍存在的偏误规律，即他们的习得难点。我们把韩国学生介词“在”使用中的偏误用例按偏误类型汇总成表 3：

表 3 韩国学生介词“在”偏误类型分布表

		误代	误加	遗漏	错序	其他	总计
上学期	课堂	4	1	7	2	4	18
	口语考试			17	9	2	28
下学期	课堂	4	2	27	6	6	45
	口语考试	3	5	18	11		39
合计		11	8	69	28	12	128

从表 3 可以看出，韩国学生的偏误从一上到一下是呈增长趋势的，说明韩国学生在使用中的问题随着时间推移不断暴露出来。

首先，遗漏是韩国学生最容易犯的错误，贯穿一学年的课堂与口语考试中，数量最多。第一种是介词的遗漏，如：

（18）* 那请问，晚上 ∧ 哪里睡觉？

（19）* 因为如果下雨很大，我应该躲 ∧ 一些地方，然后继续去。

（20）* ∧ 外面的时候，爸爸叫他孩子。

但这种单纯的介词遗漏只在学习之初比较容易出现。这是由于韩国学生在初学时对汉语介词与韩语格助词的联系还未建立起来，在使用中还没有养成使用汉语介词的习惯。待韩国学生形成汉语介词的使用意识之后，这种偏误就会逐渐消失。

第二种是方位词的遗漏，贯穿于所有学习阶段的课堂上和口语考试中，如：

（21）*【在】公共汽车 ∧，我看到了一个小偷，他想，他，提出来，一个钱包。

（22）*【在】电影 ∧ 有，【在】生活 ∧ 没有。

韩国学生容易遗漏方位词的原因主要是韩语缺少与方位词对应的成分，比如“在……里”介词框架在韩语中对应“안에（an-e）”，韩语中并没有与汉语类似的框架结构。所以，韩国学生缺少介词“在”与方位词搭配使用的习惯。

其次，错序也贯穿于一学年的课堂与口语考试中，其中绝大部分是把“在”字短语错误地置于动词之后，主要涉及表地点和表时间两种用法，如：

① 由于“$在_4$”在语料中仅出现 2 例偏误，数量太少不足以分析其规律，所以难点分析部分不涉及“$在_4$”。

(23) * 有的时候我也做饺子【在】我的家。

(24) * 所以我和朋友见【在】早上七点前，七点出发。

这是很有类型学特点的一种偏误形式，与汉语与韩语的使用规则都有一定关系。简言之就是汉语介词短语置于动词之后的用法表面上符合联系项原则（Dik，1981），让韩国学生简单地认为“动词 + 介词短语”都是可以的，从而忽视汉语介词短语后置于动词时的特殊要求。具体分析可参看周文华（2014）。

再次，误代和误加数量都不太多。误代的规律是韩国学生在一上会把介词“在”误当作其他动词来使用，如：

(25) * 老师，【在】火车去，三十，三十个小时。

(26) * 你离开家【在】这儿，真遗憾。

说明韩国初学者对于介词“在”的表义还存在混沌不清的现象。但这只是阶段性的偏误现象，到了一下，取而代之的是介词及方位词的误代，如：

(27) * 这个工艺品不【在】里面看，【在】外面看，显得很神秘。

(28) * 所以【在】第二部电影上，他们有了新的，怎么说，enemy，敌人。

误加在课堂输出中出现得更少，都是介词“在”的随意误加，这是韩国学生建立介词使用意识过程中的正常现象，持续时间不长。但到了一下口语考试中，误加数量增加，且表现出一定的规律性，如：

(29) *【在】南京终于下雪了，我高兴得要命。

(30) *【在】到处有很多美女。

这些偏误都是存现句中“在”的误加，这是韩国初学者对存现句中介词“在”的隐现规律不清所致。

最后，其他类偏误主要在课堂上出现，都是些混乱表达，到一下的口语考试中就消失了。

综上所述，一年级韩国学生习得介词“在”时面临的难点主要有以下几点：

第一是韩国学生缺少方位词的使用意识，对于何时、该用什么方位词与介词“在”搭配常常出现问题。

第二是韩国学生容易产生“在”字短语与动词之间的错序，因为他们很难搞清楚“在”字短语置于动词之后的限制条件。

第三是随着学习的推进，韩国学生会从一上介词误代动词发展到介词及方位词的误代，而当使用存现句时韩国学生则容易误加介词“在”以突出地点成分。

五、结语

本文的三、四两节详细地揭示了一年级韩国学生介词“在”不同形式－功能地图的习得认知过程及学习难点，也即引言中所提的问题1和问题2的答案，可作为针对韩国学生的课堂教学参考。那么引言中的问题3，教学中的教师输入与学生输出的互动关系如何呢？从本文的分析可以看出，在习得过程中，教师的课堂输入对韩国学生的输出是有影响的，高频输入一般也会带动高频输出，而低频输入对韩国学生的输出影响有限。同时，低频输入也一定程度上体现出该语言项目在交际中的需求较少，对于这种需求较少的语言项目学生没有习得或较晚习得也是正常的。而一些比较抽象的、用法复杂的语言项目，其认知难度较高，比如“在$_{12}$”“在$_{33}$”等，对教师输入频率的要求更高，达不到一定量的输入对学生习得的影响甚微。

在研究过程中我们还发现，二语习得研究中的很多影响因素都是不可忽视的，比如：

二语习得研究的时间属性。在二语习得研究中，时间是一个非常关键的因素。本文的考察表明纵向研究的重要性，它可以让二语习得研究得更深入、更细致。尤其是进行习得认知过程的微变化分析时，一定要采用纵向的研究方法。在二语习得研究中，不能以短时期的数据就简单判定学生的习得状况，所有习得研究的结果都需要时间的检验。比如初现率标准就需要持续的数据来检验其合理性，本文考察的“在$_{32}$”“在$_{4}$”也都还需要纵向的考察来判定其最终的习得状况。

课堂语料与考试语料的辩证关系。由于课堂语料与口语考试语料在时间属性和环境属性上的不同，口语考试语料应该比课堂语料更能反映学生的习得状况。如果口语考试语料中的数据支持和补充了课堂语料中的数据，说明学生习得是正常发展的。如果口语考试语料中的数据不支持课堂语料数据，甚至走向其反面，就说明学生的习得中可能出现了某些问题，需要详细分析。

参考文献

陈信春（1990）“在＋NP”的“在”的隐现，《殷都学刊》第1期。
储泽祥（1996）“在”的涵盖义与句首处所前“在”的隐现，《汉语学习》第4期。
储泽祥（2004）汉语“在＋方位短语”里方位词的隐现机制，《中国语文》第2期。
崔希亮（2005）欧美学生汉语介词习得的特点及偏误分析，《世界汉语教学》第3期。
丁安琪、沈　兰（2001）韩国留学生口语中使用介词“在”的调查分析，《语言教学与研究》第6期。
侯　敏（1992）“在＋处所”的位置与动词的分类，《求是学刊》第6期。
李金静（2005）“在＋处所”的偏误分析及对外汉语教学，《语言文字应用》第S1期。
林齐倩（2003）“VP＋在L”和“在L＋VP”，《暨南大学华文学院学报》第3期。
林齐倩（2011）韩国学生“在NL”句式的习得研究，《汉语学习》第3期。

吕叔湘主编（1980）《现代汉语八百词》，北京：商务印书馆。
孟万春（2006）介词结构“在＋处所”句中分布的制约因素，《重庆社会科学》第 10 期。
权正容（1995）“在 X 下”格式的结构特点与语义分析，《汉语学习》第 5 期。
王艾录（1982）“动词＋在＋方位结构”刍议，《语文研究》第 2 期。
王灿龙（2008）试论“在”字方所短语的句法分布，《世界汉语教学》第 1 期。
王一平（1999）介词短语“在＋处所”前置、中置和后置的条件和限制，《语文建设》第 5 期。
温晓虹（2007）教学输入与学习者的语言输出，《世界汉语教学》第 3 期。
张保胜（1983）“在＋NP”在句中的位置和动词的类，《河南师范大学学报》（社会科学版）第 5 期。
张　赪（1997）论决定“在 L＋VP”或“VP＋在 L”的因素，《语言教学与研究》第 2 期。
张　赪（2001）现代汉语介词词组“在 L”与动词宾语的词序规律的形成，《中国语文》第 2 期。
张宏胜（1996）汉语介词“在”位于句首时的隐现形式描写，《新疆教育学院学报》第 3 期。
赵葵欣（2000）留学生学习和使用汉语介词的调查，《世界汉语教学》第 2 期。
周丹丹、王文宇（2013）动态系统理论与微变化研究法在二语习得中的应用，《江淮论坛》第 4 期。
周文华（2011）《现代汉语介词习得研究》，北京：世界图书出版公司。
周文华（2013）韩国学生不同句法位“在＋处所”短语习得考察，《华文教学与研究》第 4 期。
周文华（2014）母语语序类型对目的语习得的影响，《语言教学与研究》第 5 期。
Bates, E., & MacWhinney, B. (1989). Functionalism and the competition model. In Mac Whinney. B. & Bates, E.(Eds.), *The Crosslinguistic Study of Sentence Processing* (pp3−76). Cambridge University Press.
Dik, S. C. (1981). *Functional Grammar.* Dordrecht and Cinnaminson: Foris.
Ellis, N., & Collins, L. (2009). Input and second language acquisition: The roles of frequency, form, and function introduction to the special issue, *The Modern Language Journal*, 93(3), 329−335.
Ellis, R. (2015). Researching acquisition sequences: idealization and de-idealization in SLA, *Language Learning,* 65(1), 181−209.
Gass, S., & Mackey, A. (2006). Input, interaction and output-An Overview. *AILA Review*, 19, 3−17.
Granott, N., & Parziale, J. (2002). *Microdevelopment: Transition Processes in Development and Learning.* Cambridge University Press.
Long, M. (1987). Instructed interlanguage development. *University of Hawai'i Working Papers in English as a Second Language*, 6 (2), 1−47.
Meisel, J. M., Clahsen, H., & Pienemann, M. (1981). On determining developmental stages in natural second language acquisition. *Studies in Second Language Acquisition*, 3(2), 109−135.
Pienemann, M. (1998). *Language Processing and Second Language Development-Processability Theory.* John Benjamins Publishing Company.
Piske, T., & Young-Scholten, M. (2009). *Input Matters in SLA*. Multilingual Matters.
Schachter, J. (1986). In search of systematicity in interlanguage production. *Studies in Second Language Acquisition*, 8(2), 119−133.

（周文华，南京师范大学国际文化教育学院，nszwh@163.com；
程筱，南京师范大学国际文化教育学院，cherrycheng82@163.com）

汉语拒绝表达中的“不了”*

李　影　尹绪彪

提　要　文章以电视剧会话为语料来源，对出现在汉语拒绝中的“不了”（包含“不啦”）进行考察。文章将否定副词“不”后附语气词“了 / 啦”的形式看作一个整体，首先从语言表达层面对拒绝中“不了”的搭配情况进行分析。同时，文章还将拒绝中的“不了”与适用于其他情况的“不了”以及独用在会话第二部分的“不”分别进行了对比。最后，文章从会话语篇出发考察“不了”实施拒绝所适用的语境，并将其同可用于类似情况下的“不用”进行对比讨论。文章对出现在拒绝表达中的“不了”的分析为继续讨论副词独立运用以及“不了”作为一个整体的独立运用等问题提供了一定的参考，同时其研究成果也为汉语教学中相关问题的教学和研究提供了参考。

关键词　“不了”；拒绝；语境

一、引言

拒绝是对请求、命令、建议、邀请、提供等引发行为（eliciting acts）的回应。本文的研究主要是针对出现在拒绝中的“不了（包括‘不啦’）”展开的，并且在分析中将拒绝看作一类言语行为（speech acts），即在说出表示拒绝的话语的同时，说话人（拒绝者）也实施了拒绝这一行为。作为一类主要威胁被拒绝者面子（face）的行为，Liao & Bresnahan（1996）认为汉语在拒绝时运用的是“点到为止”的礼貌理论（politeness theory），即在表达拒绝时常常省略直接实施拒绝的部分。但是根据观察可知，“不了”作为一类直接说“不”的拒绝①出现在会话中的情况并不少见。同时，因为在拒绝表达中，“不了”与“不”的特点并不完全相同，并且其自身的扩展能力十分有限，所以研究将拒绝表达中的“不了”看作一类固定结构，对其出现的具体位置、搭配情况、适用场景等进行分析讨论。文中的拒绝表达用例主要来自电视剧《渴望》《贫嘴张大民的幸福生活》以及《家有儿女》

* 本研究是中国民用航空飞行学院面上项目“空乘服务中的拒绝表达研究”（项目编号：J2018-08）的阶段性成果。

① Beebe, Takahashi & Uliss-Weltz（1990）将拒绝分为直接拒绝和间接拒绝两类，其中通过直接说“不”实施的拒绝属于直接拒绝。

（其中 37 集）的人物对话，同时考虑到拒绝作为会话第二部分的特点，用例主要以毗邻对（adjacency pairs）形式节选。

二、拒绝中出现的“不了”

2.1 “不了”在拒绝中的应用情况

当“不了”出现在表达拒绝的会话第二部分时，很少单独实施拒绝。在我们收集的语料中共有 30 例在表达拒绝时运用了“不了”，但是其中没有一例是仅用“不了”实施拒绝的情况。具体统计见表 1。

表 1　出现在拒绝中的“不了”

“不了”（包括“不啦”）	单用（包括后附语气词）	重叠	与其他独立成句的形式连用	后附其他表示拒绝的小句 / 句子	总量
	0	2	3	25	30

根据表 1，“不了”常与其他可独立成句的成分或表示拒绝的小句 / 句子共现，共同实施拒绝，而仅用“不了”或是后附语气词的情况（如“不了吧”）并未出现过。例如：

（1）刘慧芳：妈，今儿就留罗老师在这儿吃饭啦。
罗冈：不了，不了。（电视剧《渴望》）

（2）王母：那就家里坐吧！
肖竹心：不，不啦。过两天我再来看您。（电视剧《渴望》）

（3）刘母：大成！我可都预备了，吃完了再走！
宋大成：不啦，大妈！回头我……（电视剧《渴望》）

（4）李大妈：过来尝尝氽丸子。
张大民：妈，不了。（电视剧《贫嘴张大民的幸福生活》）

例（1）—例（4）表明“不了”出现在拒绝表达中时，可重叠、可搭配称呼语、可与“不”共现、可后附其他表示拒绝的小句 / 句子。当与“不”共现时，“不了”及其后面的部分主要承载表达拒绝的功能，而此处的“不”可以看作是应答衔接语（邢欣和许善玉，2011：36—44），即使“不”不出现，这里的“不了”仍然可以表示拒绝，如例（2）如果删除“不”，“不了”及其后面的部分仍然能够表达拒绝。此外，虽然搭配称呼语时，“不了”相对于称呼语的位置可前可后，但是根据语料，“不了”仍以例（3）这类居前的情况为常，而像例（4）这类出现在称呼语之后的情况较少，并且当称呼语在前、“不了”在后时，二者之间一般有明显停顿（肖国政，1985）。①

“不了”出现在拒绝中时，所否定内容因引发行为不同而有所区别，当引发行为涉及的动作行为是已然的，“不了”否定动作的继续；当引发行为涉及的动作是未然的，“不了”否定动作本身。两者比较来看，“拒绝继续V比拒绝V总易于为人接受”，更为委婉（肖国政，1985）。不过根据对语料的分析，“不了”用于拒绝未然的动作行为的情况并不少见，在总共30例语料中，共有27例，从这一点看，虽然拒绝通常是一类会威胁到听话人面子的行为，但是并不是在任何情况下都越委婉越好。比较：

（5）古大妈：买包烟吧？

张大民：不了，我在街上买了。（电视剧《贫嘴张大民的幸福生活》）

（6）王沪生：你再等一会儿，姐姐就回来了。

田莉：不了，她回来你跟她说一声，我今天还有大夜班，实在等不得了。（电视剧《渴望》）

例（5）“不了”否定未然的动作“买”，否定的是动作本身；例（6）“不了”否定已然的动作，表示不再继续“等”。根据语料，当否定动作继续时，“不了”对应的引发行为或先行句所涉及的已然的动作行为常受副词“再”修饰，如例（6）的先行句。

2.2 拒绝中的“不了”与其他情况中的“不了”比较

作为一类口语句式，“不了”前可以有主语，“不了”能够出现在陈述句和问句中（肖国政，1985），但是通过分析语料可以看出，“不了”在拒绝表达中主要以独立形式出现，一般不与主语共现，主要体现陈述语气，也就是说，相较于其他情况中的“不了”，它在用于拒绝表达时的扩展能力以及适用的句类都更为有限。比较：

（7）过去是想走，现在他不了。

（8）珍珍你不要哭了，姐姐知道你的心，姐姐不了……

（9）姐姐不了好不好？

（10）谁不了？②

（11）肖竹心：坐坐吧！

刘慧芳：不啦，一会儿沪生来了，你让他去我妈那儿啊！（电视剧《渴望》）

根据肖国政（1985），“不了”前出现主语的情况主要有三类，即为了突出主语所表达的对象，如例（7）；在“不了”前出现了主语不同的句子，如例（8）；“不了”以小

---

① 肖国政（1985）认为“不了”出现在称呼语之后的情况主要有两类，一类是称呼语与“不了”之间有明显停顿；一类是“不了”前有主语，如“婶婶，我不了”。但是，后一类情况在实施拒绝时并不多见。

② 例（7）—例（10）转引自肖国政（1985）。

句形式做成分，如例（9）。但是，在用“不了”表达拒绝时，“不了”的主语通常并不出现，而是隐含在会话语境中，如例（11）拒绝部分的“不啦”。如果补出主语“我”（如“我不啦”），反而显得不恰当，这是因为虽然用于拒绝的“不了”其主语一般指向说话人，即拒绝者，但是主语所指称的对象并不是强调凸显的成分，并且拒绝中的“不了”主要以独立形式出现，其前也没有出现主语不同的句子。此外，根据肖国政（1985），当出现在问句中时，“不了”的主语人称是不受限制的，即使是表示疑问的人称代词也可以充任其主语，如例（10），只是当主语为第一人称时，整个结构仅能表示反问，如“我不了？”只表反问，不过在我们的语料中并未出现通过疑问或反问语气的“不了”表达拒绝的情况。

2.3　“不了”与独用的副词“不”比较

以往的分析常将“不了”看作是独用的副词“不”加语气“了 / 啦”构成的结构（陆俭明，1982，1983），但是由于“不了”和“不”在适用语体上表现出的差异（邢福义，1982），[①] 以及“不”和“不了”在拒绝表达中表现出的不同特点，我们在分析时仍将“不”和“不了”看作两类不同的结构进行讨论。

2.3.1 会话第二部分独用的“不”

根据语料，“不了”和“不”都可出现在会话的第二部分，用于实施拒绝，但是与“不了”相比，“不”所对应的引发行为类型更为多样，并且即使出现在拒绝中，“不”的作用也并不完全一致。“不”单读或重叠出现在会话第二部分开始位置时，情况比较复杂，它既可以在否定的同时表示拒绝，又可以仅仅表示否定，或是作为否定的应答衔接语出现。[②] 也就是说，独立出现的“不”至少有三种情况，即表示否定、作为应答衔接语以及表示拒绝，并且“不”的功能有时可能重合。例如：

（12）田莉：孩子？你的什么人？

刘慧芳：不，是我妹捡的个刚满月的孩子。（电视剧《渴望》）

（13）王亚茹：昨天我见到你们宋主任，才知道你们俩的关系……

刘慧芳：不，不，不，那是我妈的意思，我……（电视剧《渴望》）

（14）刘慧芳：快、快进来，一块儿吃点饭吧？

小马：不！不了，我们吃完饭了。（电视剧《渴望》）

（15）肖竹心：沪生，你该回家了。

---

① 根据邢福义（1982），独用的副词“不”不仅在对话中大量出现，而且在书面语中也大量存在。这与“不了”主要出现在口语中的情况不同。

② “不”作为应答衔接语出现，如上文例（2）讨论过的“不”与“不了”连用的情况，又如“不”与能独立成句表达拒绝的“不用”共现的情况等。

王沪生：不！（电视剧《渴望》）

（16）肖竹心：请你把我寄给你的那些信和诗都还给我吧！

王沪生：不……不！（电视剧《渴望》）

（17）刘母：来，外屋坐吧。罗老师，不许走了啊？今儿就在这儿吃晚饭。

罗冈：不，不，我还有事。（电视剧《渴望》）

例（12）、例（13）中“不”“不，不，不”是对问题或陈述的否定回应，并不表示拒绝。例（14）与上文例（2）类似，回应部分的“不”不具有跟其他成分组配的能力，主要做应答衔接语。从读音上看，这里的“不”一般都轻读，这与单独通过“不”实施拒绝的情况不同。例（15）、例（16）中“不”表示拒绝，这是根据上下文语境做出的判断。如果只考虑“不”所在的话轮（turns），则很难断定单用的“不”一定表示拒绝，这也许可以解释为什么“不”很少单独出现表示拒绝，后面通常都有其他小句/句子与其配合。根据收集的语料可知，只用“不”或其重叠形式表示拒绝的情况并不多见，只有例（15）一例，大多数情况下，“不”都需要后续小句/句子的配合。例（16）因为两个“不”之间停顿较长，因此不宜看作是以“不”的重叠形式做出的拒绝。这里的两个“不”在表示拒绝时地位并不一致，第一个“不”轻读，重音在第二个“不”上，由此可以推测，第二个“不”是主要承担拒绝功能的成分，而第一个“不”与例（14）回应中的“不”一样，主要起衔接作用，是一类应答衔接语。在不考虑上文的情况下，例（17）比例（15）、例（16）更容易被判断为表示拒绝，这主要是因为“我还有事（呢）”这类表达在汉语中已经成为一类表示拒绝的规约形式（conventionalized forms），“不，不”在这里作为否定的应答衔接语，读音一般较轻。如果例（17）删除“我还有事”，“不，不”也可以表示拒绝，只是读音一般需要加重，否则就会感觉话未说完。

2.3.2 拒绝中的“不了”和“不”

当“不”和“不了”出现在拒绝中时，二者也表现出诸多不同。首先，“不”用在拒绝中，语气更加强烈，因此一些通过“不了”实施的拒绝，如果换成“不”就显得不恰当，如上文例（14）如果仅以“不！我们吃完饭了”拒绝，语气就更为强烈，显得拒绝者的态度比较生硬。又如：

（18）王母：那就家里坐吧！

a. 肖竹心：不，不啦。过两天我再来看您。（电视剧《渴望》）

b. 肖竹心：不。过两天我再来看您。[①]

如果用例（18）b 代替例（18）a，拒绝语气过于强烈、生硬，不符合拒绝生成的语境。

① 例（18）b 根据例（18）a 改写。

这说明虽然“不了”和“不”都是通过直接说“不”实施的拒绝，但是二者并不完全相同。

其次，实施拒绝时，独用的副词“不”的扩展能力比“不了”强，如“不”可以同主语共现，可后附语气词（如“嘛”），能受副词修饰（如“就”“才”），等等，而这些搭配情况在通过“不了”表达拒绝时都未出现过。例如：

（19）肖竹心：沪生！你……请你原谅我！

王沪生：我不！不！我问你，难道我们永远不会再有幸福吗？（电视剧《渴望》）

（20）刘燕：小芳听话啊！

刘小芳：我不嘛，不嘛！（电视剧《渴望》）

（21）刘母：犟嘴！哪那些事说的，快走。

刘燕：不，就不！（电视剧《渴望》）

例（19）—例（21）拒绝中的“不”都无法用“不了”替换。例（19）回应部分如果删除“我不”之后的内容，仍然可以表达拒绝，这说明“我不”主要担负实施拒绝行为的功能。在表示拒绝时，“我不”既可以单独出现，又可以以重叠形式出现，并且“我不”后续可以有其他小句/句子对实施拒绝的原因进行解释说明。例（20）表明“我不”也可以后附语气词“嘛”，表示拒绝。当后附语气词“嘛”表示拒绝时，指向说话人的第一人称主语“我”可以省略，如例（20）中的拒绝也可以用“不嘛，不嘛！”替换。例（21）中“就不”出现在“不”之后，加重了拒绝的语气。“就不”表示拒绝时不能单独出现，前面必须有其他可以表示拒绝的成分，因此一般不会出现后续行为一开始就用“就不”做出拒绝或是只用“就不”进行拒绝的情况，也就是说，只要出现了“就不”，那么在它的前面一定有别的表示拒绝的成分与之共现。由此也可以看出，例（21）中的这类与“就不”共现的“不”主要承担的是拒绝的功能，不能仅仅理解为应答衔接语，从读音上看，这类“不”的读音也比仅做应答衔接语时重。此外，与表示拒绝的“不”一样，表示拒绝的“就不”前也可加第一人称的主语，如例（21）“就不”前可以添加第一人称主语“我”，以“（我）不，我就不！”[①] 完成拒绝。

三、“不了”适用的语境

虽然对言语行为的分析可以只考察实施言语行为的话语，但是拒绝作为会话中不被期待的第二部分（dispreferred second parts），对于它的判断理解仍然离不开对语境因素的考量，因为作为一类口语句式，“‘不了’在言语链中，总有先行句”（肖国政，1985），这不

---

①对于例（21）这类情况来说，“我不，就不！”也是可以接受的拒绝表达形式。

仅表明当“不了”用于实施拒绝时，其前肯定有一个对应的引发行为或先行句，而且还表明处于言语链中的“不了”的功能并不唯一，是否表达拒绝要看其前的引发行为或先行句才能确定。

3.1 拒绝中的“不了”所对应的引发行为

东平（1999）指出汉语拒绝的内容主要包括对方的请、求、劝；Yang（2008）依据邀请、请求、提供、建议四类引发行为，将对应的拒绝也分为四类分别进行讨论，其中“提供”不仅包括提供物品、服务，还包括提供帮助，“请求”的内容除了行为外，还包括信息。我们在分析中也借鉴了上述研究思路，从引发行为出发，对“不了”适用的具体语境展开讨论。肖国政（1985）的研究虽然主要讨论“不了”的语法特点和语法意义，但是对于“不了”实施拒绝的情况已经有所涉及。文中分析认为当“不了”用于表示拒绝时，“它要求先行句必须是使‘不了’句的主语者有所得或受益的内容”，是一种辞谢，语气委婉（肖国政，1985）。这一分析与我们的观察是一致的，即“不了”通常出现在引发行为及其涉及的内容表示“提供”“邀请”等能使拒绝者受惠（benefit）的情况下，并且这类拒绝一般只用于日常交往，通常不出现在正式场合。例如：

（22）刘母：怎么刚来就走哇！不多坐会儿了？
王沪生：不了，您忙着。（电视剧《渴望》）

（23）王子涛：慧芳你坐着，让他们去干！
刘慧芳：不了，我去厨房看看。（电视剧《渴望》）

（24）罗冈：我可算不上专家，大成，咱们听大妈的，先吃饭，饭后聊个痛快怎么样？
宋大成：不了，我还有事，我先走了。（电视剧《渴望》）

（25）徐月娟：别价，再等会儿，他也该回来了，你坐着别动，我去买点儿菜，咱们今儿晚上好好聚聚。
刘慧芳：不了，月娟，你和大成的心我全领了，妈还在家等着呢！（电视剧《渴望》）

例（22）、例（23）的拒绝由晚辈向长辈发出，例（24）、例（25）的拒绝发生在平辈之间；例（22）和例（24）的拒绝发生在会话双方初次见面，还不熟悉的情况下，而例（23）和例（25）的拒绝由关系相对较近的人发出。这些情况表明，在日常会话中会话双方关系的远近对于在拒绝时是否应用“不了”影响不大，当会话双方地位大致相当或是拒绝者为晚辈时，“不了”常用于拒绝。同时，需要注意的是，在语料中没有出现拒绝者是长辈的情况，对于“不了”是否能用于长辈拒绝晚辈的语境下，还需要进一步收集语料予以证明。

3.2 “不了”与独立出现的“不用”比较

根据语料，通过独立出现的“不用”所实施的拒绝也主要出现在对于说话人（拒绝者）来说受惠（benef it）的情况下，不过，与“不了”相比，长辈用“不用”实施拒绝的情况并不鲜见，如下列例（26）、例（27）的拒绝均发生在引发行为使母亲（“刘母”“李大妈”）受惠的情况下：

（26）刘慧芳：妈，把孩子给我吧！

刘母：不用！（电视剧《渴望》）

（27）李云芳：我帮你洗。

李大妈：不用，快回去吧。厂子远，数你下班迟，让人家做好了饭等你，一天两天可以，时间长了不好办。眼尖点儿。饭吃现成的，别的就多干点儿，洗碗、收拾屋子、洗衣裳……（电视剧《贫嘴张大民的幸福生活》）

同时，拒绝表达中的“不用”虽然也同“不了”一样，以不出现主语的形式为常，但是与“不了”隐含的主语主要指向说话人（拒绝者）的情况不同，“不用”隐含的主语既可能指向说话人，又可能指向听话人，有时这两种解读可能重合，如例（26）、例（27）中“不用”隐含的主语指向说话人时，表示“（我）不需要”；指向听话人时，表示“劝阻、禁止”，是一类通过指令（directives）实施拒绝的间接言语行为（indirect speech acts，Searle，1979 / 2001：30）。又如：

（28）刘慧芳：你还没吃？我给你摊个闲食。

宋大成：不用。（电视剧《渴望》）

例（28）中“提供”类的引发行为可使拒绝者“宋大成”受惠，表示拒绝的“不用”既可以理解为劝阻对方，即“（你）不用……”，又可以理解为陈述己方的不需要，即“（我）不用……”。

此外，虽然“不了”和“不用”都用于引发行为能够使拒绝者受惠的情况下，但是“不了”的语气比“不用”缓和。比较：

（29）王子涛：竹心，这已经到家了，何不吃了饭再回去嘛。

a. 肖竹心：不了，不麻烦了。（电视剧《渴望》）

b. 肖竹心：不用，不麻烦了。

（30）夏东海：我帮帮你！

a. 刘梅：不用！（电视剧《家有儿女》）

b. 刘梅：不了！①

① 例（29）b、例（30）b 分别根据例（29）a、例（30）a 改写。

通过例（29）、例（30）的回应可以看出“不了”的语气比“不用”缓和，二者不是在任何情况下都能互换。例（29）如果将“不了”替换为“不用”，拒绝显得比较生硬，不太礼貌；而例（30）如果将“不用”替换为“不了”，则无法凸显说话人在实施拒绝时所表现出的负面情绪。同时，需要注意的一点是，虽然“不用”本身可添加语气词“了/啦”等缓和拒绝的语气，但是如果例（30）的拒绝替换为“不用了/啦”，委婉缓和的语气也同样不符合当下生成拒绝的语境。

四、结语

通过对出现在拒绝中的“不了”的分析，以及与其他情况中的“不了”和独用的副词“不”的对比可以看出，拒绝中的“不了”不同于“不”，是一种类词结构（肖国政，1985），本身扩展能力有限，一般不做句法成分，主要出现在“提供”“邀请”等能够使拒绝者受惠（benefit）的引发行为之后，同时它与应用于类似情况下的“不用”在适用的说话人、所隐含主语的指称以及表达语气等方面都表现出一定的差异。从语言运用出发，讨论“不了”在拒绝表达中的具体表现形式、前后搭配以及适用语境等情况，不仅有助于对汉语拒绝表达的全面梳理，同时还能对汉语本体研究和汉语教学做出有益补充。从拒绝行为实施出发对“不了”展开的研究为继续讨论副词独立运用以及“不了”作为一个整体的独立运用等问题提供了一个新的角度；而对其具体搭配情况以及适用语境的分析成果则既可以直接用于汉语教学实践，又可以用于检验现有汉语教材对相关问题编写的合理程度。不过囿于语料规模，对于一些现象的分析还需进一步讨论，如日常会话中“不了”是否一定不会出现在长辈拒绝晚辈的情景中，这一情况尚需更多语料验证。

参考文献

东　平（1999）汉语中的拒绝，《白城师范高等专科学校学报》第2期。

陆俭明（1982）现代汉语副词独用刍议，《语言教学与研究》第2期。

陆俭明（1983）副词独用考察，《语言研究》第2期。

邢福义（1982）论“不”字独说，《华中师范学院学报》（哲学社会科学版）第3期。

邢　欣、许善玉（2011）语篇中元话语功能应答衔接语探讨，《语篇衔接与对外汉语教学》，北京：世界图书出版公司。

肖国政（1985）谈“不了”，《华中师范学院学报》（哲学社会科学版）第1期。

Beebe, L. M., Takahashi, T. & Uliss-Weltz, R. (1990). Pragmatic transfer in ESL refusal. In Scarcella, R. C., Andersen, E.S., & Krashen S. D. (Eds.), *The Development of Communicative Competence in a Second Language* (pp.55–73). Rowley, MA: Newbury House.

Liao, Chao-chih & Bresnahan, M. I. (1996). A contrastive pragmatic study on American English and Mandarin

refusal strategies. *Language Science*, Vol. 18, Nos 3–4, 703–727.
Searle, J. R. (1979 / 2001). *Expression and Meaning*. 外语教学与研究出版社。
Yang, Jia. (2008). How to say ' No' in Chinese: A pragmatic study of refusal strategies in five series. In Chan, Marjorie, K. M. & Hana Kang (Eds.), *Proceedings of the 20th North American Conference on Chinese Linguistics* (NACCL–20). Vol. 2 (pp.1014–1058). Columbus, Ohio: The Ohio State University.

（李影，中国民用航空飞行学院空中乘务学院，amberliying@sina.cn；
尹绪彪，中国民用航空飞行学院空中乘务学院，554605400@qq.com）

2019 海内外中国语言学者联谊会暨第十届学术论坛

7 月 20 日，2019 海内外中国语言学者联谊会暨第十届学术论坛在商务印书馆举行。会议由中国社会科学院语言研究所、北京语言大学、中国语言学书院、商务印书馆联合主办，主题为“中国语言学 70 年”。北京语言大学校长刘利教授代表主办方致辞，中国社会科学院语言研究所所长刘丹青研究员、北京大学陆俭明教授、复旦大学曲卫国教授、中国社会科学院民族学与人类学研究所黄行研究员分别做了“中国（汉语）语言学研究 70 年”“现代汉语语法研究发展历程”“中国外语语言与教学研究 70 年”“中国民族语文事业 70 年”的主题发言，北京语言大学李宇明教授做了“中国语言研究断想”的总结发言。来自北美、欧洲、日本、中国香港和中国大陆的 60 余位语言学者出席会议并就议题展开深入讨论和充分交流，中国语言学书院研修班的近 60 名学员列席会议。

（商务印书馆）

汉语国际教育专业硕士学位论文的文献计量分析*

黄　伟　李珺婷

提　要　本文统计分析了2009—2018年16 805篇汉语国际教育专业硕士学位论文的文献数据，发现自2009年第一批该专业硕士毕业以来，该专业培养人数呈现增长态势；各高校招生培养人数与师资配备情况差异明显；该专业学位论文选题较为稳定，关注的热点主要有"偏误分析""教学策略""教学模式""教材编写""泰国学生"等，偏误分析仍是目前该专业学生论文选题热点，"汉语教师志愿者"是近两年新增研究主题。

关键词　汉语国际教育；专业硕士；学位论文；文献计量学

一、引言

作为申请学位的必要条件之一，学位论文能够反映申请人是否掌握了所在学科的基础理论和专业知识，是否具有独立从事科学研究的能力，是否在该学科做出了一定的创造性成果。然而，我国研究生教育规模扩张的同时，学位论文的学术贡献却并不理想。文献计量学中可以使用文献被高水平论文引用的情况客观地衡量学术贡献。在2002—2006年间的中文社会科学引文索引（CSSCI）数据中，学位论文的五年引文量平均值仅为0.51%（期刊论文为35.89%，图书为43.42%）（蒋伟伟和吴志祥，2015）。以2013年为例，硕士学位论文对中文核心期刊论文的直接贡献仅为0.5%，博士学位论文的直接贡献为1.09%（期刊论文的直接贡献为52.27%）；超过98%的硕士学位论文和66%的博士学位论文在发表后五年内没有被直接引用过（王传毅等，2015）。

虽然学位论文的引用率受各高校学位论文开放程度的影响，但是论文的学术贡献更直接地取决于论文本身的质量。一项针对汉语国际教育专业硕士专业的问卷调查显示，

* 本研究受北京语言大学梧桐创新平台项目"对外汉语教学学科发展与服务研究创新平台"（18PT06）、北京语言大学院级科研项目（19YJ130002）（中央高校基本科研业务专项资金资助）与北京语言大学"中青年学术骨干支持计划"资助。本文初稿曾在第6届《世界汉语教学》青年学者论坛与第15届对外汉语教学国际学术研讨会上宣读，得到多位专家学者的指导帮助，在此一并致谢！

“导师们一致认为学生论文选题缺乏新意、与前人重复过多，需要突破”（张幼冬，2017）。学位论文是衡量研究生培养质量的重要标准之一。随着研究生培养规模增长，为了满足学科建设需要，近几年来，已有几十项研究定量分析了汉语国际教育专业硕士学位论文。

这些研究通常以特定高校特定阶段的学位论文为研究对象，如马燕华（2010）分析了北京师范大学2009届47篇论文的选题、方法与内容，讨论了论文评价标准；肖奚强和颜明（2013）分析了南京师范大学2011年47篇论文的选题与质量；孙伟和董淑慧（2017）对南开大学293篇学位论文的研究类型与选题内容进行分析，指出该专业论文选题具有实践性与专业性强、研究领域广等特点，且研究领域分布不均衡。对学位论文的定量研究也颇受研究生青睐。安徽大学（石蕾，2017）、北京外国语大学（周美瑶，2014）、广西大学（樊淑娟，2016；高雨微，2016）、河北大学（张喻，2015）、黑龙江大学（房双玲，2016）、曲阜师范大学（刘娟娟，2016）、西北大学（宫瑞，2016）、新疆师范大学（韩路平，2016）、郑州大学（金中原，2016）、中央民族大学（余沙，2016）等开设汉语国际教育专业的高校均有以各自学校某一阶段的硕士学位论文为研究对象开展毕业论文的研究与写作。这些研究对各校学位论文的选题、研究方法等进行统计分析，有的还辅以问卷调查等，描述、总结各校学位论文选题与写作概况。

除了因学科建设需要针对各高校开展的研究外，还有一些跨学校的比较研究和聚焦于某一地区多所高校的统计分析。亓海峰（2015）对24所高校推荐的96篇优秀学位论文选题、研究方法与类型进行统计分析发现：论文选题以教学与习得为主，本体研究、文化与交际、教师研究等比较少；研究方法以非实验性量化研究为主，实验性研究次之，定性研究非常少；研究类型方面专题研究最多，调查报告与教学设计次之，案例分析与教学实验较少。李宝贵等（2017）对辽宁省五所高校2012—2015年的649篇汉语国际教育专业硕士学位论文进行了统计分析，发现论文形式分布不均衡（专题研究的数量比教学设计、调研报告、案例分析、教学实验报告等明显偏多）、选题所涉国别较单一（以韩、日、俄为主）、研究内容主要集中于习得研究与教学研究（其中教学方法、教学模式和偏误分析占绝大多数）。从以上研究中不难发现，汉语国际教育专业硕士学位论文在选题、方法与类型方面，具有一定共同特点。

随着研究对象与范围的扩展，研究的视角也呈现出多元化发展趋势。一方面，研究对象细分：亓海峰（2016）聚焦于教学设计类论文，田润润（2017）关注偏误研究类论文，曹亚琴（2017）以文化教学类论文为研究对象，黄丹萍（2018）研究的则是对比分析类论文。另一方面，研究角度多样化：同样是考察学位论文的选题特点，杨凝卓（2016）的研究对象是山东省四所高校的142篇留学生学位论文；而刘婷（2018）则把重点放在了留学生学位论文中的研究综述上；刘弘和杨喆（2013）对比分析学术型与专业型硕士的论文选题差异；胡靖（2018）在不同学制（2年或3年）硕士的论文选题间开展比较；黄雪（2017）通过对2010—2015年大陆和台湾地区各100篇汉语国际教育专业硕士学位论文的选题对比了两个地区对外汉语教学多方面的异同；那日松（2018）不仅分析了对外汉语教学的研究热点，还预测了“一带一路”倡议对对外汉语教学可能带来的影响。

上述研究使用的论文数据规模从几十到几百篇不等，时间范围基本上是2009年以后。汉语国际教育专业硕士学位研究生正式招生始于2007年。到2018年，招生培养单位已达到110所。[①] 那么，上述研究发现是否能够全面准确地反映该专业近十年来的学位论文特点呢？此外，除词频统计外，上述研究中较少涉及共词分析、社会网络分析等文献计量学研究方法。因此，在更大范围内使用文献计量学方法，考察汉语国际教育专业硕士学位论文在选题方面的特点，尽可能全面地描写该专业硕士研究生培养基本情况，是本研究的初衷。具体来说，本文拟回答以下几个问题：（1）各高校汉语国际教育专业硕士历年培养情况如何？（2）各高校汉语国际教育专业指导教师的师资配备情况如何？（3）该专业硕士生毕业论文研究热点有哪些？（4）这些研究热点在过去十年之中是否发生了变化，变化情况如何？

为此，本文主要采用关键词分析、共词分析、聚类分析、社会网络分析等方法对汉语国际教育专业硕士学位论文的研究现状、热点与趋势从不同角度进行剖析，客观地展示我国汉语国际教育领域的研究热点与发展趋势，为今后该专业的论文选题与研究生培养提供参考。

二、数据与方法

2.1 数据来源

国内学位论文数据来源主要有中国知网优秀博硕士学位论文全文数据库（以下简称“知网”）、万方数据知识服务平台学位论文库（以下简称“万方”）和各高校自建的学位论文库（如北京大学学位论文数据库）。经检索，万方收录的汉语国际教育专业硕士学位论文数量比知网多3000条左右，本研究以万方为主要数据来源。

在万方的检索平台，以“汉语国际教育”作为专业限制条件，以“硕士”作为筛选条件，共检索得到数据14 796条。由于数据库收录数据具有一定的局限性和滞后性，这些数据仅为2009—2017年共9届毕业生的部分学位论文。因此，我们又补充检索了知网2018年的数据。在知网中以“学科专业名称＝汉语国际教育”且“学位年度=2018”作为检索条件，

① 该数据来自中国研究生招生信息网2018年硕士专业目录查询系统。

并筛选硕士学位论文，共得到 1428 条数据。此外，北京语言大学学位论文数据并未收录在上述两个数据库中。但是北京语言大学是该专业的重要培养单位，因此，我们利用北京语言大学图书馆资源，补充了 2009—2016 年间的 584 篇毕业论文数据。对上述三部分数据进行清理后，最终得到有效数据 16 805 条，覆盖 92 所高校，占汉语国际教育专业硕士学位培养单位的 84%。

2.2 基本数据

我们首先对 92 所高校近十年（2009—2018）发表的 16 805 篇汉语国际教育专业硕士学位论文数据从年度发文量、培养单位（高校）和指导教师三个方面进行了初步统计。

2.2.1 发文量

2009 年，首届正式招生的汉语国际教育专业硕士学位研究生毕业，至今正好十年。从该专业学位论文发文量的年度分布来看（图 1a）：2011 年与 2012 年该专业学位论文呈暴发增长态势，2013—2016 年基本保持稳定，自 2017 年至今呈下降趋势。与之对应的是，累积发文量曲线（图 1b）左部曲率大、增长迅速，中部几乎呈线性攀升，尾部曲率再次变大且增速有减缓趋势。我们认为，这十年的前期与中期数据比较可靠，基本反映了该专业发展趋势与规模；但是近两三年的数据，由于数据库收录数据的局限性与滞后性，尚不能做出定论。

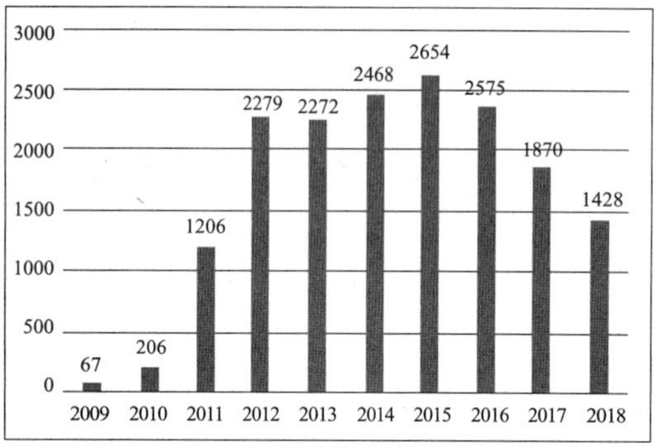

a. 年度发文量

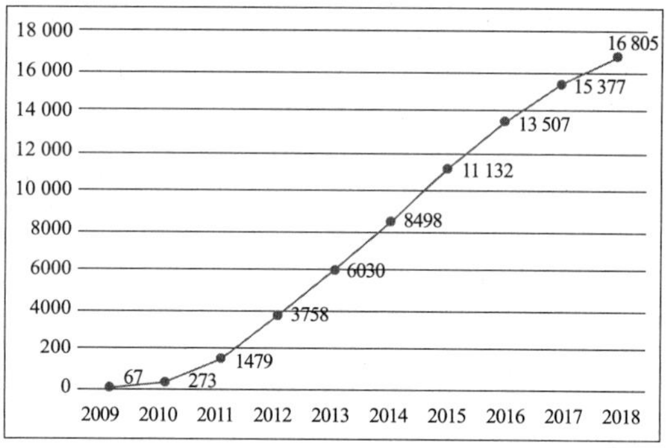

b. 累积发文量

图 1　汉语国际教育专业硕士学位论文发文量（2009—2018 年）

2.2.2 培养单位

根据中国研究生招生信息网 2018 年硕士专业目录查询系统[①]的检索结果，汉语国际教育专业硕士学位研究生培养单位共有 110 所高校。本文使用的数据覆盖了其中的 92 所。我们统计了这 92 所高校近十年该专业学位论文的发文量，图 2 给出了发文量最大的前 20

① https：//yz.chsi.com.cn/zsml/zyfx_search.jsp.

所高校的情况。从中可以看到，排名前三的是黑龙江大学、吉林大学和北京语言大学。这三所高校都是 2007 年首批设点培养单位，每个学校都培养了超过 500 名该专业硕士。

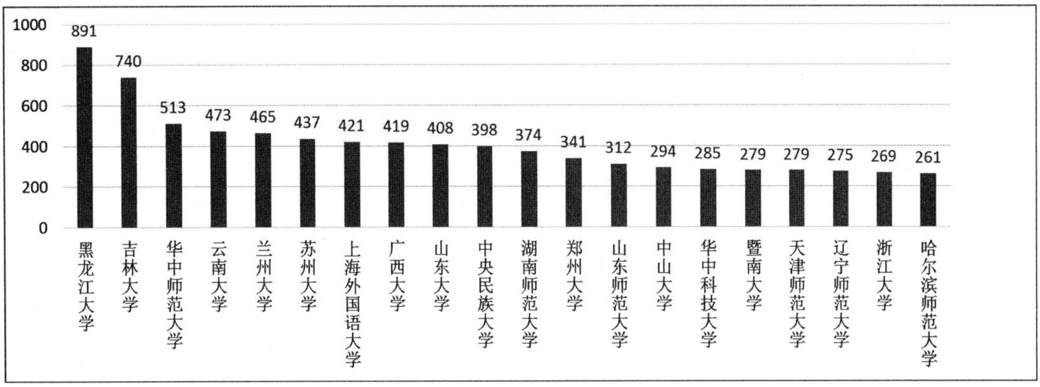

图 2 汉语国际教育专业硕士学位论文发文量排名前 20 的高校（2009—2018 年）

表 1 列出了这 20 所高校近十年该专业学位论文的发文量分布情况。排序前 10 的高校培养的学生占本文调查总数的 1/3，前 20 所高校的发文量占比超过一半，前 54 所高校占比超过了 90%。这反映出了该专业培养规模在全国高校范围内的不均衡性。

表 1 汉语国际教育专业硕士学位论文发文量（2009—2018 年）

序号	高校	人数 / 人	占比 / %	累积占比 / %	序号	高校	人数 / 人	占比 / %	累积占比 / %
1	黑龙江大学	877	5.22	5.22	11	山东大学	377	2.24	34.36
2	吉林大学	773	4.60	9.82	12	湖南师范大学	351	2.09	36.45
3	北京语言大学	587	3.49	13.31	13	天津师范大学	331	1.97	38.42
4	华中师范大学	568	3.38	16.69	14	郑州大学	331	1.97	40.39
5	云南大学	563	3.35	20.04	15	中山大学	327	1.95	42.34
6	苏州大学	424	2.52	22.56	16	辽宁师范大学	313	1.86	44.20
7	上海外国语大学	417	2.48	25.05	17	广东外语外贸大学	292	1.74	45.94
8	兰州大学	406	2.42	27.46	18	暨南大学	292	1.74	47.68
9	中央民族大学	401	2.39	29.85	19	华中科技大学	274	1.63	49.31
10	广西大学	382	2.27	32.12	20	北京外国语大学	268	1.59	50.90

然而，本文使用的数据尚不能准确地说明全国范围内该专业研究生的整体培养情况。部分高校未与万方或知网签订学位论文数据使用协议，数据库中缺少这些学校的数据。例如，北京语言大学是首批设点招生的 24 所高校之一，其学位论文数据就没有收录于这两个数据库。① 但是，北京语言大学作为我国汉语国际教育人才培养的重要机构，仅 2018 年就招收了 180 名中国籍该专业研究生。虽然我们补充了部分数据，但仍有缺失。

① 仅有不足 10 篇该校硕士研究生学位论文被知网收录。

2.2.3 指导教师

根据学位论文数据库中的指导教师数据，我们统计了各高校汉语国际教育专业硕士研究生指导教师的规模。我们考察的 16 805 篇论文，由 2211 名教师指导，人均指导 7.6 篇次。

从各高校该专业研究生导师人数（表 2）来看，北京语言大学、云南大学、中国人民大学等高校的师资队伍规模较大；培养研究生人数最多的黑龙江大学的导师人数并非最多，仅有 30 名教师，排第 25 位；培养人数第三的北京语言大学以 113 名导师排第 1 位。这反映出各高校研究生人才培养与师资队伍建设的匹配情况具有较大差异。

需要说明的是，由于数据库收录的不完整性和已收录数据的准确性问题，关于这些研究生培养单位的师资规模还不准确。例如，北京语言大学实际指导汉语国际教育专业硕士的研究生导师规模应该在200人左右。又如，有的高校因该专业招生规模超过自有师资条件，外聘了其他学科或专业的研究生导师帮助培养该专业研究生。因此，这部分数据仅反映我们调查研究的 1.6 万余人次的研究生培养情况。此外，本文调查数据的时间范围是近十年，导师规模是十年积累数据，不能完全代表某一时刻（比如现在）的情况。

表 2　汉语国际教育专业硕士指导教师数排名前 30 的高校（2009—2018 年）

序号	单位	导师数 / 人	序号	单位	导师数 / 人
1	北京语言大学	113	16	广西师范大学	36
2	云南大学	82	17	山东师范大学	36
3	中国人民大学	75	18	曲阜师范大学	34
4	广西大学	73	19	华东师范大学	34
5	苏州大学	64	20	北京大学	32
6	郑州大学	58	21	云南师范大学	31
7	渤海大学	54	22	吉林大学	30
8	华中师范大学	47	23	沈阳师范大学	30
9	兰州大学	45	24	河北师范大学	30
10	上海外国语大学	44	25	黑龙江大学	30
11	北京外国语大学	42	26	浙江大学	30
12	北京师范大学	38	27	内蒙古师范大学	29
13	安阳师范学院	38	28	中央民族大学	28
14	暨南大学	38	29	南京大学	27
15	天津师范大学	36	30	四川师范大学	27

2.3 研究方法

上述对汉语国际教育专业硕士近十年来的发文量、培养单位与指导教师等情况的统计分析，都是基于学位论文文献数据中的一些基本描述字段，如发表年份、学位授予单位、指导教师等。下面我们将利用关键词信息，对该专业学位论文的选题情况进行考察。

关键词反映了文献主题信息与研究方法，是文献计量研究的重要指标。关键词分析是文献计量学中的一种基本分析方法。分析关键词的基本方法是词频统计，即分析高频关键词。高频关键词能够揭示学科研究热点主题与前沿发展趋势。此外，构造关键词共现矩阵、共现网络等数据结构，利用聚类分析、社会网络分析等方法对某一研究主题与其他主题之间的联系程度（即关键词共现特征）进行分析，能够更深入客观地反映学科领域的研究现状与热点。

三、关键词分析

3.1 词频统计

我们首先统计了关键词词频。16 805 篇论文共有 17 870 个关键词，出现了 72 873 次，篇均关键词 4.08 个，符合国内外科技期刊标引要求的每篇论文 3—8 个关键词。

从关键词的长度来看（表 3），最长的关键词有 23 个字符（“《云南师范大学学报（对外汉语教学与研究版）》”），是一篇以该刊与《世界汉语教学》为主要研究对象的文献分析论文；最短的关键词只有一个汉字，通常是针对汉语中某个词的研究；关键词平均词长 4.67 个字符。我们在统计关键词词频时发现，部分论文在标引关键词时缺乏合理性与规范性，例如某篇论文的关键词之一是“针对韩国学习者的语音教学建议”（另几个关键词分别是：汉语语音教学、母语迁移、语言对比分析法、汉韩语音对比分析）。标引关键词科学性的欠缺会对文献分析造成一定影响。

表 3　汉语国际教育专业硕士论文关键词词长描述性统计

	最大值	最小值	平均值	标准差
关键词长度	23	1	4.67	1.78

表 4 列出了汉语国际教育专业硕士学位论文关键词中最高频的 50 个词及其频次。“对外汉语教学”以 7370 次居首，与之相近的“汉语教学”“对外汉语教育”“汉语国际教育”也分别出现了 1268 次、307 次和 227 次，这四个关键词累计出现 9172 次，占全部关键词总词次数的 12.59%。然而，这组关键词对于分析该专业论文选题没有实际意义。

初步分析表 4 中的 50 个词，可以发现，汉语国际教育专业硕士学位论文选题主要集中于以下几个方面：（1）偏误分析。“偏误分析”“偏误类型”等关键词累计频次达到 2204 次，而与偏误分析关联的“教学策略”“教学对策”“教学建议”这三个关键词合计达到 1728 次。（2）教学研究。“教学设计”“教学模式”“课堂教学”“教学方法”“任务型教学法”“教学”“汉语课堂”“课堂管理”这些关键词累计出现 2920 次，这还没有包括“词汇教学”“汉字教学”“文化教学”等要素教学相关研究的论文关键词。（3）教材研究。“教材编写”“对外汉语教材”“教材”这三个关键词累计出现 1188 次；除此以外，在关键词词频分布的尾部，以对外汉语教材书名为关键词的数量非常多，也能够说明教材研究在该专业论文选题中的重要程度。（4）国别化研究。“泰国”“韩国”“泰国学生”“韩国学生”共出现 1686 次，从中也可以看出国别化研究最主要的对象是泰国与韩国学生。除上述四个方面外，跨文化交际、词汇教学、汉字教学、孔子学院、学习策略、学习动机等研究也都是汉语国际教育专业硕士学位论文的主要选题方向。

表 4　汉语国际教育专业硕士学位论文关键词词频（高频 50 词）

频序	关键词	频次	频序	关键词	频次
1	对外汉语教学	7370	26	汉字教学	227
2	偏误分析	2065	27	汉语国际教育	227
3	汉语教学	1268	28	学习兴趣	207
4	教学策略	1117	29	任务型教学法	197
5	教学设计	865	30	初级阶段	193
6	留学生	737	31	教材	192
7	教学模式	733	32	文化教学	187
8	汉语	605	33	学习策略	169
9	泰国	597	34	现代汉语	166
10	教材编写	590	35	学习动机	156
11	泰国学生	417	36	教学	153
12	对外汉语教材	406	37	偏误类型	139
13	课堂教学	370	38	对外汉字教学	138
14	教学方法	369	39	初级汉语	133
15	韩国	338	40	教学实践	130
16	韩国学生	334	41	文化差异	122
17	教学对策	319	42	课程设计	120
18	对外汉语教育	307	43	汉语课堂	117
19	课程设置	307	44	综合课	117
20	对比分析	302	45	语用功能	117
21	教学建议	292	46	课堂管理	116
22	词汇教学	283	47	文化因素	114
23	汉语学习	273	48	二语习得	112
24	跨文化交际	271	49	文化内涵	109
25	孔子学院	229	50	游戏教学法	106

3.2 高频关键词聚类

仅从关键词词频统计的角度还不能全面准确地了解该专业论文选题情况。如果两个关键词同时出现在一篇论文中，就可以借助比单个关键词更多的信息来了解论文的主题。如果这样的数据足够多，就可以根据关键词两两出现的频次高低来探索一个论文集合的研究热点。

为此，我们对关键词数据做了如下处理：去除了不能表达论文主题的关键词（如“对外汉语教学”“汉语国际教育”“研究”“分析”“调查研究”“问题”等）；合并了同义关键词（如“任务型教学”与“任务型教学法”合并为“任务型教学法”）。之后我们重新统计了关键词词频，并选择了前35个关键词作为汉语国际教育专业硕士学位论文高频关键词。这35个高频关键词共出现15 073次，占关键词总频次的20.68%。

我们使用文献计量分析工具BibExcel对这35个高频关键词进行统计，构建了一个35*35的关键词共现矩阵（表5）。然后使用统计分析工具对这个共现矩阵进行系统层级聚类分析。

表5 汉语国际教育专业硕士学位论文高频关键词共现矩阵（局部10*10）

	偏误分析	汉语教学	教学策略	教学设计	留学生	教学模式	汉语	泰国	教材编写	泰国学生
偏误分析	0	0	0	0	0	0	25	0	0	0
汉语教学	0	0	10	21	364	37	78	15	18	0
教学策略	0	10	0	6	1	0	18	5	3	0
教学设计	0	21	6	0	0	0	36	20	0	0
留学生	0	364	1	0	0	0	9	3	0	0
教学模式	0	37	0	0	0	0	8	23	13	0
汉语	25	78	18	36	9	8	0	0	0	0
泰国	0	15	5	20	3	23	0	0	0	0
教材编写	0	18	3	0	0	13	0	0	0	0
泰国学生	0	0	0	0	0	0	0	0	0	0

为了消除频次悬殊造成的影响，我们以共词矩阵为基础，构造出高频关键词相似矩阵。相似矩阵中，数值越大表明关键词之间的距离越近，相似度越好。对生成的相似矩阵进行聚类分析，生成树状图与冰柱图（图3）。树状聚类图将相关性高的关键词形成一个聚类，各聚类再构成一个更大的团簇。冰柱图能够展示出不同类数情况下变量所属分类情况，二者都能体现聚类的过程和步骤。

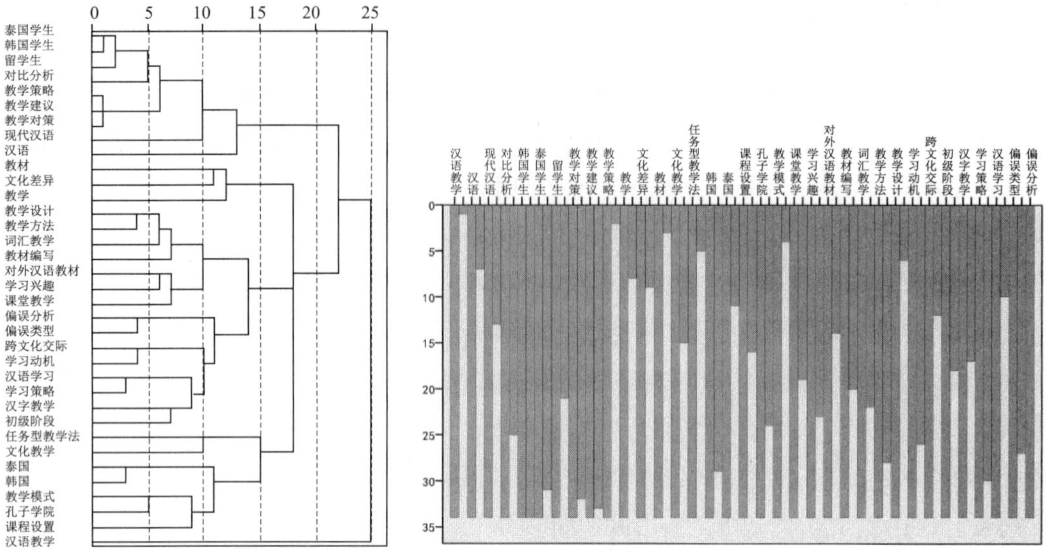

图 3　汉语国际教育专业硕士学位论文高频关键词层级聚类分析

从图 3 可以看出，35 个高频关键词可划分为四个大类，根据学习者的不同母语背景进行分类发现，“泰国学生”和“韩国学生”及“留学生”的研究数量较多；还有分析学习者的主观学习态度的“学习动机”“学习策略”，按照不同等级和水平划分的处于汉语“初级阶段”的学习者等。对于学习者在学习汉语的过程中所遇到的问题，汉语国际教育专业的学生主要使用的研究方法有“对比分析”“偏误分析”和总结“偏误类型”；并针对这些问题提出一系列“教学策略”和“教学对策”，与教学相关的关键词还有“教学设计”“课堂教学”“任务型教学法”“课程设置”等。

3.3　关键词共现网络

关键词聚类可以较好地观察到关键词之间的关系，但是无法表明它们之间关系的强弱。社会网络分析方法可以弥补这一不足。以关键词为节点，以关键词共现关系为边，可以构建一个关键词共现网络。在这个网络中，节点的大小代表关键词的频次，边的粗细反映了关键词之间关系的强弱，即共现频次的高低。我们使用文献计量分析工具 VOSViewer 绘制了 35 个高频关键词的共现网络（图 4）。

在关键词共现网络中，某个节点与其他节点的连线数量越多、分布越广，表示该节点的影响力越高，越处于核心位置。由图 4 可以看出，较重要的节点有“偏误分析”“汉语教学”“留学生”等关键词，与“偏误分析”连线较粗的“教学策略”“教学对策”“教学建议”，表明进行偏误研究主要为提高实际教学效果服务。和“留学生”关系较为紧密的关键词有“学习动机”“学习策略”等，体现了汉语国际教育专业学位论文除了注意教学理论与实践，同时还从学习者角度切入，关注学生自身的学习动机、学习规律等。

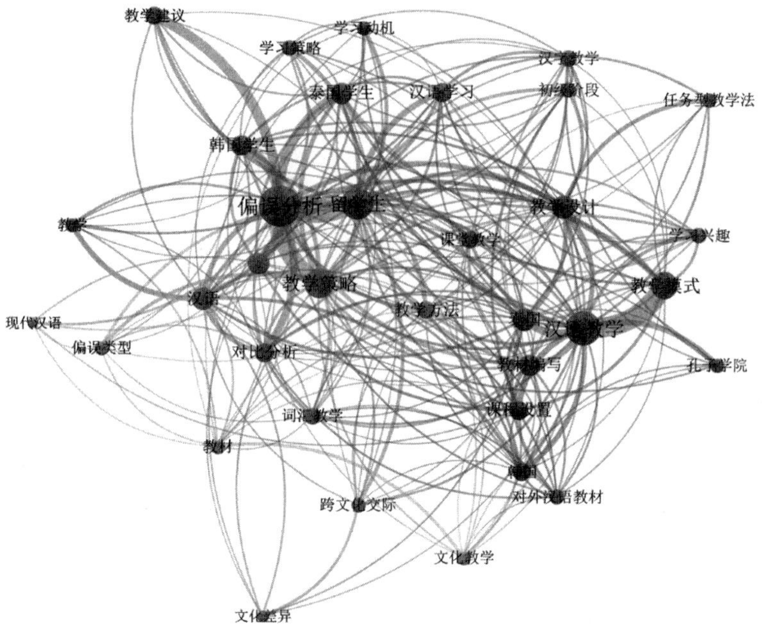

图 4 汉语国际教育专业硕士学位论文高频关键词共现网络

3.4 研究热点演变

无论是关键词聚类分析还是关键词共现网络分析，都是从静态的角度对已有历史研究数据的挖掘。如果想知道汉语国际教育专业硕士学位论文选题的发展变化情况，就要从时间维度探究关键词的演化路径。我们使用 CiteSpace 绘制了 16 805 篇学位论文关键词的时序图（图 5）。需要说明的是，由于作者在关键词选择时的问题，以及本研究调查的数据规模较大，部分关键词未能与其在其之前出现的同义关键词合并，导致显示的出现时间相对滞后。

经分析发现，有 80% 左右的关键词出现在 2009 年和 2010 年（为了显示效果，图中 2009、2010 和 2011 年度的阈值设定较高，关键词标签未完全显示），这说明近十年来汉语国际教育专业毕业论文新出现的关键词不多，一直以来关注的主流问题比较稳定。在表 4 中的大部分关键词仍出现频次占比较高，前 50 位的高频关键词基本没有太大变化。在整体较为稳定的趋势中我们也发现了一些新变化，比如教学对象国别从最早的“泰国”“韩国”“越南”等扩展到更大范围，如“美国”“蒙古国”“吉尔吉斯斯坦”等。除了教学对象更加丰富，研究所关注的课型设置、教学方法也更加多样。课型设置初期以培养听说读写能力的要素教学为主，后来新增对综合课的研究，力求全面提高学生的汉语交际能力和运用能力。教学方法从“任务型教学法”扩展到“图示法”“游戏教学法”“支架式教学法”等。

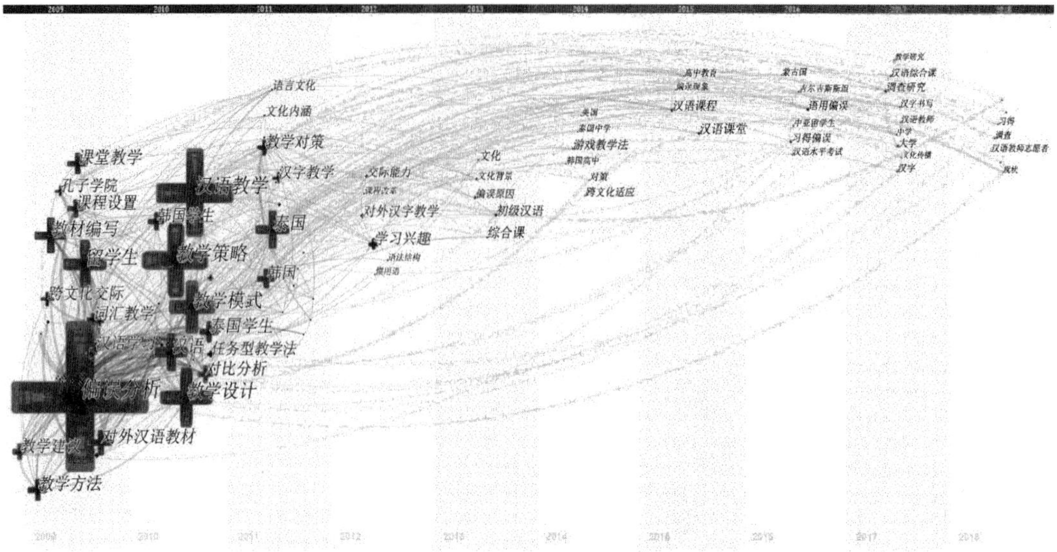

图 5　汉语国际教育专业硕士学位论文高频关键词时序图

还应注意的是，在 2017—2018 年数据总量有明显减少的情况之下，“偏误分析”“对比分析”“教学建议”等关键词的数量却有明显增长的态势（图 6）。这说明，偏误分析目前仍是汉语国际教育专业硕士研究生论文选题时的热点主题。此外，随着汉语国际教育事业的发展，该专业学生在论文选题时也已经开始涉及“汉语教师志愿者”等相关主题的研究。

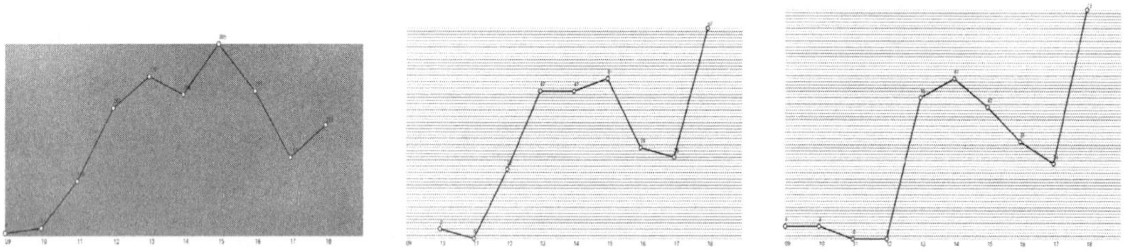

a. 偏误分析　　　　b. 对比分析　　　　c. 教学建议

图 6　汉语国际教育专业硕士学位论文部分高频关键词年度变化

四、结语

本文通过对搜集到的 16 805 篇汉语国际教育专业硕士毕业论文数据进行文献计量分析发现，自 2009 年第一批该专业硕士生毕业以来，该专业培养硕士生人数总体上呈现稳步增长的态势。在本文所搜集到的数据中，黑龙江大学、吉林大学、北京语言大学该专业毕业论文数量排名靠前。对论文指导教师数量进行统计发现，各高校该专业指导教师师资规模差异明显。通过分析论文关键词发现，该专业硕士学位论文所关注的热点有“偏误分析”“教学策略”“教学模式”“教材编写”“泰国学生”等，在过去十年中，80% 左右的关键词基本保持不变，该专业学生在毕业论文选题时的主题较为稳定。目前及未来的研究仍侧重于“偏误分析”“对比分析”“教学建议”等方面。此外，近两年关于“汉语教师志愿者”的研究突现。

受限于数据来源、规模与质量，本文调查研究的结论具有一定的局限性。由于学位论文数据库中缺少引文数据，目前尚无法对该领域引文空间进行文献计量分析。这些都是本文的不足与进一步的研究方向。

参考文献

曹亚琴（2017）MTCSOL 文化教学类学位论文的调查分析，哈尔滨师范大学硕士学位论文。

樊淑娟（2016）关于广西大学汉语国际教育专业硕士学位论文（2011—2015）的实证研究，广西大学硕士学位论文。

房双玲（2016）汉语国际教育专业硕士学位论文选题分析，黑龙江大学硕士学位论文。

高雨微（2016）从学位论文看广西高校汉语国际教育硕士的培养，广西大学硕士学位论文。

宫　瑞（2016）汉语国际教育专业硕士学位论文选题研究，西北大学硕士学位论文。

韩路平（2016）新疆师范大学汉语国际教育硕士学位论文情况分析，新疆师范大学硕士学位论文。

胡　靖（2018）不同学制汉语国际教育专业硕士学位论文选题对比分析，安徽大学硕士学位论文。

黄丹萍（2018）汉语国际教育硕士学位论文对比分析类选题研究，黑龙江大学硕士学位论文。

黄　雪（2017）从汉硕论文选题对比看两岸华文教育的协同创新，华中师范大学硕士学位论文。

蒋伟伟、吴志祥（2015）我国学位论文利用现状分析，《图书与情报》第 4 期。

金中原（2016）郑州大学汉语国际教育专业硕士学位论文分析，郑州大学硕士学位论文。

李宝贵、曹　儒、李澍慧（2017）辽宁省五所高校 MTCSOL 论文选题分析与建议，《渤海大学学报》（哲学社会科学版）第 1 期。

刘　弘、杨　喆（2013）汉语国际教育学术型硕士与专业型硕士学位论文选题之比较研究，《海外华文教育》第 3 期。

刘娟娟（2016）汉语国际教育硕士毕业论文调查研究，曲阜师范大学硕士学位论文。

刘　婷（2018）汉语国际教育专业留学生硕士学位论文文献综述研究，华东师范大学硕士学位论文。

马燕华（2010）论汉语国际教育硕士专业学位论文评价标准，《学位与研究生教育》第 7 期。

那日松、乐　明（2018）近十年中国对外汉语教学研究动态考察——兼论“一带一路”倡议对对外汉语教学研究的影响，《对外汉语研究》第 1 期。

亓海峰（2015）汉语国际教育专业硕士学位论文选题和研究方法调查分析，《云南师范大学学报》（对外汉语教学与研究版）第 1 期。

亓海峰（2016）汉语国际教育专业硕士教学设计类学位论文撰写的调查研究，《海外华文教育》第 4 期。

邱均平、王曰芬等（2008）《文献计量内容分析法》，北京：国家图书馆出版社。

石　蕾（2017）汉语国际教育专业硕士学位论文选题研究，安徽大学硕士学位论文。
孙　伟、董淑慧（2017）从论文选题看汉语国际教育专业硕士的人才培养，《云南师范大学学报》（对外汉语教学与研究版）第4期。
田润润（2017）汉硕学位论文"偏误研究"类选题分析，黑龙江大学硕士学位论文。
王传毅、吴　笛、王兴咏（2015）我国硕士、博士学位论文的学术贡献有多大？——基于2013年核心期刊论文参考文献的实证分析，《清华大学教育研究》第5期。
肖奚强、颜　明（2013）汉语国际教育专业硕士学位论文选题与质量分析，姜明宝主编《汉语国际教育人才培养理论研究》，北京：北京语言大学出版社。
杨凝卓（2016）汉语国际教育硕士留学生学位论文现状研究，山东师范大学硕士学位论文。
余　沙（2016）中央民族大学汉语国际教育硕士学位论文考察分析，中央民族大学硕士学位论文。
张幼冬（2017）汉语国际教育硕士中外学生学位论文现状调查与分析，《学位与研究生教育》第8期。
张　喻（2015）汉语国际教育硕士专业学位论文调查研究，河北大学硕士学位论文。
周美瑶（2014）汉语国际教育专业硕士学位论文选题分析，北京外国语大学硕士学位论文。
朱少强、邱均平（2005）文献计量与内容分析，《图书情报工作》第6期。

（黄伟，北京语言大学语言科学院，huangwei@blcu.edu.cn；
李珺婷，北京语言大学语言科学院，231806715@qq.com）

汉语国际教育专业硕士学位论文选题调查研究*

刘楚群　冷凌飞

提　要　我们分析了2009—2017年间的8852条汉硕论文选题后发现，目前汉硕论文整体上符合专业特征，但也存在三方面问题：一是部分选题与汉硕的实践型属性相偏离；二是教学类选题的小类分布不均衡，存在重知识轻应用、避难就易的倾向；三是教学类选题对课堂问题和文化问题关注不够。针对存在的问题，我们提出三点优化建议：第一，汉硕教指委应该切实加强宏观指导；第二，导师应该提高专业认识，加强专业学习；第三，应该培养汉硕学生的问题意识。

关键词　汉语国际教育硕士；学位论文；论文选题

硕士学位论文是硕士研究生所学基础知识、基本理论、专业技能、实践工作和职业道德的综合反映，硕士学位论文质量的高低是衡量硕士研究生专业水平的一项重要指标。论文选题是论文写作中非常重要的一项内容，选题质量的高低与论文水平的高低具有非常密切的联系。汉语国际教育硕士是国务院学位办2007年设置的专业学位型硕士，至今已有12年，全国已有100多所高校设置了该专业，培养了上万名毕业生。随着我国对外开放程度的不断提高，特别是"一带一路"建设的不断拓展，世界各地学习汉语的人将会越来越多，对汉硕人才的需求也将更加扩大，可以预见，未来汉硕的规模还将进一步扩大。随着人才培养数量的增加，其培养的质量也受到关注，学位论文作为衡量人才质量的一项重要指标，自然值得深入探究。

学界已有多人从不同视角分析了汉硕学位论文的问题。马艳华（2010）、丁安琪（2011）分别提出了多条汉硕学位论文的评价标准。肖奚强和颜明（2012）提出了拓宽汉硕学位论文选题范围的诸多措施。刘弘和杨喆（2013）探究了学术型的对外汉语硕士与专业学位型的汉语国际教育硕士在论文选题方面存在的共性和个性。王若江（2014）讨论了汉硕论文

* 本文是江西省学位与研究生教育教学改革研究项目（JXYJG-2017-043）的成果。

选题的学术性、先期经验的普遍性以及如何处理超越导师知识范围选题等问题。亓海峰（2015）在分析96篇国内优秀汉硕论文选题的基础上提出了汉硕学位论文选题的基本方法。周小兵（2017）探讨了汉硕论文的设计与写作，总结出学生应当利用真实、客观的材料写出能够解决实际问题的文章。张幼冬（2017）分析了中外汉硕论文选题情况，指出两者在选题上的特点及原因。也有一些硕士论文探究了汉硕论文的选题及写作问题。上述研究都有一定的真知灼见，对汉硕论文的选题及写作具有一定的指导意义，但这些探讨在研究对象的选取上都具有一定的局限性，他们或研究某一高校的汉硕论文，或研究某一区域的汉硕论文，或研究某一年或某几年的汉硕论文，或研究某一种类型的汉硕论文，研究对象的局限性自然会影响研究结论的普适性。我们试图尽可能全面调查汉硕论文的选题情况，在此基础上提出优化汉硕论文选题的有针对性的策略和建议。

一、汉硕学位论文选题现状调查

2007年国内开始设置专业学位型的汉语国际教育硕士，最初大多数高校都是两年制的，所以2009年开始有第一批汉硕毕业论文。我们通过中国知网搜集了2009—2017年的汉硕（中国学生）毕业论文选题共8852条。这些选题从宏观上可以分成三大类：第一是教学类，这类选题主要探讨汉语国际教育的课堂教学及其相关问题，比如《韩国留学生“比”字句教学策略研究》《对外汉语教学“同义词辨析”研究》《柬埔寨汉语教材〈华文〉课文分析》等。此类选题数量最多，在所有选题中所占比重最大，共搜集到6505条，占所有选题的69.2%。第二是偏误习得类，此类选题主要讨论外国学生学习汉语知识的基本规律及存在的偏误问题，如《外国学习者汉语新词习得状况研究》《美国留学生汉语能愿动词的习得顺序考察》《外籍儿童汉字学习策略研究》《韩国留学生“有”字句偏误分析》等。此类选题数量也不少，共搜集到2515条，占所有选题的26.8%。第三是汉语本体研究类，此类选题主要讨论汉语知识的结构、功能等方面的特征，如《近十年（2000年—2009年）汉语新词语研究》《“A点儿”与V的语序问题考察及功能分析》《平潭闽南方言岛亲属称谓排行》《〈雷雨〉反问句研究》等，共搜集到378条，占所有选题的4%。

教学类选题在汉硕论文选题中所占分量最重，这符合汉语国际教育硕士的专业学位性质。教学涉及的问题非常广泛，我们把所有的教学类选题分成11个小类，具体包括语言要素教学类、教学方法类、教学设计类、语言技能类、教学技术类、课堂管理类、教材类、测试评估类、教师类、文化类、国别类。

第一，语言要素教学类选题。语言要素指构成语言的一些基本元素，汉语国际教育领域的语言要素教学主要包括语音教学、词汇教学、语法教学，我们把汉字教学的内容也归入了语言要素教学类选题的范围。如《马达加斯加初级汉语语音教学初探》《泰国大学生汉语声母教学研究》《对泰汉语教学中的惯用语教学》《对外汉语同音同形词教学研究》《对外汉语情态补语教学》《对外汉语假设复句教学设计》《慕课模式下对外汉语汉字书写教学探索》等都属于语言要素教学类选题。我们共搜集到 1719 条语言要素教学类选题，占所有教学类选题的 26.4%。

第二，教学方法类选题。教学方法类选题主要是讨论某些具体教学方法、教学模式以及语言理论如何应用于汉语国际教育课堂。如《体演文化教学法在对外汉语中级口语教学中的运用研究》《语块理论与惯用语的对外汉语教学》《对外汉语口语课任务型教学法研究》《基于图式理论的对韩中级汉语听力教学研究》《主题式教学模式在高级汉语综合课中的应用研究》等。教学方法类选题是汉硕教学类研究中非常重要的一项内容，这方面选题数量也比较多，我们共搜集到此类选题 1694 条，占所有教学类选题的 26%。教学方法类选题涉及内容比较广泛，既有成熟的教学方法，如任务型教学法、情景教学法、全身反应教学法、听说教学法、交际教学法、体演文化教学法、趣味教学法、游戏教学法、语素教学法等，也有一些教学模式，如一对一式、互动式、协同式、体验式、合作学习式、支架式、主题式等，还有的把某些语言理论灵活运用于教学过程中，如图式理论、构建主义理论、字本位理论、语境理论、语块理论等。

第三，教学设计类选题。即对某个知识点、某篇课文或某个单元进行教学设计的研究，如《“动＋名”搭配及教学方法设计》《〈北京的四季〉的教学设计》《初级汉语综合课课堂教学设计初探》《初级汉语口语课堂交际活动设计》等。教学设计类选题也许在理论上并无明显特色，但能解决教学过程中的具体问题，具有较强的实用性，所以也属于汉硕论文选题的范畴。我们共搜集到 777 条教学设计类选题，占所有教学类选题的 12%。

第四，语言技能类选题。即针对如何提升留学生语言使用技能方面的选题。汉语国际教育不仅仅是教会留学生基本的汉语知识，关键是要教会他们运用汉语进行交际的能力，所以语言技能类选题也是汉硕论文的主要内容。语言技能类包括听、说、读、写四方面的能力，我们共搜集到此类选题 1135 条，占教学类选题的 17.5%，如《对外汉语初级听力语块练习考察与设计》《对留学生中级口语成段表达能力进行的教学探究》《初级汉语阅读微技能教学方法研究》《高等汉语水平留学生写作中的问题调查及训练策略》。

第五，教学技术类选题。此类选题主要探讨现代信息技术在汉语国际教育教学中的运用或辅助作用问题。汉语国际教育教师常常会借助多媒体、影视、微信、微博、互联网等现代传媒进行辅助教学，对这些现代教学技术展开研究很有必要。我们共搜集到 221 条教学技术类选题，占所有教学类选题的 3.4%，如《面向韩国学生的汉语语音多媒体教学设计》《基于网络系统的对外汉语口语教学设计》《博客辅助对外汉语教学的研究》《影视片段在对外汉语口语教学中的应用》《微信在对外汉语教学中的应用研究》《远程教学在对外汉语教学领域的应用研究》等。

第六，课堂管理类选题。课堂管理是教师为了完成教学任务，从而采取的调控人际关系、和谐教学环境、引导学生学习的一系列教学行为方式。管理好课堂是有效开展教学活动的基石，研究课堂管理有利于提升教师的课堂管理能力，能有效提升教学效果。汉语国际教育领域的课堂管理类选题主要探究教师如何有效协调、处理课堂内的各种关系或突发事件等问题。如《初级阶段哈萨克斯坦留学生课堂管理浅析》《对外汉语课堂非预设事件及应对策略探析》《对外汉语教学中的课堂冲突与解决对策》等。我们共收集到 41 条课堂管理类选题，占所有教学类选题的 0.6%。

第七，教材类选题。教材是教学的最重要基础和依托，教材的优劣将直接决定教学效果的好坏。教材研究是教学研究中的重要内容。汉硕论文教材类选题主要讨论教材的内容设置、编辑、教材的使用、不同教材的比较，以及教材的本土化等相关问题。如《医学汉语教材课文内容设置研究》《对外汉语教材感谢言语行为编排研究》《双语班〈汉语〉教材使用调查研究》《印尼泗水华文教材使用情况调查研究》《〈发展汉语〉和〈汉语教程〉量词编排对比研究》《两岸对外汉语教材之教学语法的对比研究》《韩国汉语学院〈高级汉语〉教材研究》等。教材类选题数量比较多，我们共搜集到 1354 条，占所有教学类选题的 20.8%。

第八，测试评估类选题。主要讨论汉语国际教育教学领域的考试及与考试相关的评估问题。测试评估是检验教学效果的一种重要手段，对其展开研究能有效地服务于教学，这方面的选题我们共搜集到 199 条，占所有教学类选题的 3.1%。此类选题主要讨论的是“HSK”“新HSK”及其他相关考试的试题内容、试题设计、考试实施、成绩评价等问题。如《HSK 考试词汇研究》《HSK 作文教学的初步研究》《新 HSK 六级阅读理解试题研究》《新 HSK 在韩国京畿道地区实施情况的调查研究》《基于 OPI 的高级汉语学生的词汇测试及分析》《汉语 L2 口语的文本特征及评分模型初探》《马来西亚彭亨大学汉语班成绩测试的评价分析》等。

第九，教师类选题。教师是教学的具体实施者，教师的水平高低、教学状态直接决定教学效果的好坏，所以教师也是教学研究的重要内容。从我们搜集的汉硕论文选题看，汉语国际教育领域的教师类选题主要涉及教师的课堂表现、教师的跨文化适应、教师培养等方面的问题，教师的课堂表现指教师在教学过程中展现出的知识储备、教学话语、提问、纠错、反馈、非语言等能够影响课堂教学的因素。我们搜集到的教师类选题共 352 条，占所有教学类选题的 5.4%。如《论对外汉语教师课堂语言艺术》《初级汉语口语课新手教师课堂提问研究》《对外汉语优秀教师的反馈语研究》《中级汉语口语课教师课堂纠错行为个案研究》《初级汉语课堂中教师体态语使用情况研究》《塔吉克斯坦中方汉语教师跨文化适应研究》《赴泰汉语教师的文化休克应对策略》《赴泰汉语教师志愿者培训工作调查分析》《泰国师范类大学本土汉语师资培养研究》《汉语教师志愿者培养途径研究》等。

第十，文化类选题。此类选题主要讨论文化现象教学和文化差异、文化冲突等方面的问题。汉硕论文涉及的文化教学问题包括语言文化、文学作品文化、艺术文化、宗教与思想文化、节日与习俗文化、名称文化、地方文化、建筑文化、中医文化、交际文化等诸多内容。如《对外汉语文化教学策略与技巧》《留学生书法文化课程调查与设计》《围绕川菜文化的教学设计》《儒家文化传播与对外汉语教学研究》《中泰佛教文化比较与教学》《中国对外古典园林文化教学方法探析》《对外汉语委婉语教学中的文化性研究》《泰国太极拳活动课教学设计》《生肖文化教学课程设计》《汉语菜肴名称的多视角考察及教学构想》《中美饮食文化差异及其教学研究》《中泰语言教学中的文化差异》《对外汉语教学中的文化冲突及教学策略》等。我们共搜集到文化类选题 788 条，占所有教学类选题的 12.1%。

第十一，国别类选题。即具体针对某个国家的汉语教学问题展开的相关研究。如《韩国汉语高考教材语法项目研究》《日本学生汉语称谓语教学研究》《泰国春武里府晚县小学汉语教学现状调查报告》《马德里汉语课堂教学调查研究报告》《墨尔本文法学校汉语教学调研报告》《美国留学生商务汉语短期班教学初探》《匈牙利初级汉字教学方法浅析》等。我们共搜集到国别类选题 1982 条，占所有教学类选题的 30.5%。国别类选题覆盖了亚洲、欧洲、美洲、非洲、大洋洲等六大洲，其中亚洲国家研究的选题最多，约占所有选题的 75%，其次是美洲国家和欧洲国家的选题，分别占了约 10% 和 9%，非洲国家的选题约战 4%，大洋洲国家的选题约占 2%。

除了上述 11 类选题外，还有一些无法统一归类的选题，如《基于"一带一路"战略框架下的中亚留学生 CSP 课程设置问题及对策研究》《华中师范大学汉语预科教育情况调查》《基于对外汉语教学的汉语角活动研究》，此类选题约占 1.9%。

二、汉硕学位论文选题现状的反思

我们搜集到的 8852 条汉硕论文选题中，教学类选题占 69.2%，偏误习得类选题占 26.8%，汉语本体研究类选题占 4%。6505 条教学类选题中，语言要素教学类选题占 26.4%，教学方法类选题占 26%，教学设计类选题占 12%，语言技能类选题占 17.5%，教学技术类选题占 3.4%，课堂管理类选题占 0.6%，教材类选题占 20.8%，测试评估类选题占 3.1%，教师类选题占 5.4%，文化类选题占 12.1%，国别类选题占 30.5%，其他选题占 1.9%。①选题整体上体现了汉硕论文的特征，但从各类选题的数量情况也可以发现一些带普遍性的

① 同一个选题可能涉及两个或两个以上的类型，教学类选题总共 6505 条，涉及 10 388 种小类，所以各小类百分比之和大于 100%。

问题。

第一，部分选题与汉语国际教育硕士的实践型属性存在某种程度的偏离。

目前我国有科学型和专业学位型两种不同性质的硕士学位，两种学位在人才培养的目标上有明显差别，前者重视人才的理论探究能力，后者重视人才的实践操作技能。两类硕士的毕业论文要求也有明显差别，科学型硕士论文往往需要就本学科领域中的某个知识或理论展开深入的探究，要求具有较强的学理性和前沿性；专业学位型硕士论文主要解决学生在专业实践过程中遇到的具体问题，主要强调其在操作层面的实践价值。汉语国际教育硕士属于专业学位型硕士，具有明确的职业指向，即专门培养国际汉语教师，其人才培养的目标是直接服务于汉语国际教育的一线教学。汉硕学位论文应充分体现应用型人才培养的要求，其学位属性决定了毕业论文的选题应该以实践型、应用型为主，选题应该有明显的实践问题意识，即选题最好来源于一线教学中遇到的问题和困惑，要尽可能解决教学中的问题，主要选题方向尽量围绕汉语作为第二语言教学技能、跨文化交际能力、汉语及中华文化国际传播能力等内容。汉硕培养方案的课程设置基本都是围绕着教学、习得和文化传播展开的，其核心课程如"汉语作为第二语言教学""国外汉语课堂教学案例""第二语言习得""跨文化交际"等，这和科学型硕士的"语法学""词汇学""音韵学""社会语言学"等课程设置明显不同，这种差别决定了汉硕学生的知识结构与科学型硕士有明显差别。另外汉硕学生的学制时间也和科学型硕士有差别：首先，有部分高校的汉硕是两年制的，其次，部分高校的汉硕虽然也是三年制的，但多数学生都有一年左右的时间出国从事教学实践，所以汉硕学生并不能像科学型硕士一样有充足的时间完成一篇学术性很强的学位论文。所以汉硕论文没有必要甚至可以避免像科学型硕士论文一样做纯理论性探索，《"A 点儿"与 V 的语序问题考察及功能分析》等本体研究类选题应该是"语言学及应用语言学""汉语言文字学"等传统的科学型硕士学位的论文选题。但我们的调查显示，目前汉硕论文中有 4% 的本体研究类选题，尽管占比并不是很高，但绝对数量也并不少，共有 378 条，我们认为，这些选题一定程度上偏离了汉硕的实践型属性。

第二，教学类选题的小类分布不均衡。

在总共 6505 条教学类论文选题中，11 个小类的占比差异非常大，占比较大的语言要素教学类选题、教学方法类选题都达到了 26%，[①] 而教师类选题、教学技术类选题、测试评估类选题、课堂管理类选题占比基本都在 5% 以下，特别是课堂管理类选题只占 0.6%，小类分布极不均衡，而且悬殊很大。应该说，各类选题都是汉语国际教育教学过程中的重

---

① 国别类选题占比最高，达到 30.5%，但此类选题是个大杂烩，包含了语言要素、教学方法等内容，所以不好和其他类选题直接比较。

要问题，都值得深入研究，其选题应该基本均衡才是科学合理的，即使有所差异，也不应该差异如此悬殊。各小类内部也表现出一定的分布不均衡。例如，复句研究中，并列复句和假设复句都占13%，条件复句、选择复句和转折复句都占8.7%，递进复句和因果复句则都只占4.4%；在句式研究中，疑问句占85.2%，祈使句则只占7.4%，陈述句和感叹句也都只占3.7%；在句法成分研究中，补语占67.4%，定语占14%，状语占10.9%，主语和宾语占2%，插入语占3.3%；在语言技能类选题中，"说"技能的选题占53%，其他"听""读""写"技能的选题都在15%以下；在文化类选题中，语言文化类选题占46%，交际文化类选题占15%，艺术文化占12%，其他文学作品文化、节日习俗文化、宗教思想文化、名称文化、建筑文化等选题占比都非常少；在国别研究中，亚洲国家研究的选题最多，占75%，美洲国家研究占10%，欧洲国家研究占9%，非洲和大洋洲国家研究占比都非常少。这些选题数量的差异当然有其客观原因，有些语言单位本身的习得难度较大，所以研究得就比较多，比如补语和疑问句相比于同类句法单位确实更难习得，但大多数情况下各小类选题之间在习得难易度和问题重要性方面并没有明显差别，如各类复句、听说读写技能、各类文化现象、国别研究等，这些选题内部的数量差异体现了研究的不均衡性，在一定程度上体现了汉硕选题的无序性，缺乏全国性的宏观引导。

第三，教学类选题存在重知识轻应用、避难就易的倾向。

在所有教学类选题中，语言要素教学类选题占26.4%，教学方法类选题占26%，教材类选题占20.8%，文化类选题占12.1%，教学设计类选题占12%，这些选题内容都具有明显的知识性，可以称为知识性选题。此类选题其研究对象材料的搜集比较方便容易，其写作内容中很大一部分都是语言知识的介绍或梳理，写作难度相对较低。特别是教学设计类选题占12%，这个比例明显偏高，尽管汉硕论文可以写教学设计，但教学设计毕竟相对比较简单，作为学位论文，应该有一定的深度，所以不应该提倡以教学设计作为毕业论文。全国770多条教学设计类选题显示了汉硕论文选题避难就易的倾向。而课堂管理类选题只占0.6%，教师类选题也只占5.4%，此类选题的知识性相对较弱，应用性明显比较强，可以称之为应用性选题。此类选题在研究材料的获取上相对较为困难，比如课堂管理中典型案例的获取以及教师的课堂表现等都完全只能依靠写作者慢慢去收集，难度明显增加，而且过程缓慢而漫长。很明显，应用性选题的教学指导意义非常强，特别对新手教师的帮助非常大，但目前这方面的研究明显欠缺。

第四，教学类选题对课堂问题关注不够。

教学的核心环节是课堂。课堂问题是教学类研究的最重要内容之一，可研究的内容非常多，包括学生在课堂上的反应、教师对课堂的把控、教师的上课技巧和艺术、课堂的整体氛围、课堂突发事故等等。目前汉硕论文中有关课堂问题研究的选题数量非常少，主要涉及课堂管理类选题和教师的教学表现类选题，二者分别占所有教学类选题的 0.6% 和 3.2%，这个比例非常低，毕竟教师是教学活动中的核心因素之一，也是决定教学成败的关键性因素之一，这里面可讨论研究的问题非常多。

第五，对文化问题关注不够。

汉语国际教育硕士专业学位研究生的培养目标非常明确，“主要培养具有熟练的汉语作为第二语言教学技能和良好的文化传播技能、跨文化交际能力，适应汉语国际推广工作，胜任多种教学任务的高层次、应用型、复合型、国际化专门人才”。概括来说就是要培养两方面能力，一是汉语作为第二语言教学能力，二是中华文化国际传播能力。可见，汉语国际教育教学领域中，文化问题与教学问题同等重要，但从汉硕论文选题数量来看，文化类选题只占教学类选题的 12.1%，占所有汉硕论文选题比例更是只有 8.9%，这个比例与汉语国际教育教学领域中文化问题的重要性完全不能匹配。特别是在当代国际形势错综复杂的背景之下，文化问题成为部分别有用心的人指责我国汉语国际传播政策、责难孔子学院正常办学的借口，我们更应该加强汉语国际教育视野下的中华文化特征及文化传播策略研究，特别要强化如何消减“中华威胁论”“中华文化入侵”嫌疑方面的研究。

三、优化汉硕学位论文选题的建议

上文所述，汉硕论文选题整体上符合汉语国际教育硕士的专业特征和学位属性，但存在的问题也非常明显。之所以存在问题，一方面是因为管理部门缺乏宏观的统筹指导，另一方面也与熟练型汉硕导师队伍匮乏有关，当然学生的消极应付态度也是非常重要的原因。我们从三方面提出优化汉硕学位论文选题的建议。

第一，汉硕教指委应该切实加强宏观指导。

硕士学位论文都是学生根据自己的专业兴趣、专业视野、实践经历来确定选题的，从个人的微观层面来看，不管是专业学位型硕士论文还是科学型硕士论文，只要符合专业要求，选什么题目都可以。但从宏观的社会需求来看，专业学位型硕士学位论文在选题上不同于科学型硕士学位论文。科学型硕士学位论文选题往往是由学科热点和导师兴趣决定，选什么题目不需要管理部门的宏观指导，结果是有的领域研究多有的领域研究少，比如在语言诸要素研究中，语法的选题最多，研究最充分，这种倾向尽管从语言研究的社会应用来看，不一定很好，但整体来说不影响整个语言学领域的研究。专业学位型硕士不一样，它需要系统全面解决实践中的问题，不能厚此薄彼，漏掉任何一个环节都会使实践出现纰漏。汉硕论文的选题就应该全面覆盖汉语国际教育教学中的所有环节，不能轻视和忽略任何一个方面。学生个人选题往往带有随意性和偶发性，一般会选择一些常见的、难度比较小的题目来写，这无可厚非；但以全国汉语国际教育专业学位研究生教育指导委员会为代表的管理部门应该在充分调研的基础上加强这方面的指导，可以编写汉硕学位论文选题指南，引导汉硕学生加强对汉语国际教育教学领域中薄弱环节的研究，这样既能有效服务教育教学实践，又能减少汉硕论文选题的低水平重复，开拓高质量选题的范围。

第二，导师应该提高专业认识，加强专业学习。

我国汉硕培养时间并不长，但学生增速非常快，培养规模非常大。从2007年开始试验性招生以来，截至2017年，共有110所高校招收汉语国际教育硕士，我们搜集到的汉硕毕业论文达8852条，相信实际毕业论文的数量要超出这个数字。但汉硕导师队伍的建设速度远远跟不上人才培养的需求，很多汉硕培养单位的部分导师并没有汉语国际教育教学的研究经验和海外教学经历，笔者调查某省属师范大学的汉硕导师队伍，目前共有11位汉硕指导教师，其中只有5位导师有出国教学经验，相信这代表了部分高校的现状。很多汉硕导师都是从事语言本体研究的，也有从事文学类研究的，他们往往凭借指导学术型硕士的经验来指导汉语国际教育硕士，对专业学位型硕士论文定位不太明确，自然会导致理论和实践的脱节。要想有效指导汉硕论文，导师就应该加强对汉语国际教育专业硕士学位的认识，加强这方面的学习，国家和学校管理部门也应该加强这方面的培训，只有这样，才能使汉硕论文选题体现出汉语国际教育的特色，体现出教学实践价值，从而提高汉硕论文选题质量，提高汉硕人才培养质量。

第三，应该培养汉硕学生的问题意识。

上文分析，汉硕教学类选题存在重知识轻应用倾向，因为知识性选题比较好写，套路比较成熟，材料好找，创新也相对容易。比如“结果补语的对外汉语教学研究”这个选题，首先罗列结果补语的类型，这个有现成的知识点；然后调查留学生习得结果补语的偏误情况，这方面材料国内有多个语料库可用，搜集起来很轻松，最多再设计个问卷进行调查；然后分析原因，这些原因往往千篇一律，无非就是母语负迁移、教师没讲清楚、学生没学好等等；最后提出应对性的教学策略，提出的策略也往往大而无当，泛泛而谈，没有针对性，不解决实际问题。这样写出来论文往往既无多少学术含量，也不能解决实际问题。要提高汉硕论文的选题质量，就应该强化学生的问题意识，引导学生解决教学中的真问题。周小兵（2017）提出，汉硕论文选题时，一定要确定是否发现了什么具体的行业问题，能否通过研究找到具体可行的解决方案，优秀的选题一般要符合三个条件，一是实践中的真问题，二是有普遍性，三是尚无解决方案。大多数汉硕学生都具有汉语国际教育教学经历，或者在国内给留学生上过课、参与过留学生的相关管理工作，或者在国外当过汉语教学的志愿者，他们在课堂教学实践和跨文化交际过程中一定遇到过各种各样的问题，应该鼓励和引导学生对这些问题进行深入挖掘，探究解决问题的切实可行的方法策略。

总之，我国汉语国际教育硕士人才培养规模非常庞大，增速也非常快，由此带来的人才培养质量不得不引起关注，其中学位论文选题和写作是人才培养中的重要一环。目前汉硕论文选题整体上符合专业特征和行业需求，但其中也存在着较明显的问题，需要多方面共同努力，实现最大程度的优化。

参考文献

丁安琪（2011）对汉语国际教育专业硕士学位论文评价体系的思考，《国际汉语教育》第 3 期。
郭　熙（2015）论汉语教学的三大分野，《中国语文》第 5 期。
李宇明、施春宏（2017）汉语国际教育“当地化”的若干思考，《中国语文》第 2 期。
刘　弘、杨　喆（2013）汉语国际教育学术型硕士与专业型硕士学位论文选题之比较研究，《海外华文教育》第 3 期。
陆俭明（2014）汉语国际教育专业的定位问题，《语言教学与研究》第 2 期。
马艳华（2010）论汉语国际教育硕士专业学位论文评价标准，《学位与研究生教育》第 4 期。
亓海峰（2015）汉语国际教育专业硕士学位论文选题和研究方法调查分析，《云南师范大学学报》（对外汉语教学与研究）第 1 期。
王若江（2014）论导师在汉语国际教育硕士专业学位论文选题环节中的作用，第四届国际汉语教师培养论坛，北京。
肖奚强、颜　明（2012）汉语国际教育专业硕士学位论文选题与质量分析，第二届国际汉语教师培养论坛，北京。
张幼冬（2017）汉语国际教育硕士中外学生学位论文现状调查与分析，《学位与研究生教育》第 8 期。
周小兵（2017）汉语国际教育专业硕士毕业论文的研究设计与写作，《国际汉语教育》第 1、2 期。

（刘楚群，江西师范大学文学院，liuchuqun@sina.com；
冷凌飞，江西师范大学文学院，2269596467@qq.com）

第二语言认知加工自动性实验研究 *

胡伟杰

提　要　本研究通过词汇语义判断实验，选取词汇语义判断的正确率和反应时两方面指标，对第二语言认知加工自动性过程和特征进行考察。研究结果表明，在汉语加工上初级汉语水平学习者分别与高级汉语水平学习者和汉语母语者具有根本性的差异，反映出不同的加工机制。该结果支持了根本性差异假说和认知负荷理论，对第二语言认知加工自动性的发展过程和本质具有一定的启示作用。

关键词　认知加工；自动性；第二语言

一、引言

自动性研究一直是心理语言学和认知心理学备受关注的领域。20 世纪人类对自动性的认识上升到认知结构高度，将心理活动和动作行为等方面的自动性都纳入认知结构之中（陈开顺，2002），然而在语言自动性的研究上，研究者在自动性特征以及自动性形成过程等问题上存在较大的争议。

根本性差异假说（Fundamental Difference Hypothesis，FDH）认为成人第二语言习得与儿童第一语言习得具有根本性的差异，认为导致这些差异的根本原因是成人第二语言学习者未能通达具有特异性（domain-specific）的语言习得机制和普遍语法（Bley-Vroman，1989，1990，2009）。Bley-Vroman（1989）指出了成人第二语言习得有别于儿童第一语言习得的十项根本差异特征，诸如缺乏彻底的成功、普遍性的失败、化石化现象等。不少研究从不同角度对根本差异假说进行了证实，比如从普遍语法的可及性（Schachter，1990）、最终习得结果（Johnson & Newport，1991）、化石化现象（Han & Odlin，2006）以及语言加工过程（Robenalt & Goldberg，2016）等。

然而，也有不少研究对根本性差异假说提出质疑。Herschensohn（2009）在总结前人

* 本文为浙江省哲学社会科学规划课题“第二语言口语流利性认知测量模型构建”（项目编号：18NDJC258YB）阶段性成果，并获得教育部人文社科研究青年基金项目“基于认知视角的第二语言口语流利性实证研究”（项目编号：15YJC74 0030）和国家社科基金重点项目“汉语二语口语能力习得与高效率教学模式研究”（项目编号：12AZD113）的资助。

时贤有关语言习得及认知加工研究的基础上指出，儿童语言习得和成人语言习得没有质的差异，只有量的不同。他指出 ERP 测试结果表明所有不同起始年龄的双语者与本族语者表现出相近的词汇－语义反应，第二语言和第一语言的无意识神经反应非常相似；而且功能性磁共振成像（fMRI）研究结果也表明词汇语义知识没有年龄效应，第二语言和第一语言分布在相似的大脑区域。另外，Hopp（2010）的研究得出第二语言形态－句法发展不存在关键期，非本族语法和本族语法及其加工系统本质上相同，二者的区别仅在于第二语言的系统运算效率偏低。戴曼纯（2012）也对根本性差异假说提出质疑，指出其逻辑和立论的缺陷，同样认为成人二语习得与一语习得没有质的差异，只有量的不同。

总而言之，学界对于第二语言自动性的诸多方面存在着争议，如第二语言学习能否产生自动化的程序性加工，其内部加工是否产生质的变化等。本研究将对这些问题进行实证考察，以进一步促进对第二语言自动性的本质及其发展机制的了解。

二、研究方法

2.1 实验设计

本研究采用 3 × 2 两因素混合实验设计，因素一为“语言水平”，为被试间变量，分为 3 水平：初级汉语水平学习者（初级）、高级汉语水平学习者（高级）和汉语母语者（母语者），其中汉语母语者为参照组；因素二为“刺激时间间隔（ISI）”，为被试内变量，分为 2 水平：200 毫秒和 1150 毫秒。

因变量为词汇语义判断反应时（Phillips *et al.*, 2004；Segalowitz *et al.*, 2008 等）；控制变量包括学习者的母语背景（韩语）和年龄（18—25 周岁）。

2.2 被试

母语为韩语的初级、高级汉语水平学习者和汉语母语者各 25 人：初级汉语水平学习者为学习汉语时间 8—10 个月，平均年龄 20.3 周岁，其中男生 11 人，女生 14 人；高级汉语水平学习者为学习汉语时间 24 个月以上，平均年龄 23.2 周岁，其中男生 10 人，女生 15 人；汉语母语者为汉语国际教育专业本科二年级学生，平均年龄为 20.8 周岁，其中男生 5 人，女生 20 人。

2.3 实验任务

本研究采用词汇语义判断任务（Segalowitz & Freed，2004；García-Amaya，2012 等）。

实验分两部分进行，每部分包括20组词汇语义判断，其中第一部分为语义预期相关实验，通过指导语告知被试，启动刺激和目标刺激为语义相关的单词，第二部分为语义预期不相关实验，同样通过指导语告知被试启动刺激和目标刺激为语义不相关的单词。事实上，在第一部分实验当中包含了四组语义不相关的刺激（意外刺激），在第二部分实验当中包含了四组语义相关的刺激（意外刺激）。我们感兴趣的是不同汉语水平被试在不同刺激时间间隔下对意外刺激的反应情况。以往的研究（如，Favreau & Segalowitz，1983）表明，虽然提高被试的注意水平（预期）可以提高被试的控制性加工水平，因而促进反应速度提升，但是控制性加工需要一定的启动时间，所以在较短时间内（200毫秒）对意外刺激（与预期冲突的刺激）的反应情况就可以反映加工的自动化情况。

2.4 实验材料

从《国际汉语教学通用课程大纲》（国家汉办/孔子学院总部，2010）的常用汉语1500高频词表中选取40组单词，每组2个，共80个单词，其中一半（20组）为语义相关的单词，如“家庭”和“爸爸”；另外一半（20组）为语义不相关的单词，如“水果”和“小狗”（见附录）。

2.5 实验程序

被试在开始实验前首先参加实验操作培训，在确认被试了解实验过程和操作方法之后进入实验。

实验刺激通过电脑和E-prime软件呈现：首先呈现指导语，然后呈现启动刺激，在启动刺激呈现200毫秒或1150毫秒后（其中一半刺激呈现200毫秒，另一半呈现1150毫秒）呈现200毫秒掩蔽刺激，然后呈现目标刺激（见图1）。在目标刺激呈现后学习者需要尽快对目标刺激进行语义判断，即要求被试判断所呈现的单词是否是具有生命的物体，如果“是”，按“J”键，如果“否”，按“F”键。

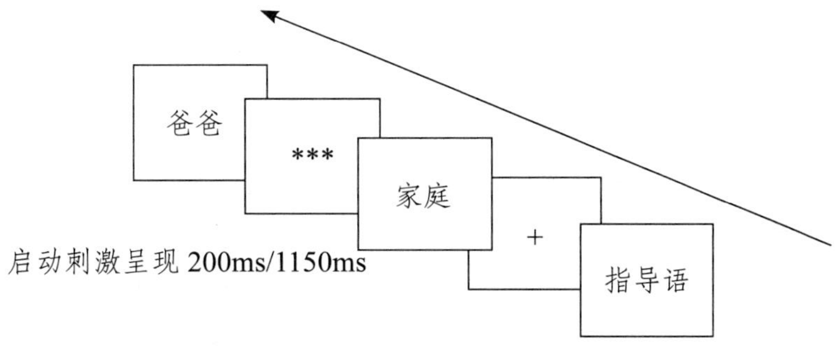

图1 词汇语义判断实验示例

实验分两部分进行，首先进行语义预期相关实验，共 20 组刺激，其中前 4 组作为练习项；被试在完成第一部分的语义预期相关实验后，休息 10 分钟，然后进行第二部分语义预期不相关实验，同样为 20 组刺激，其中前 4 组作为练习项。整个过程（含休息时间）大约 20 分钟。

三、实验结果

3.1 词汇语义判断正确率

结果显示，所有测试的正确率均比较高，最低为 88%，最高为 98.5%（见表 1）；相比较而言，汉语母语者比高级汉语水平学习者稍高，而高级汉语水平学习者又比初级汉语水平学习者稍高；1150 毫秒刺激时间间隔下的正确率比 200 毫秒刺激时间间隔下的正确率稍高；语义相关刺激的正确率比语义不相关刺激的正确率稍高；但是统计分析结果表明任何一组之间均不具有显著差异（全部 $p>0.05$）。总体而言，词汇语义判断的正确率均比较高，这说明本实验较好地控制了准确性和反应时之间的权衡效应（Housen & Kuiken，2009），保证了反应时的可靠性。

表 1　词汇语义判断的正确率

刺激类型	刺激时间间隔 / 毫秒	语言水平 / %		
		初级	高级	母语者
非意外刺激（语义不相关）	200	94.5	94	97.5
	1150	96.5	97	98.5
意外刺激（语义相关）	200	88	92	92
	1150	92	94	96
非意外刺激（语义相关）	200	95.5	96	98
	1150	96.5	98	98.5
意外刺激（语义不相关）	200	90	90	96
	1150	94	96	96

3.2 意外刺激的词汇语义判断反应时

表 2　意外刺激的词汇语义判断反应时平均值

		因素二：语言水平 / 毫秒		
		初级	高级	母语者
因素一：刺激时间间隔	200 毫秒	1498.19	884.68	755.23
	1150 毫秒	1428.23	918.09	797.94

以词汇语义判断反应时为因变量，刺激时间间隔（ISI）为被试内因素，语言水平为被试间因素的两因素混合方差分析结果显示：

（1）刺激时间间隔主效应不显著（F=0.022，p>0.05），也就是说，在不区分语言水平的情况下，被试在200毫秒刺激时间间隔和1150毫秒刺激时间间隔下的词汇语义判断反应时没有显著差异。

（2）语言水平主效应显著（F=91.896，p<0.001），事后多重比较（采用Sidak校正）结果显示，初级汉语水平学习者分别与高级汉语水平学习者和汉语母语者具有显著差异（p<0.001，p<0.001），高级汉语水平学习者与汉语母语者没有显著差异（p>0.05）。

（3）刺激时间间隔与语言水平间的交互作用显著（F=6.802，p<0.05）。

简单效应检验（采用Sidak校正）结果表明，在200毫秒刺激时间间隔下，初级汉语水平学习者分别与高级汉语学习者和汉语母语者具有显著差异（p<0.001，p<0.001），而高级汉语水平学习者与汉语母语者之间没有显著差异（p>0.05）；在1150毫秒刺激时间间隔下，结果相似，初级汉语水平学习者分别与高级汉语学习者和汉语母语者具有显著差异（p<0.001，p<0.001），而高级汉语水平学习者与汉语母语者之间没有显著差异（p>0.05）（图2）。

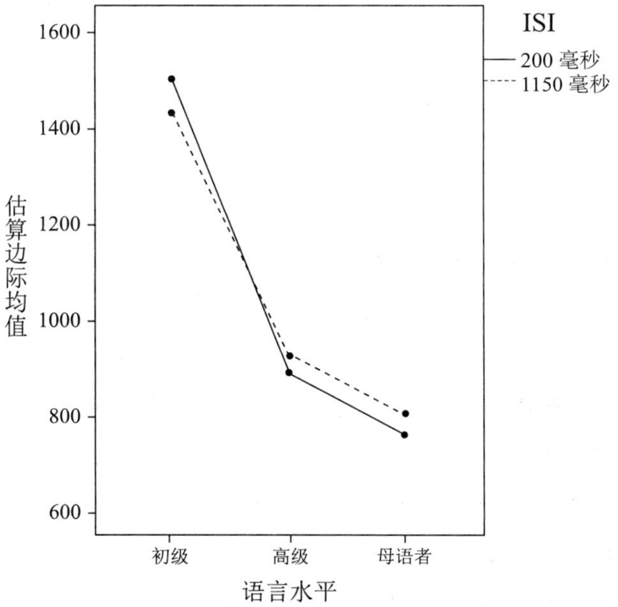

图2 不同语言水平学习者词汇语义判断反应时

此外，在不同刺激时间间隔方向上，初级汉语水平学习者在两个不同刺激时间间隔下具有显著差异（p<0.01），而高级汉语水平学习者和汉语母语者都不具有显著差异（p>0.05，

$p>0.05$）（图3）。

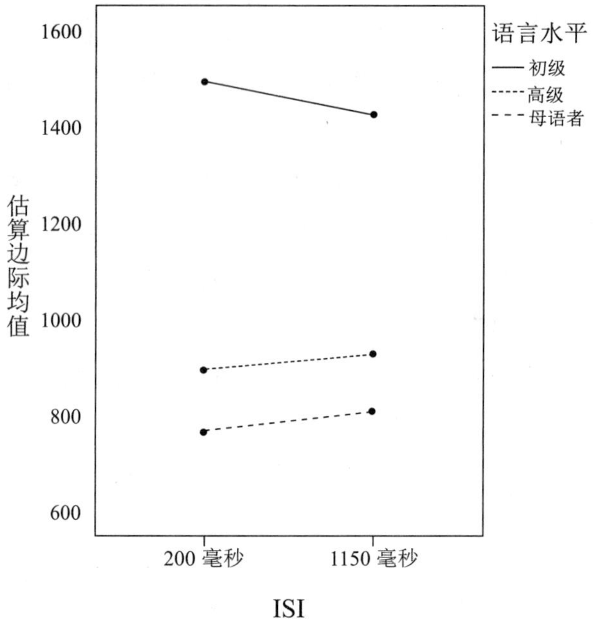

图3 不同刺激时间间隔的词汇语义判断反应时

四、讨论

Segalowitz & segalowitz（1993）和 Phillips *et al.*（2004）指出学习者在200毫秒的刺激时间间隔下，控制性加工尚未发生。本实验结果表明在200毫秒刺激时间间隔下，初级汉语水平学习者分别与高级汉语学习者和汉语母语者具有显著差异，而高级汉语水平学习者与汉语母语者之间没有显著差异；而且初级汉语水平学习者在两个不同刺激时间间隔下具有显著差异，而高级汉语水平学习者和汉语母语者都不具有显著差异。以上结果反映了初级汉语水平学习者与高级汉语水平学习者和汉语母语者具有本质差别，而高级汉语水平学习者在200毫秒刺激时间间隔下意外刺激的加工已经达到了自动化，接近母语者水平。同时，在1150毫秒刺激时间间隔下，也就是说控制性加工起作用的情况下，初级汉语水平学习者同样分别与高级汉语水平学习者和汉语母语者具有显著差异，这说明即使在控制性加工的情况下，初级汉语水平学习者在速度上同样也比高级汉语水平学习者和汉语母语者要显著慢，说明控制性加工也同样受语言经验的影响。另外，初级汉语水平学习者在200毫秒刺激时间间隔下反应时显著比1150毫秒刺激时间间隔下慢，而高级汉语水平学习者和汉语母语者则在200毫秒刺激时间间隔下的反应时比1150毫秒刺激时间间隔下的反应时显著快。这种相反的结果说明了初级汉语水平学习者与高级汉语水平学习者和汉语母语者并不只是在加工速度上的差异，而是反映了他们之间的加工机制的本质差异，初级汉语水平学习者主要依赖控制性加工，而高级汉语水平学习者和汉语母语者主要依赖于自动性加工。

本实验结果说明第二语言自动化是一个从控制性加工到自动化加工的动态发展过程，第二语言认知加工发展是一个以控制性加工为主到以自动化加工为主的质性变化过程，初级汉语水平学习者与高级汉语水平学习者的口语产出在这两种加工机制的平衡上具有本质差异。Shiffrin & Schneider（1977）认为，在最初学习的阶段，学习者有关技能的知识只是"陈述性"的，也就是说，学习者只知道技能的内容，但却不知道如何去运用和实现这些内容。学习者在这个阶段主要通过一种有意识的、高认知负荷的控制性加工来实现某一语言技能行为。然而随着语言经验的增加，经过反复练习之后，语言技能逐渐程序化，加工速度越来越快，自动化加工逐步发展，并最终在第二语言产出中占主导地位。

此外，实验结果也支持了认知负荷理论（Sweller，1988，1994）。该理论认为人的认知资源，特别是短时记忆容量是有限的，如果同时从事的多种解决问题或学习活动，所需要的资源量超过了个体的资源总量，就会产生"认知负荷过重"，即认知超载。当认知超载发生时，人的认知加工不但不能加速进行工作，相反，还会抑制认知加工的正常工作，降低认知加工的效率。本研究中初级汉语水平学习者在200毫秒刺激时间间隔下反应时显著比1150毫秒刺激时间间隔下慢，这说明了初级汉语水平学习者在200毫秒刺激时间间隔下，产生了认知超载，由于刺激时间间隔过短，导致了比在1150毫秒刺激时间间隔下反而需要更多的时间来启动控制性加工。

五、结语

本研究表明初级汉语水平学习者与高级汉语水平学习者以及汉语母语者具有根本性的差异，反映出了他们之间不同的加工机制：初级汉语水平学习者主要依赖于控制性加工，而高级汉语水平学习者与汉语母语者采用了相似的自动性加工。本研究结果验证了根本性差异假说和认知负荷理论。

然而本研究受到研究条件的限制，有些变量未能采取严格的控制，未来研究应该对实验材料的熟悉度、任务难度等其他因素进行更为严格的控制，以进一步增强实验的效度。而且，本实验的对象只限于韩国学习者，未来的研究可考虑扩大到其他母语背景的学习者。

此外，第二语言自动化的内在过程和机制以及第二语言自动化的个体差异等领域也值得进一步探索和研究。

参考文献

陈开顺（2002）重新认识自动性在语言能力中的地位，《解放军外国语学院学报》（社会科学版）第3期。

戴曼纯（2012）对“根本性差异假说”的质疑，《外语与外语教学》第1期。

国家汉办 / 孔子学院总部（2010）《国际汉语教学通用课程大纲》，北京：外语教学与研究出版社。

Bley-Vroman, R. (1989). What is the logical problem of foreign language learning. *Linguistic Perspectives on Second Language Acquisition*, 4, 1−68.

Bley-Vroman, R. (1990). The logical problem of foreign language learning. *Linguistic Analysis*, 20, 3−49.

Bley-Vroman, R. (2009). The evolving context of the fundamental difference hypothesis. *Studies in Second Language Acquisition*, 31, 175−198.

Favreau, M., Segalowitz, N. (1983). Automatic and controlled processes in the first and second language reading of fluent bilinguals. *Memory & Cognition*, 11, 565−574.

Han, Zhaohong, Odlin, T. (Eds.). (2006). *Studies of Fossilization in Second Language Acquisition* (Vol. 14). Multilingual Matters.

Herschensohn, J. (2009). Fundamental and gradient differences in language development. *Studies in Second Language Acquisition*, 31, 259−289.

Hopp, H. (2010). Ultimate attainment in L2 inflection: Performance similarities between non-native and native speakers. *Lingua*, 120, 901−931.

Housen, A., Kuiken, F. (2009). Complexity, accuracy, and fluency in second language acquisition. *Applied Linguistics*, 30, 461−473.

Johnson, J. S., & Newport, E. L. (1991). Critical period effects on universal properties of language: The status of subjacency in the acquisition of a second language. *Cognition*, 39, 215−258.

McLaughlin, Barry 1990 Restructuring. *Applied Linguistics*, 11, 113−128.

Phillips, N. A., Segalowitz, N., O'Brien, I., & Yamasaki, N. (2004). Semantic priming in a first and second language: evidence from reaction time variability and event-related brain potentials. *Journal of Neurolinguistics*, 17, 237−262.

Robenalt, C., & Goldberg, A. (2016). Nonnative speakers do not take competing alternative expressions into account the way native speakers do. *Language Learning*, 66, 60−93.

Schachter, J. (1990). On the issue of completeness in second language acquisition. *Interlanguage Studies Bulletin (Utrecht)*, 6, 93−124.

Segalowitz, N., & Segalowitz, S. J. (1993). Skilled performance, practice, and the differentiation of speed-up from automatization effects: Evidence from second language word recognition. *Applied Psycholinguistics*, 14, 369−385.

Segalowitz, N., & Freed, B. F. (2004). Context, contact, and cognition in oral fluency acquisition: Learning Spanish at home and study abroad. *Studies in Second Language Acquisition*, 26, 173−199.

Segalowitz, N., Trofimovich, P., Gatbonton, E., & Sokolovskaya, A. (2008). Feeling the emotion of emotion words in a second language: The role of word recognition automaticity and of linguistic interaction with speakers of the target language. *The Mental Lexicon*, 3, 47−71.

Shiffrin, R. M., & Schneider, W. (1977). Controlled and automatic human information processing: II. Perceptual learning, automatic attending, and a general theory. *Psychological Review*, 84, 127−190.

Sweller, J. (1988). Cognitive load during problem solving: Effects on learning. *Cognitive Science*, 12, 257−285.

Sweller, J. (1994). Cognitive load theory, learning difficulty and instructional design. *Learning and Instruction*, 4, 295−312.

附录

词汇语义判断任务材料

语义相关	语义不相关
家庭 / 爸爸；教室 / 桌子；黑板 / 老师；操场 / 篮球；动物 / 老虎；食堂 / 米饭；生病 / 医生；交通 / 汽车；餐厅 / 服务员；上网 / 电脑；上课 / 学生；邮局 / 信封；比赛 / 运动员；生日 / 蛋糕；水 / 鱼；春天 / 花；草原 / 马；冬天 / 雪；时间 / 手表；机器 / 工人	水果 / 电话；夏天 / 小狗；房子 / 月亮；杯子 / 农民；图书馆 / 面包；太阳 / 小鸡；电视 / 铅笔；瓶子 / 女孩；名字 / 秋天；牛奶 / 师傅；节日 / 课本；咖啡 / 大象；咳嗽 / 汉字；草 / 小猫；菜 / 公园；城市 / 演员；办公室 / 火车；车站 / 小鸟；电影 / 饭店；感冒 / 蜜蜂

（胡伟杰，浙江师范大学外国语学院，wj.hu@163.com）

华裔学生语言身份发展：以澳大利亚华裔短期交换生为例

Peiru Tong（童珮茹） Chouwa Liang（梁丑娃） Ying Liu（刘　颖）

摘　要：本研究采用 Phil Benson 等人提出的第二语言身份的理论框架，以澳大利亚华裔短期交换生为研究对象，探讨参加短期留学项目的华裔大学生语言身份发展状况。第二语言身份理论虽已被用于研究其他目的语（如英语）学生及其在目的语环境中的身份发展，但是鲜有研究将其应用于与来华留学语境，尤其是华裔学生来华留学。因此，该研究有两个主要目标：首先，证实第二语言身份发展的理论模型在来华留学语境中的适用性；其次，将第二语言身份发展理论的三个维度用于分析华裔学生的身份发展，归纳与族裔背景密切相关的特殊主题，以延伸每一维度的外延。本文提出了"族裔语言身份"（Heritage-Language Identity）的概念，以定义这些受到族裔语言背景影响和对族裔语言背景有特殊意义的身份维度。讨论的核心问题包括：通过语言的使用对华裔身份进行自我表达的重要性，构建积极的族裔语言自我概念的重要性，以及培养华裔学生"知识资本"（capital/funds of knowledge）自我意识的重要性。这些启示符合后结构主义对语言学习和身份概念的理解，即语言学习的一个目标在于通过语言诠释的个人经历和主观性更好地了解和审视自我。

关键词：澳大利亚华裔；族裔语言学习者；语言身份；出国留学；身份意识

Australian-Chinese heritage language identity development in a short-term study abroad programme

Abstract　This study adopts Benson Barkhuizen, Bodycott, and Brown's (2012) three-dimensional second-language identity model as the theoretical framework to investigate Australian-Chinese heritage learners' identity development during a short-term study abroad (SA) Programme in China. In addition to validating the usefulness of the model in the SA-in-China context, this study also identifies emergent themes more pertinent to the Chinese heritage background in each of the three dimensions, enriching the current literature. Core issues identified include the importance of expressing desired heritage identity through language use, the importance of constructing positive heritage language self-concepts, and the importance of developing self-awareness of capitals/funds of knowledge. Following the post-structural notion on identity, this study highlights implications for ways to achieve an ultimate criterion of success for language education–seeing him/herself through his/her own embodied history and subjectivity.

Keywords Australian-Chinese, heritage learner, language identity, study abroad, identity awareness

1. Introduction

Australia is a linguistically and culturally diverse country with immigrants coming from different parts of the world who bring in their languages of origin, including Chinese. According to recent demographic statistics, Mandarin Chinese was spoken by most people at home other than English in 2016, with 596,703 speakers①. One challenge the descendants of Chinese immigrants have to face is to maintain their Chinese heritage language (CHL). The term "heritage learner" (Xu & Moloney, 2017), or "background student" (Chen, 2016), used in the literature, refers to those who were born or raised in Chinese speaking families in Australia or other countries. English, or another language other than Chinese, is their first language, but most also have some exposure to some form of the heritage language (HL), be it Mandarin Chinese or othr Chinese language varieties. They may have certain ability to speak and understand Chinese, and their reading and writing skills may vary. CHL learners are expected to truly become bilingual talents, playing pivotal roles in international trading, diplomacy and cultural exchange, which have been greatly valued by such a multicultural society as Australia (Chen, 2016).

Although the existing literature has uncovered the complex relationship between Australian learners' ethnic identity and CHL learning in the home-country context (e.g., Mu, 2014a, 2014b, 2015, 2016; Xu & Moloney, 2014, 2017; Xie, 2014), little evidence has been found in the study abroad (SA) context where the dominant language is Chinese. This study aims to fill this gap. Conducting a case study of a short-term SA programme held by an Australian university, this research asks the following general question: how did the SA experience impact on CHL learners' identity development? We will first review articles identifying Australian-Chinese heritage learners' characteristics, and critique the literature on the effects of SA experiences on learner identity in general, and more specifically, CHL learners studying in their ancestral homeland. Then, the reason why we adopted Benson *et al.*'s (2012) second language (L2) identity model for our investigation of the topic will be explained. In data analysis sections, we will prove the validity of Benson *et al.*'s framework of L2 identity in the HL learning context, and further enrich the extension of each dimension through the lens of HL learning. Finally, this paper will offer implications for CHL learning in the SA setting.

---

① Source: https://profile.id.com.au/australia/language (retrieved on 24 December, 2018).

2. Literature review

2.1 Australian-Chinese heritage learners' identity

The current literature on CHL learners in Australia focuses on the association between CHL learning and ethnic identity. Mu (2014a, 2014b, 2015, 2016) uses Bourdieu's sociological framework consisting of three core concepts−habitus, capital, and field, to interpret the identity of Chinese heritage learners. According to Bourdieu (1989), routine behaviours and patterned sociocultural activities in which agents engage (social practices) result from their dispositions (habitus) and their social resources (capital), within the current state of play of a particular social arena (field). Applying the framework to the case of CHL, students' engagement with CHL as a type of social practice is closely correlated with their habitus of Chineseness, exemplified by the inculcation of Confucian values and the physical feature of looking Chinese, as well as their various cultural, social and symbolic capitals. Specifically, Mu (2014b) reported the salient reciprocal relationship between different forms of capital, cultural, social, and symbolic, and Australian CHL learners' language proficiency. Another research (Mu, 2014a) conducted a quantitative inquiry which reveals the significant positive impacts of the habitus of Chineseness, represented by Confucian values, on learners' Chinese language proficiency. In a later study also based on the concept of habitus, Mu (2016) zoomed in on the visible racial identity of "looking Chinese" and found that looking Chinese is considered an integral part of HL learners' Chinese identity and others' stereotypical perceptions of them. These internal and external understandings of looking Chinese jointly exerted influence on CHL learning.

Apart from Mu's project, some studies have attempted to sketch the general picture of CHL learners' linguistic self-concept in the framework of L2 motivational self. Xu and Moloney (2014) investigated the motivational orientations, learning needs, and goals of CHL learners in an Australian university. Their idea coincided with Ushioda's (2011) notion that L2 motivation is reconceptualised in the context of contemporary theories of self and identity, that is, people's sense of who they are, how they relate to the social world and what they want to become in the future. They revealed that contrary to the common belief that CHL learners learn Chinese are driven by family forces, such motivation is balanced by the drive towards employment prospects or perceived economic capital of learning Chinese. They also noted that students' goal of communicative competence is at odds with the apparent traditional Chinese teaching goals, which have stressed complex written literacy construction.

Although these studies help us gain insights into Australian-Chinese heritage learners' identites, little evidence has been found for their identity development in the SA on context where the dominant language is Chinese. The following section will review the effects of SA on learner identity in general.

2.2 SA and identity development

There is an increasing interest in the literature on how SA might shape one's identity (Benson *et al.*, 2012). The post-structural assumption underlying this line of work is that the "identities" of language learners are not fixed "variables" represented by personalities, learning styles, and motivations. Instead, identity is conceptualised as "the way a person understands his or her relationship to the world, how that relationship is structured across time and space, and how the person understands possibilities for the future" (Norton, 2013, p.4). This understanding of identity captures its dynamic nature as situated in the interaction between self and society and its discursive dimensions (Jing-Schmidt, Chen & Zhang, 2016). In the SA context, language learners' identity should not be seen narrowly as a static variable for their language development or learning experience, but is constantly negotiated within changing circumstances. Entering a new sociocultural environment while studying abroad provides the possibility of encountering "oneself" in a context that may trigger new questions and formulations of that self (Dolby, 2004). Benson et al. (2012) also argued that in terms of the linguistic dimensions of identity, even though SA does not pose serious challenges or threats to young persons' identity, it can lead to identity-related development on a relatively modest scale.

In the SA-in-China setting, Du's (2015) study uncovered that, interestingly, even if students' identification as Americans was strengthened, it did not constrain the opportunity for Chinese learning, but rather, the Otherness identity was used to construct opportunities for learning and a sense of self as a competent user of Chinese. Explanations offered by Du entailed the nature of the Chinese language (e.g., the isolating nature of grammar), the location of the programme (where the locals do not have the standard pronunciation of Mandarin), and the design of the programme (that students were housed and had classes with other peers). Although this evidence is derived from an American context, the linguistic ideology behind the national superiority might be also relevant to Australia which is well acknowledged as an advanced Western country. It would be interesting to examine the tension between the national and ethnic identities of Australian-Chinese whose dual identity may encounter reconstruction and negotiation when returning to their ancestral homeland.

2.3 HL learners' SA in the ancestral homeland

A body of the literature sheds particular light on HL learners' identity during SA. Evidence has shown that not all heritage learners can blend into their ancestral homeland. As reviewed in Kinginger (2013), while Petrucci (2007) reported the successful experience of the descendants of immigrants to Peru from Okinawa, Riegelhaupt and Carrasco (2000) suggested that a return to the ancestral homeland does not necessarily guarantee a warm welcome in host family settings. Recounting the experience of Lidia, a second-generation Chicana student from Arizona participating in a five-week Spanish immersion programme in Mexico, the authors found that the host family interpreted her as a less-than-ideal representative of the United States, and therefore accepted the other Euro-American guest with more open arms.

In the Chinese context, CHL learners also experience divergent trajectories during SA. Jing-Schmidt et al. (2016) compared the narratives of 4 CHL learners from an American university and found that 2 of them shared common themes which distinguished them from the other two. Both Vanessa and Carol explicitly articulated and repeatedly affirmed the motives and goals for their SA (learning new things, gaining experience and expertise), and evaluating their experiences in view of these goals, they derived fulfillment and positive identity from their accomplishments. In contrast, Meryl and Holly have both encountered racial bias in the sense that the locals treat them differently than their Euro-American peers. Their experiences revealed racial invisibility in the local community as a potential vulnerability specific to CHL students studying abroad in China, leading to an identity crisis in the context of social comparison within the co-national peer cohort. Such biased self-categorisation toward group-level abstraction resulted in withdrawal from social engagement at the individual level. Although these studies are very informative for our understanding of CHL learners studying in China, our study will add to the literature by offering insights from an Australian perspective.

The literature reviewed above has covered three main domains related to the topic under investigation: the identity of Chinese heritage students in Australia, the influence of SA on the identity of Anglophone students, and the influence of SA on the identity of heritage learners. However, there is limited knowledge regarding the intersection of these three research areas: Australian-Chinese heritage identity development during SA in China. This study aims to fill the gap in the literature. Considering that there are many facets of identity (e.g., national, ethnic, age and gender), we have chosen one facet that is more pertinent to CHL learning-linguistic identity. As described in Block (2007), linguistic identity can involve several dimensions, such as expertise in language use, affiliation with users of the language, and also, language inheritance. To examine CHL learners' linguistic identity more systematically, we adopted Benson *et al.* 's (2012) three-dimensional second language identity model as the theoretical framework of the study. Since the framework has not been used in the CHL learning context, this study will make a substantial contribution to the current literature.

3. Theoretical framework

This study draws on and further develops Benson *et al.*'s (2012) three-dimensional L2 identity framework to examine heritage students' identities evoked by language learning in the SA context. The main strength of this framework is its focus on the facets of identity that are projected by the use of L2, distinguishing from other identity models paying less attention to linguistically-related domains.

According to the authors, there is a continuum of possible outcomes for SA programmes ranging from L2 proficiency at one end to personal competence at the other. The former category of developments is usually the focus of second language research while the latter often focuses on programmes that do not involve a second language. However, even when L2 proficiency is the main goal of the programme, personal development outcomes may be equally important to participants. Therefore, it is of vital importance to understand how L2 proficiency and personal development are interrelated when evaluating the impact of SA programmes that involve L2 learning and use. To address the issue, Benson *et al.* (ibid.) suggest that the large part of the continuum of SA outcomes is occupied by a complex area which is best described under the heading of L2 identity. In their model, L2 identity is defined as "any aspect of a person's identity that is connected to their knowledge or use of a second language" (ibid., p.174). L2 identity development in SA refers to "a matter of the ways in which different facets of identity are integrated and aligned, in accordance with the need to use L2 to project identities that are in harmony with other relevant facets of the participants' personal and social identities in the study-abroad environment". (ibid., p.179)

The researchers have identified three potential areas of development in L2 identity for individuals who join SA programmes. *Identity-related L2 proficiency* refers to language competence which leads to pragmatic functions including getting things done (e.g. problem-solving and making friends, and expressing desired insider identities). In this dimension, the results show that students assumed that their language proficiency must have improved during SA, but found it difficult to say exactly how. They were, however, able to describe what they had been able to do with L2 in the SA setting, linking L2 proficiency to their self-identification as a successful sojourner. *Linguistic self-concept* refers to individual self-evaluation on learning/using the L2, that is, how learners perceive their ability as language learners and their progress. This category entails such aspects as self-esteem, self-efficacy, motivation, confidence, willingness to communicate, and anxiety. The researchers argue that two major themes emerged from their data, namely, self-confidence and a sense of becoming a user rather than a learner of the language. It is also argued that linguistic self-concept situates at the heart of L2 identity and self-confidence cuts across the three dimensions of L2 identity. The third dimension, *L2 mediated personal development*, refers to achievements on character changes or self-exploration with L2 as a medium. Pertinent personal growth mediated by L2 reported includes maturity, tolerance, open-mindedness, independence, and cultural awareness. Each dimension has a vital function on constructing L2 identity and works with the other two in a mutually reinforcing way.

The L2 identity model in the SA context has been applied to a number of empirical studies (e.g., Barkhuizen, 2017; Mitchell, Tracy-Ventura & McManus, 2017), as well as been acknowledged in Kinginger's (2013) review-based article. Although the model is enlightening for our conceptualisation of potential areas of development in one's identity evoked by L2 learning and use, to the best of our knowledge, it has not yet been used to analyse heritage learners' identity. This research aims to fill the gap, applying the L2 identity model to a new context, sorting out the complex entanglement between ethnic and linguistic identity, and enriching the current literature both theoretically and empirically.

To adapt the model to the current study focusing on CHL learners, we have revised the wording of the three dimensions to take into account learners' heritage background. The rewording is also based on the fact that the language to be learned is not necessarily the learner's L2−some were brought up in a Chinese household and learned the heritage language as their mother tongue. As Diao (2017) noted, Mandarin Chinese should be conceptualised as a transnational language (Duff, 2015) because not only is it spoken in one foreign country, but also among diaspora communities outside of that country. For many speakers of Chinese, they may not use the standard variety promoted in the mainland China, and SA in China is better described as learning a second dialect, rather than a second language (Ortega, 2013).

Therefore, the potential areas for HL identity (rather than L2 identity) development during SA is comprised of the following three domains:

(1) Heritage-identity-related language proficiency;

(2) HL self-concept;

(3) HL-mediated personal development.

This adapted framework used for data analysis in this research is illustrated in Figure 1.

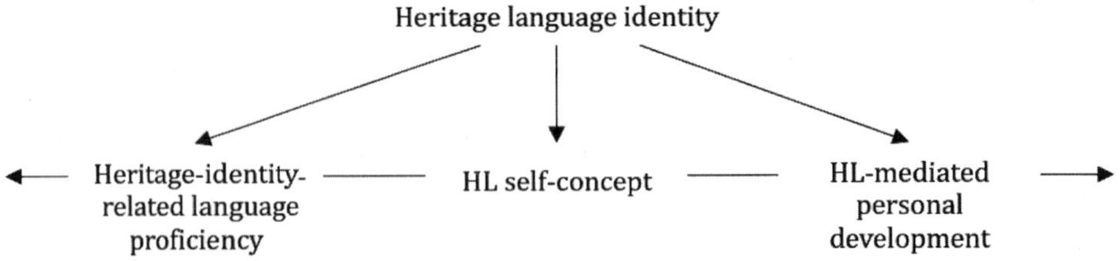

Figure 1. Dimensions of heritage language identity, adapted from Benson *et al.* (2012)

The data collected will be coded into these three themes, and the extension of each dimension will be compared and contrasted with that in the original model. In doing so, we will reveal the aspects of identity development that are universal to all participants and those potentially unique or prominent to heritage learners. The detailed methods of data collection and analysis will be explained below.

4. Methodology

Participants were 12 heritage learners who participated in a 4-week in-country language study programme in Beijing, China. Before the programme, they had completed at least one year of Chinese course at their home institution in Sydney, Australia. The participants volunteered to be involved in this study and pseudonyms were used when collecting data. Among the 12 participants, most were female, aged 18-22. Despite the same Australian nationality, their first languages varied, including English, Cantonese, Hakka, and Indonesian. Five of them were advanced learners, four were intermediate, and three were post-beginners. The detailed demographic features of the participants are presented in Table 1.

Table 1. Demographic features of participants

No.	Pseudonyms	Age	Gender	First Language	Level of Class
1	Cheng	20	F	Cantonese	Advanced
2	Yang	70	F	Indonesian	Advanced
3	Rebecca	18	F	English	Post-beginner
4	Jenny	20	F	English	Post-beginner
5	Coco	18	F	Cantonese	Intermediate
6	Selena	18	F	Cantonese	Intermediate
7	Joyce	22	F	English	Advanced
8	Alice	20	F	English	Advanced
9	Jessie	18	F	English	Post-beginner
10	Irene	18	F	English	Intermediate
11	Lin-Jia	19	F	Cantonese	Advanced
12	Jack	19	M	Hakka	Intermediate

This study adopts a qualitative approach to collect and analyse data. Upon arrival in the home institution after the programme, participants were invited to an in-depth interview either face-to-face or via emails. They were asked to tell the stories of their in-country study experience and comment on the ways in which they felt they had developed or changed. Broad guided questions were used to elicit narratives. Following Benson *et al.*'s (2012) approach, we refrained from the use of the word "identity" when asking questions or emphasising identity as a theme. This allowed significant themes to emerge themselves from students' narratives. Data were analysed through a narrative approach. Narrative analysis (NA) was considered appropriate to the study of identity because self-narratives play an important role in the construction of identities (Benson *et al.*, ibid.). NA offers a way to describe the structure of stories and uses a constructionist approach to demonstrate how people actively construct versions of who they are (Silverman, 2014). One advantage of NA is that it is able to capture the nature and meaning of experiences that are difficult to observe directly and are best understood from the perspectives of those who experience them. Greater stress has been put on the subjectivity and complexity of learning experiences and the importance of investment by language learners (De Fina, 2016). It is an important approach in this study to provide rich and valuable data about how students made meaning of their own lives, experiences, and cognitive processes (Yin, 2011).

The following will present data analysis and our discussion of three dimensions based on the theoretical framework of HL identity.

5. Conceptualising the three dimensions of HL identity

The findings of this study have proved the validity of Benson *et al.*'s (2012) three-dimensional framework of L2 identity in the HL learning context, and have further enriched the extension of each dimension by identifying themes more pertinent to HL learning. In each of the following three sections, we will first support the dimension in Benson *et al.*'s (2012) original L2 identity model and then elucidate how the Chinese heritage background generated new unique findings in that dimension with examples.

5.1 Dimension one: Heritage-identity-related language proficiency

This study echoes Benson *et al.*'s (2012) argument that students were able to use the language to function as a person and express the desired identity during SA – the ability they described as identity-related L2 proficiency. Examples came from students who felt that they could socialise or make friends with Chinese people more easily through the SA experience. In the original L2 identity model, it is argued that while measurable language gains such as vocabulary size or grammatical competence seemly to have no direct influence on identity, there might be an indirect connection if improved proficiency is associated with abilities such as communication skills, problem-solving, making friends, and speaking appropriately in varied social situations.

In our study, we also found CHL learners who reported similar developments. For example, Jessie developed an "insider" identity through learning the vocabulary especially useful for daily conversations to survive the target environment:

(1) Jessie: "All the chapters that were learnt helped tremendously with day-to-day situations that I, as a foreigner, struggled with. But certain vocabulary help and applications

of these classes really helped me integrate into Chinese culture a little more."

Jessie's narrative serves a typical example of how students talked about their language improvement in identity terms. The struggles she encountered when surviving an unfamiliar environment gave her strong identification as a "foreigner". However, such a feeling could be alleviated by daily applications of the knowledge learned in class which further helped with cultural and social integration. Although it is unrealistic to expect Jessie, a post-beginner, to advance dramatically in her actual language proficiency considering the short duration of the programme, when the achievements of a sojourn are defined by more personal and subjective criteria (Kramsch, 2002) related to identity, Jessie indeed made substantial progress, as she noted:

(2) Jessie: "Previous to this study abroad programme I was very apprehensive about my Chinese speaking abilities and whether I would be able to communicate with native Chinese citizens. To my surprise after the programme I felt myself improving with more interactions with natives, whether it be a greeting or a small conversation."

This finding runs in parallel with Mitchell *et al.* 's(2017) results that several domains of identity-related L2 proficiency emerged as strikingly important for their SA participants. The abilities of listening comprehension, oral fluency and intelligibility were not referred to as neutral skills but as key to the success of sojourn life. The social importance of being able to sustain conversational interaction in a way that interested interlocutors was also acknowledged.

Apart from Validating Benson *et al.*'s (2012) framework, we additionally discovered a theme which is better interpreted in relation to learners' heritage background: heritage identity constitutes a prominent aspect of learners' desired identity that can be expressed through the use of the heritage language. This can be seen in examples in which students took advantage of their heritage background and used their Chinese abilities to fit in social life in China. A common discourse of learners' interviews is that being a heritage student meant easier adaptation to life in China. Along with this sense of superiority in adapting to life in China was their perceived higher ability of the Chinese language. For instance, Cheng mentioned that she frequently offered help to lower-level students in daily conversations with local people. On the first day of the trip, she helped a number of peers register for accommodation. Alice had an experience of inviting a non-heritage peer to join her family gathering in which she helped that peer chat and socialise with her family members who could only understand limited English. Coco also took pride in her capability in Chinese, as she found it unnecessary to seek help from the paired language partner for travel advice because she could easily plan those trips herself by searching for information on the Internet.

An interesting aspect of CHL learners' perceived linguistic gains is that the SA programme offered them an opportunity to explore issues related to accent, which were also integral parts of their desired heritage identity. Some students reported increased knowledge and skills in the Beijing dialect, which helped them be integrated into the local community through the device of accent. Cheng, whose mother tongue is Cantonese, mentioned in the interview:

(3) Cheng: "I was in Guangzhou (a Southern city in China) before, but then when I went to Beijing, I found the ways people talk are different. I think it's good to touch on these dialects in class, since I would feel easier if I go out and talk to people when traveling around."

For Cheng, the knowledge of a local dialect was not merely a neutral linguistic skill but a facilitator for social integration. Traditionally disregarded in standard language curricular, social variations of language are valued when it comes to the construction of an insider identity (Mitchell *et al.*, 2017). A similar experience was recounted by Ying whose first language is Indonesian and who speaks Chinese with a Northern accent. In her interview, she proudly said that after four weeks of study in Beijing, she was able to accumulate some Beijing words and even did a presentation in class in a "Beijing accent". For these students, the ability to learn a sociolinguistic variation of Chinese embodies their insider identity which distinguishes them from other learners who may put greater, if not the sole, emphasis on standard Mandarin Chinese. Through the linguistic device of accent, the Chinese heritage identity could be expressed.

We also observed negative examples in which CHL learners failed to express their heritage identity via language use which resulted in withdrawal from participation or a perceived lack of improvements in language proficiency. Some students mentioned the misalignment between heritage learners' expectations and the depth of course contents. A typical example is Irene's perception:

(4) Irene: "To be completely honest, I don't think the In-Country Study radically improved my Chinese or anything. I learnt some more vocabulary, yes, and spoke Chinese a bit more there [...] my Chinese did not improve as much as I hoped it would [...] the level of discussion (in class) just wasn't deep or complex enough–it was very shallow [...] not challenging enough [...] My class was mostly composed of ABCs[①] and we knew those things already."

Irene hoped to discuss issues in Chinese classes in a more in-depth way that could match her identity as a knowledgeable and capable learner of her heritage language and culture.

---

① ABC here stands for Australian Born Chinese.

Since this expectation was not fulfilled in the programme, Irene did not perceive her language proficiency improved as much as it should have due to the shallowness of the topics. The lack of opportunities to apply her language ability and use Chinese to discuss more complex issues, in this sense, deprived her of the chance to express an ideal heritage learner identity. That is to say, if we use heritage-identity-related language proficiency as a criterion to evaluate CHL learners' learning outcomes, the programme still suffered from limitations which need to be reconsidered by future practitioners.

In summary, this dimension of heritage-identity-related language proficiency highlights the subtle role of the heritage identity played in learners' language improvements. It refers to the ability to use the language to express the desired heritage identity and to fit in the ancestral homeland. The heritage identity constitutes a desired identity to be expressed by heritage learners who generally expect to be more capable of fitting in the host country than their non-heritage counterparts. The success to express such an identity can contribute to an enhanced pride in students' language proficiency manifested by positive self-report learning outcomes, while the failure to do so might restrict opportunities for making desired language progress.

This finding is supported by the previous literature that "[b]elongingness struggles [...] last a variable number of years depending on the individual learner and are resolved only when the heritage learners achieve confidence in self-image and celebrate their ethnic identity." (Xie, 2014, p.196) HL learning gave heritage children a "protective shield of a sort to rely upon when dealing with racial identity issues" (Jacobson, 2008, p.67). It is also noted in Mu (2016) that when the expectations of symbolic powerful others are interpreted positively by heritage learners， they will contribute to learners' commitment to the HL. The discussion of students' successful/unsuccessful examples of expressing desired heritage identity through language use in this section indicates that one critical issue of identity development during SA is obtaining or maintaining the "protective shield" through HL learning.

5.2 Dimension two: HL self-concept

Linguistic self-concept, based on Ellis's (2004) definition, refers to "how learners perceive their ability as language learners and their progress in relation to the particular context in which they are learning" (p.543, cited in Benson *et al.*, 2012, p.184). It is a broad umbrella term that entails a range of constructs such as self-esteem, self-efficacy, self-confidence, willingness to communicate, integrativeness, motivation, anxiety, and beliefs about language learning. This dimension sits "at the heart" (Benson *et al.*, 2012, p.189) of L2 identity, overlapping and mediating the other two dimensions. In Benson et al.'s (ibid.) model, the emphasis is given to one particular area of interest prominent in the SA context, a change in the learner's orientation to the second language. In their data, they observed "a sense of becoming a 'user', rather than a 'learner' of the language, or of becoming a person who learns the language through use rather than study" (ibid., p.189). Particularly, self-confidence cuts across the continuum of L2 identity which reciprocally affects the self-concept as users of L2. Ample evidence derived from CHL learners in this research supports Benson et al.'s (ibid.) argument. One instance is Alice's comment:

> *(5) Alice: "The in-country study programme was such an amazing experience, it not only allowed me to improve my Chinese through everyday communication and the environment around us really encouraged and helped us to learn Chinese faster (emphases added)."*

The comparative form of the word "faster" used by Alice implies that she tried to make a contrast between the environment in the in-country setting and at home. What made the learning process different, which can be seen from the former underlined phrase, was the merits of "everyday communication" (rather than scheduled classroom instruction). This statement illustrates that Alice came to be aware of the importance of acquiring a language through using it in daily life.

Apart from this general finding which may not involve the heritage background, this study has found two aspects of linguistic self-concept which were evoked by the inheritance status in particular, namely, being (in) competent users of the heritage language, and heritage language learning goals/aims. As mentioned in the Theoretical Framework, Linguistic self-concept refers to individual self-evaluation on learning/using the L2, that is, how learners perceive their ability as language learners and their progress. In light of Dörnyei's (2005) L2 motivational self system, L2 self-concept may consist of the ideal L2 self-the L2 self that learners want to become; the ought-to L2 self-the attributes that learners perceive they ought to possess; and the L2 learning environment-the motives related to immediate environment such as instructors, peers, and curriculum. Therefore, HL self-concept entails not only the sense of being an (in)competent user of the HL (the current HL self), but also the learner's goals and philosophy of HL learning (the ideal/ought-to HL self), including the immediate goals for the SA programme (the L2 learning environment). These constructs are also the main themes that emerged in this research as will be explained in the following.

Regarding the sense of being competent users of the language, some examples given in the first dimension of heritage-identity-related language proficiency have already shed light on how it is constructed through language use during SA. While in dimension one we focused on how certain language improvements (the ability to have things done and function normally in the society) might be related to the heritage identity, this second dimension emphasises on a change of the ways in which learners view themselves. In Coco's case aforementioned, who successfully searched for information on the Internet without any extra help, the heritage background not only effected her ability in problem-solving and social functioning but also her sense of self as a heritage language user.

It should be noted that self-concept as a competent user of the HL is not a static situation, and the same CHL student may have contradictory perceptions under different circumstances. Joyce's case from the advanced class serves as a good example. Because she had a semester's gap of learning Chinese before joining the programme, her sense of being a competent user of the HL diminished (regardless of her actual level of Chinese being in the advanced class), and it was harder for her to catch up with everyone else in class:

(6) Joyce: "I felt that I wasn't as confident in my Chinese level even in the Advanced class compared to most of my classmates, since I had missed studying Chinese for a whole semester [...] so things were often a bit awkward in class for me."

Realising that her language ability might not match her peers, Joyce conceptualised herself as lagging behind in class, which had some negative influence on her classroom interaction. However, in other situations when Joyce realised her ability in conversing with native speakers, she was more encouraged to communicate with them in Chinese. Consider the following narration:

(7) Joyce: "I found Chinese citizens I met were quite friendly compared to when I visited in 2007, because my Chinese level had improved since I started learning Chinese, I was able to have conversation with the people I met at the airport and also with the taxi driver on the way to the student apartment."

The self-concept of being able to communicate had a positive impact on Joyce's perceptions of Chinese people which encouraged her to converse with them. The successful interaction, in turn, contributed to her better conceptualisation of herself as a competent HL user. From Joyce's examples we can see that self-concept as an (in) competent HL user was not stable but was constructed in interaction. Although Joyce became more capable of conversing with native speakers and thus gained more confidence in her language ability, she actually perceived herself to be incompetent in the classroom context. Being in the advanced class in which most learners had a Chinese background, the advantage of Joyce of being a heritage learner turned out to be less significant. Instead, her personal experience had a more salient effect on her linguistic self-concept. This tells us that the construction of linguistic self-concept is situated in relation with one's past life history and in relation with others (Kramsch, 2002).

The second aspect of HL self-concept-HL learning aims/motivations-is a complex construct. Both immediate aims or goals for the SA programme and long-term motivations of learning the CHL as a life-long endeavour are integral parts of CHL learners' self-concept.

Regarding the immediate goals of the SA programme, we discovered diverse and personalised topics. For example, although both Jack and Selena from the intermediate class focused on recognising Chinese characters, the underlying motivations were distinctive. Jack always wanted to stick to the traditional aspects of Chinese learning and hoped to develop further in Chinese characters. As a result of the programme, he was motivated to learn more about characters due to his experience to the National Museum-despite his fluent oral Chinese, he still felt it hard to read the descriptions and introductions on those labels in the museum. Selena, in the meantime, explained with a different motivation:

(8) Selena: "As the majority of Chinese work is done on my laptop with pinyin, as long as I can read and recognise characters, I should be okay for the time being."

She was happy with the SA experience since she felt "more comfortable with reading" which achieved her initial goal, even though she was "still struggling with writing". We can see that she set phased goals for her HL learning. Different from these two students, Cheng, from the advanced class, identified herself as a native-like user of Chinese, both orally and literally. Her goal in the programme, therefore, was gaining more insights into idioms and complex sentence structures-contradicting Xu and Moloney's (2017) claim that the traditional goal of CHL teaching puts excessive stress on the construction of complex written literacy which is at odds with learners' goal of communicative competence. CHL learners' learning goals indeed varied based on their personalised needs, interests, focuses, experiences and self-perceptions.

For the longer-term motivation of CHL learning, some interviewed students developed a stronger motivation to be engaged in Chinese social issues and were stimulated to reflect on why they should learn their HL. For example, Irene, who was ambivalent about some negative aspects of the Chinese society, stated that one motivation of hers is helping it to advance:

(9) Irene: "I feel quite hyper-aware of the negative points of Chinese culture and society. However, [...] I love learning Chinese and I am motivated to learn more to reconnect with the country of my heritage, and maybe one day try and play a part in helping it advance."

Across Irene's interview narratives, the tension between her identity as an Australian citizen and a Chinese heritage speaker was frequently evident. She used the collective pronoun "we" or "us" several times to refer to the Australian-born Chinese people, explicitly used the terms "ambivalent" and "mixed" to describe her feelings toward China, and criticised social issues in China such as pollution, sanitation, and poverty, in constant comparison with the

Australian society. However, from the quote above, she transformed into an "insider" role who wished to take an active part in China's development. Like Irene, almost all other HL learners in this study expressed their desire to be connected with the ancestral homeland, by developing not only language skills but also abilities to function in the social life in China.

In summary, this dimension entails two key constructs: the sense of being (in) competent users of the heritage language (the current HL self), and heritage language learning goals/aims (the ideal/ought-to HL self). It is notable that the sense of being an incompetent HL user–a seemly negative current HL self–does not necessarily deter students from learning the heritage language. Rather, for some students, when they feel their knowledge of the heritage is weak, they would be motivated to study Chinese to re-engage with their heritage background and extend their knowledge (Xu & Monoley, 2017, p.163). This claim is also supported in this study. In Joyce's example, realising her gap in the knowledge of Chinese language and culture， she became more eager to learn about China to catch up with other CHL learning peers. In this sense, HL learning is "an effortful process to reduce the distance between the current and the ideal/ought-to [HL selves]" (Xie, 2014, p.190). A potential area of development of CHL learners during SA is the reflection on this distance and improved aspiration to bridge the gap.

5.3 Dimension three: HL-mediated personal development

The third dimension in Benson et al.'s (2012) framework is L2-mediated personal development. An interesting question posed by the researchers was to what extent personal developments such as independence, maturity, cultural awareness and tolerance are mediated by the use of L2. These gains are unrelated to L2 learning on the surface, and similar outcomes are reported for programmes that do not involve L2. However, they also found that while some aspects of self-independence (e.g., tidying up rooms by oneself) do not directly connect to L2 use, in many other cases being "independent" meant the ability to get things done through the medium of L2. Such examples were also evident in our research on CHL learners in which participants found themselves to be more mature or have changed their personality through the SA experience. A typical instance is Alice's utterance:

(10) Alice: "At home we're always protected by our parents. We get picked up and dropped off by car everywhere we go. And we're surrounded by familiar environment. However, in China I had to find places using public transport, and often we had to change between different lines in the subway. Through this I gained my confidence in speaking to people in public and asking for their help."

In this case, obviously, Alice's enhanced confidence in public and improved social skill of asking for help to have things done was achieved through using a language in unfamiliar situations.

Self-awareness is another point made in Benson et al.'s (2012) article, manifested by students' self-identification as a transnational individual who were exposed to different cultures. In our study, we found that students' self-awareness was often associated with their heritage background, including increased awareness of cultural diversity and what it meant to be multilingual/multicultural.

The heritage background was an asset that helped heritage learners develop an awareness of cultural diversity by comparing their previous experience in China to their SA experience. All heritage learners recruited in this study had been to China before, mostly for family visits. This feature of HL learners was also acknowledged in the previous literature, "HL learners [...] may frequently be contacting and visiting extended families overseas, moving between different cultural and linguistic environments, engaging with the media and literacies of multiple environments" (Xu & Moloney, 2017, p.154). They fall into what Hall (1992) named "globalised individuals" (ibid.). For our participants, compared with their previous experiences in which they were accompanied by family members, SA gave them a chance to see the ancestral homeland from a different angle. Based on the experience being able to socialise with the younger generation of Chinese people closely (e.g., the student language partners at the destination university), some CHL learners found that contrary to their image of traditional Chinese culture being conservative gained from their relatives, there was more openness among younger people:

(11) Lin-Jia: "Chinese culture is traditionally more conservative [...] Times have changed however and I think that the younger generation are more open minded and accepting."

Like Lin-Jia, many others found that Chinese people were getting more polite than they used to be. As given as an example in Dimension two, Joyce found Chinese citizens she met during SA were more friendly than when she visited China 8 years ago. Notably, Joyce's feeling of Chinese citizens was mediated by her use of the Chinese language: she was able to converse with people in more depth this time thanks to her improved language proficiency. Both Lin-Jia and Joyce's cases illustrate how an awareness of the shallowness of cultural stereotype was developed by comparing their previous experience in China and the SA sojourn.

The SA experience also enhanced heritage learners' awareness of their own heritage background and what it means to be a multilingual/multicultural person. Evidence in this study showed that heritage learners' complex identity background allowed them to be more tolerant of cultural differences, as seen in the examples of Rebecca and Selena:

(12) Rebecca: "Because I was exposed to...like... because my family was from Hong Kong, and so I would just always accept that there were cultural differences."
Selena, "Because my heritage culture is Chinese and I have been to China many times, I wasn't shocked by anything. Everything was very expected and comfortable."

These students' articulations indicate their strong awareness of the benefits of being CHL learners.

This dimension is closely related to the concept of capital used in Mu's (2014) work on CHL as reviewed in Literature Review, but this study adds more to Mu's study by conceptualising what constitutes identity development when speaking of capital. The notion of capital in Bourdieu's sociological theory seems to be unrelated to identity: it refers to accumulated resources and has the potential to produce profits and to reproduce itself in an identical or expanded form (Bourdieu, 1986). However, in light of the HL identity framework, the awareness of different forms of Capitals available to a heritage learner actually constitutes his/her identity-related self-development. In particular, students' increased awareness of cultural diversity by comparing their SA experience to previous trips to China is related to their awareness of cultural capital (i.e., embodied knowledge and modes of thought) and social capital (i.e., networks). Increased awareness of what it means to be a multilingual person and heritage speaker is related to symbolic capital – "a reputation for competence and an image of respectability and honourability" (Bourdieu, 1989, p.291). A similar concept – "funds of knowledge" (Gonzalez *et al.*, 2005) – has been discussed in another research on CHL learners by Xu and Moloney (2017). This notion refers to "the body of knowledge and skills which HL learners may have developed, essential for their home and social wellbeing" (ibid., p.158). In this study, the awareness of these capitals and funds of knowledge can be explained by this dimension of HL-mediated personal development because it was achieved through the successful use of the heritage language during SA in China, contrasting Xu and Moloney (ibid.)'s work in which the role of language is not a focus. This informs us that another critical issue of identity development during SA is whether students can develop better self-awareness of the capitals/funds of knowledge they possess or be able to access/produce during the sojourn by language use.

5.4 The complex entanglement of the three dimensions

While the three dimensions above can be identified for the conceptualisation of HL identity, they are not clear-cut. As stated in Barkhuizen's (2017) study, the three aspects of second language identity "are very much interwoven, reflecting poststructuralist conceptions of identity as multiple, dynamic and changing over time" (p.111) .

We have seen examples that HL self-concept indeed mediates the other two dimensions of HL identity. In Benson *et al.*'s (2012) work, self-confidence cuts across the three dimensions of L2 identity, demonstrating its unique role. What we also highlight is that linguistic self-concept as the core is multiple, dynamic and constantly changing, which may cause different mediating effects on the other two dimensions. For students who had individualised goals for Chinese learning, the ability to express desired HL identity was defined differently. The dynamic HL self-concept also brought about divergent patterns of utilising funds of knowledge in different situations, as can be uncovered by comparing the successful and unsuccessful moments of Joyce. When her goal was to use the Chinese language to take a taxi–a social practice in a real-life setting, her previous experience of coming to China was converted into her "funds of knowledge" which contributed to her development in cultural understanding (e.g., the changeability of culture). On the contrary, when her goal was to catch up with other heritage learners in the Chinese class, she explicitly articulated her "lack of knowledge" in Chinese culture. Her "funds of knowledge" as a heritage learner became less visible in the latter case. That is to say, it is HL self-concept, rather than actual HL proficiency as measured by standardised tests, that mediates the ability to express desired heritage identity and the ability to utilise funds of knowledge.

HL identity is not a coherent whole and the three dimensions do not necessarily progress in the same direction or at the same pace. An individual student might experience positive development in one dimension while encountering challenges in another. As mentioned, Irene, who developed stronger motivation to learn Chinese and help her ancestral homeland to advance, felt that her Chinese proficiency level did not improve as she expected due to the shallowness of the learning content for heritage learners like her. The positive and negative perceptions jointly demonstrated the ambivalent sentiment of her as a heritage learner, and, in turn, shaped her sense of who she was and her language ability attached to it. Even if Irene did not feel that her language ability improved as expected–a seemly adverse outcome–she had a clearer concept of her capacity and potential as a heritage learner and a growing desire to challenge herself more. Therefore, although it is hard to state in an absolute tone whether her HL identity developed in a positive way as a benefit of SA, we can be sure that the sojourn experience triggered a meaningful exploration of her identity. The ability to channel negative perceptions or emotions positively might be the key to all-rounded language identity development.

6. Implications

The three dimensions of HL identity inform us of three core issues of CHL learners' identity development during SA in China: the importance of expressing desired heritage identity through language use, the importance of constructing positive HL self-concepts, and the importance of developing self-awareness of capitals/funds of knowledge. The first point is more linguistically-oriented, the third point is more oriented to personal development, while the second point is situated at the centre mediating the two ends of the HL identity continuum. The core issues identified in this study have practical implications for CHL learning during SA in China.

Firstly, HL learners should be given opportunities to express their desired heritage identity through language use. Some previous researches also acknowledged this aspect, but their focuses are usually on the respect of accents and dialects. There are inconsistent results in previous findings. Xie (2014) argued that because the tension between standard and nonstandard dialects degrades learners' enjoyment of learning, instructors must build a welcoming environment in which students' dialects are equally appreciated, nonstandard accents/expressions are legitimised, and home background is valued, thus promoting the investment that learners make in their heritage language. Diao (2017), on the other hand, uncovered inconsistent trajectories of CHL learners regarding accent negotiation in China. Among her participants, while Melissa viewed her own accent as erroneous and even attempted to change her parents' linguistic practices at home in the U.S., Hasan resisted this normative view and invested in his accent as a symbol for his authentic Chineseness.

In our study, we have also seen cases that some HL learners appreciated the opportunity to have their accents corrected by language teachers, while others favoured the imitation of Beijing dialect. It seems that what really matters for HL learners was not simply to keep, to develop, or to get rid of an accent, but to gain professional knowledge and awareness in Chinese language varieties. Apart from the knowledge of language varieties, the advanced knowledge of Chinese cultural and social issues was also valued by participants, and they were eager to discuss these issues in their HL. In this vein, encouraging HL learners to express their desired heritage identity through language use refers to the acknowledgment of their profound knowledge in Chinese language and culture (it should be noted though that acknowledging their knowledge in Chinese differs from the presumption of their superior language competence).

Secondly, HL learners should be given the opportunities to tap into their funds of knowledge/capitals which will bolster their HL learning. Mu's (2014b) study has validated the significant correlation between capitals and CHL proficiency, but it pays less attention to the process of learning. With a process orientation, Xu and Moloney (2017) found that intercultural learning intervention enabled heritage students to reflect and assess their intercultural experience, tap into and apply their funds of knowledge gained from family life as a point of reference for their own intercultural enquiry. The intercultural intervention in their study was a classroom practice designed for CHL learners, which elicited students' critical thinking in self-knowledge involving both their life in Australia and their fluid position as heritage speakers. The authors (Xu & Moloney, 2014) urged teachers to vary traditional patterns of classroom interaction and allow relaxation of the model where teacher is the only authorised source of knowledge, drawing on students' prior knowledge and using open questions to facilitate enquiry. Our study adds that SA also serves as a good opportunity for HL learners' intercultural learning and exploration of their funds of knowledge, either in the classroom setting or in the living environment of the ancestral homeland. In the examples provided, CHL learners were stimulated to reflect on their prior knowledge and identity as multilingual persons when they engaged in social life in China. Therefore, teachers are suggested to organise classroom activities during the SA programme that help heritage students share their experiences and critical reflections, so as to develope a better intercultural intervention.

Finally, and most importantly, HL learners should be encouraged to reflect on their fluid HL self-concept–their sense of who they are as HL learners. This may include their reflection on their competence as HL users and HL learning goals. Jing-Schmidt et al. (2016) suggested that programmatic intervention should align SA programme design with students' learning goals and to support those goals by increasing opportunities of participation in practices of the local community. Xu and Moloney (2014) also noted that HL learners unanimously asked for more focus on speaking, pronunciation and authentic language use, aligned with their expectation of relevant and meaningful constructivist learning. However, this study holds that Chinese heritage learners are a complex cohort of students and the goals of individual learners may vary. While the emphasis on oral Chinese communication skills and pronunciation were also common among students in our study, there were nevertheless those who would like to stick to the traditional aspects of Chinese learning, or stress on characters and writing. How students' expectations are met to achieve these diverse goals contributes to their perceived competence in using the language. Since linguistic self-concept overlaps with the L2 motivational self system (Dörnyei, 2005), it helps answer the questions posed by Mu (2014, p. 488):

> *Why do motivated [CHL learners] nevertheless fail to acquire CHL commensurate with their goals? Why does their commitment to CHL learning differ and vary in that they are sometimes motivated, extroverted, and confident, but sometimes not? Do they change with different reasons or goals for CHL learning at different ages, and with different degrees of intensity and effort from one context to the next?*

Informed by HL self-concept, the core of HL identity, we may have a better understanding of CHL learners' fluid heritage identity which entails their complex goals for and changeable commitment status to CHL learning. Only through self-reflection and self-awareness can CHL learners channel negative perceptions of their linguistic and personal development in a positive way, transforming them into positive aspirations for CHL learning. SA in the ancestral homeland as "a journey of self-discovery" (Cui, 2013, p.469) has great potential in achieving this goal.

7. Conclusion

This study based on Benson *et al.*'s (2012) L2 identity framework has developed a heritage language identity framework which can be used to analyse CHL learners' identity development while studying abroad in China. In addition to validating the usefulness of the L2 identity framework in explaining heritage learners' identity development, it has identified emergent themes more pertinent to the Chinese heritage background in each dimension of the framework. The core issues identified included the ability to use CHL to express desired HL identity, the awareness of CHL learners' capitals and funds of knowledge, and the awareness of HL self-concepts, particularly exemplified by the sense of being an (in)competent user of the language and HL learning aims. Theoretically, this study has enriched the literature in the fields of heritage identity and study abroad.

This study also has practical implications for SA programme designers and heritage learners. As an intercultural intervention, studying abroad in the ancestral homeland has the potential in developing heritage learners' awareness of their HL self-concept. Such self-concept reciprocally mediates the other two dimensions of HL identity. Maximising such a potential of SA programmes is the core issue for heritage learners. Jing-Schmidt et al. (2016) suggested that students should be given explicit instruction on the culture-specific conceptions of race and nationality in China and the social context and manner in which it may impact the heritage learners' experience in the ancestral homeland. This suggestion has taken a more outside-in approach which mediates students' understanding of how they are received in the ancestral homeland. Our study complements this suggestion by adopting a more inside-out approach and suggests to offer guidance on reflections on CHL identity with HL self-concept at the core. Taken together, both approaches will contribute to what Kramsch (2006) describes as an ultimate criterion of success for language education–seeing him/herself through his/her own embodied history and subjectivity and through the history and subjectivity of others.

Future studies are recommended to extend the HL identity model to a larger cohort of CHL learners with different data collection methods. The results of this study were emerged from a short-term cohort-based SA programme, and may not be extended to other types of SA programmes. Future research may investigate HL identity of learners in longer exchanges or those pursuing a degree in China. In this study, we were only able to interview 12 participants at the post-programme stage. We suggest collecting students' narrative data through weekly or even daily journals to examine the nuanced details of HL learners' identity development during SA. Moreover, as many researchers have noted, CHL learners have complex profiles (e.g., Jing-Schmidt et al. 2016; Xu & Moloney, 2014, 2017), the sub-categories of CHL learners should be examined more closely. For example, future research may investigate different learning patterns of CHL learners at beginner's, intermediate and advanced levels. It might also be insightful to group students according to their mother tongues and home languages and analyse their different HL identities.

References

Barkhuizen, G. (2017). Investigating multilingual identity in study abroad contexts: A short story analysis approach. *System,* 71, 102−112.

Benson, P. (2013). *Second language identity in narratives of study abroad*. New York: Palgrave Macmillan.

Benson, P., Barkhuizen, G., Bodycott, P., & Brown, J. (2012). Study abroad and the development of second language identities. *Applied Linguistics Review*, 3(1), 173−193.

Block, D. (2007). *Second language identities*. London: Continuum.

Boone, K., Kline, C., Johnson, L., Milburn, L.A., & Rieder, K. (2013). Development of Visitor Identity through Study Abroad in Ghana. *Tourism Geographies*, 15(3), 470−493.

Bourdieu, P. (1986). Forms of Capital. In Richardson, J. G. (Ed.), *Handbook of Theory and Research for the Sociology of Education* (pp.241−258). New York: Greenwood Press.

Bourdieu, P. (1989). *Distinction: A Social Critique of the Judgment of Taste*. London: Routledge & Kegan Paul.

Chen, P. (2016). Politics, Economics, Society, and Overseas Chinese Teaching: A Case Study of Australia. *Chinese Education & Society*, 49(6), 351.

Cui, B. (2013). Study Abroad as Self-Development: An Analysis of International Students' Experience in China and France. *Frontiers of Education in China*, 8(3), 448−477.

De Fina, A. (2016). Narrative Analysis. In Hua, Z. (Ed.), *Research methods in intercultural communication: a practical guide* (pp.327−342). Malden, MA: Wiley-Blackwell.

Diao, W. (2017). Between the standard and non-standard: Accent and identity among transnational Mandarin speakers studying abroad in China. *System*,71, 87−101.

Dolby, N. (2004). Encountering an American Self: Study abroad and national identity. *Comparative education review*, 48(2), 150−173.

Dörnyei, Z. (2005). *The Psychology of the Language Learner*. Mahwah, NJ: Lawrence Erlbaum.

Du, H. (2015). American College Students Studying Abroad in China: Language, Identity, and Self-Presentation. *Foreign Language Annals*, 48(2), 250−266.

Duff, P. A. (2015). Transnationalism, multilingualism, and identity. *Annual Review of Applied Linguistics*, 35, 57−80.

Ellis, R. (2004). Individual differences in second language learning. In Davies, A., & Elder, C. (Eds.), *The Handbook of Applied Linguistics*(pp.525−551). Oxford: Blackwell.

France, H., & Rogers, L. (2012). Cuba study abroad: a pedagogical tool for reconstructing American National identity. *International Studies Perspectives*, 13(4), 390−407.

González, N., Moll, L., & Amanti, C. (2005). *Funds of Knowledge, Theorizing Practices in Households, Communities, and Classrooms*. New Jersey: Lawrence Erlbaum Associates.

Hall, S. (1992). The question of cultural identity. In Hall, S., Held, D., & McGrew, A. (Eds.), *Modernity and its futures*(pp.273–325). Cambridge: Polity Press.

Jacobson, H. (2008). *Culture Keeping, White Mothers, International Adoption, and The Negotiation of Family Difference*. Nashville, TN: Vanderbilt University Press.

Jing-Schmidt, Z., Chen, J. Y. & Zhang, Z. (2016). Identity development in the ancestral homeland, a Chinese heritage perspective. *The Modern Language Journal*, 100(4), 797–812.

Kinginger, C. (2013). Identity and language learning in study abroad. *Foreign Language Annals*, 46(3), 339–358.

Kramsch, C. (2002). Introduction: "How can we tell the dancer from the dance?". In Kramsch, C. (Ed.), *Language Acquisition and Language Socialization, Ecological Perspectives* (pp.1–30). New York; London: Continuum.

Kramsch, C. (2006). From Communicative Competence to Symbolic Competence. *The Modern Language Journal*, 90(2), 249–252.

Mitchell, R., Tracy-Ventura, N. & McManus, K. (2017). *Anglophone Students Abroad, Identity, Social Relationships and Language Learning*. New York; London: Routledge.

Mu, G. M. (2014). Heritage language learning for Chinese Australians: the role of habitus. *Journal of Multilingual and Multicultural Development*, 35(5), 497–510.

Mu, G. M. (2014). Learning Chinese as a heritage language in Australia and beyond: the role of capital. *Language and Education*, 28(5), 477–492.

Mu, G. M. (2015). *Learning Chinese as A Heritage Language: An Australian Perspective*. Bristol: Multilingual Matters.

Mu, G. M. (2016). Looking Chinese and learning Chinese as a heritage language: The role of habitus. *Journal of Language, Identity, and Education*, 15(5), 293–305.

Norton, B. (2013). *Identity and Language Learning, Extending the Conversation (2nd ed.)*. Bristol: Multilingual Matters.

Ortega, L. (2013). SLA for the 21st century: Disciplinary progress, transdisciplinary relevance, and the bi/multilingual turn. *Language Learning*, 63, 1–24.

Petrucci, P. (2007). Heritage scholars in the ancestral homeland, An overlooked identity in study abroad research. *Sociolinguistic Studies*, 1(2), 275–296.

Riegelhaupt, F., & Carrasco, R. L. (2000). Mexico host family reactions to a bilingual Chicana teacher in Mexico: A case study of language and culture clash. *Bilingual Research Journal*, 24(4), 405–421.

Silverman, D. (2014). *Interpreting qualitative data, (Fifth ed.)*. Los Angeles: SAGE.

Ushioda, E. (2011). Language learning motivation, self and identity: current theoretical perspectives. *Computer Assisted Language Learning*, 24(3), 199–210.

Xie, Y. (2014). L2 Self of Beginning-Level Heritage and Nonheritage Postsecondary Learners of Chinese. *Foreign Language Annals*, 47(1), 189–203.

Xu, H. L., & Moloney, R. (2014). Identifying Chinese heritage learners' motivations, learning needs and learning goals, A case study of a cohort of heritage learners in an Australian university. *Language Learning in Higher Education*, 4(2), 365–393.

Xu, H. L., & Moloney, R. (2017). Moving Between Diverse Cultural Contexts, How Important is Intercultural Learning to Chinese Heritage Language Learners? In Jin, T., & Dervin, F. (Eds.), *Interculturality in Chinese Language Education*(pp.151–176). London: Palgrave Macmillan UK.

Yin, R. K. (2011). *Qualitative Research from Start to Finish*. New York: Guilford Press.

(Peiru Tong, Department of Chinese Studies, School of Languages and Culures,
The University of Sydney / Australia, peiru.tong@sydney.edu.au
Chouwa Liang, Department of Chinese Studies, School of Languages and Culures,
The University of Sydney / Australia, chouwa.liang@sydney.edu.au
Ying Liu, Department of Chinese Studies, School of Languages and Cultures,
The University of Sydney / Australia, ying.liu2@sydney.edu.au)

商务印书馆2018年度语言学出版基金评选揭晓

2019年7月19日，商务印书馆举行2018年度语言学出版基金评议会。经评议委员会专家评议并投票，范晓蕾《汉语情态词的语义地图研究》、方清明《现代汉语抽象名词研究》、张文冠《近代汉语同形字研究》入选基金资助项目。

该基金设立于2002年，由商务印书馆斥资100万元，用于资助国内语言学著作的出版。每年评选一次，今年为第17届。凡获基金资助的著作，均列入商务印书馆“中国语言学文库”出版。

（商务印书馆）

坦桑尼亚三谷中学学生多语环境下的语言使用与语言认同调查分析

胡亚洲　孙春颖

摘　要　坦桑尼亚虽然以斯瓦希里语作为国家通用语，但是各部族语言依然活跃，人们往往会根据语境来选择语言、转换语码。本文旨在通过问卷调查、语言肖像等方法，了解多语环境下坦桑尼亚青少年的语言使用和语言认同，以便为学校和家庭的微观汉语教育规划提出建议，提高汉语教学的效率和效果。

关键词　坦桑尼亚；多语环境；语言认同

一、引言

坦桑尼亚位于非洲东部、赤道以南，早在20世纪60年代就已与中国建交。随着两国交往日益密切，坦桑尼亚汉语学习者数量也日渐攀升，汉语也走入了坦桑尼亚的国民教育体系，不但成为很多中小学的必修课、选修课或兴趣课，而且成为中学生的国考[①]科目。

在坦桑尼亚，斯瓦希里语为国家通用语，与英语同为官方通用语。但是各部族语言依然活跃，人们往往会根据语境来选择语言、转换语码。语言选择与语言态度有着不可分割的联系，语言选择往往由民众对待语言的态度所决定；学习汉语的动机也一定程度上受学习者语言认同的影响。

目前相当数量的中学教学点汉语课程安排比较单一、具有强制性，学校统一规定一些班级开设汉语课程，且统一为必修课，学生更多的是被动地接受学习，没有清晰的学习计划和学习目标，且多数家长也不清楚开设汉语课程的意义，没有适当的家庭语言管理政策来配合学校的汉语教学，汉语的使用场域还比较窄。

姆贝亚市既是一个多部落、多宗教信仰的城市，也是坦桑尼亚最大的农贸集散中心、外国人集聚带，加上政府的语言政策导向，所以造就了语言多样的环境。本文结合笔者在坦桑尼亚姆贝亚市三谷中学的汉语教学实践，以五、六年级共三个班的部分学生作为调查

---

① 坦桑尼亚的国考相当于中国的中高考。

对象，主要采用参与观察、问卷调查、语言肖像、访谈等方法，了解青少年的语言态度和语言认同以及学习汉语的动机，为学校及学习者家庭的微观汉语教育规划提出建议，以提高汉语传播的效率和效果。

二、三谷中学生语言使用调查分析

本研究主要采用问卷调查法，调查共发放45份问卷，回收42份且均有效，回收率约93%，有效率100%。

2.1 学习者背景信息分析

2.1.1 性别年龄情况

42名被调查者中，女生19人，占比45%；男生23人，占比55%。被调查者的年龄集中在17—23岁，其中19岁和20岁为主体，占比69.0%。

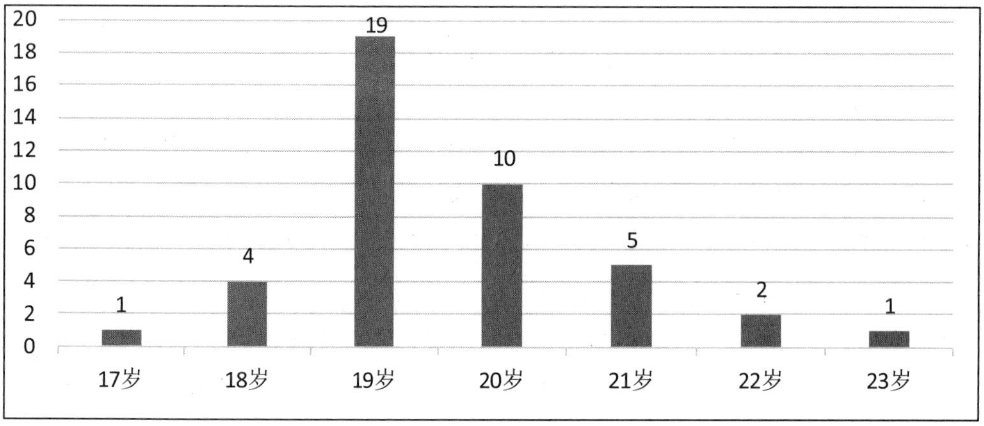

图1 被调查者年龄分布图

三谷中学学生呈现出的年龄差距较大这一特点也是坦桑尼亚的普遍现象，主要是因为坦桑尼亚对学生入学年龄没有成文的规定，义务教育只到中学四年级，很多家庭条件差的学生一般等到父母凑够了学费才来上学，会推迟很多年。

2.1.2 来源部落情况

据不完全统计，坦桑尼亚有120多个部落，三谷中学的学生也都来自不同部落。被调查者来源部落详见表1。

表 1 受调查者来源部落统计表

部族名称	人数 / 人	百分比 / %
尼亚克有撒（NYAKYUSA）	16	38.1
赫赫（HEHE）	4	9.5
恩大力（NDALI）	4	9.5
萨福瓦（SAFWA）	3	7.1
非帕（FIPA）	3	7.1
索马里（SOMALIA）	2	4.8
贝纳（BENA）	2	4.8
亲噶（KINGA）	2	4.8
蓝吉（RANGI）	2	4.8
蓝比亚（LAMBYA）	1	2.4
查噶（CHAGA）	1	2.4
米哈（MYIHA）	1	2.4
吉塔（JITA）	1	2.4
总计	42	100.0

可见，各部族人口占比不甚均衡。其中，有 16 人来自尼亚克有撒部落，是主体部分；其余部族人数均不超过 5 人。而人口的比例会影响部族语言的使用空间和频率。

2.1.3 宗教信仰情况

坦桑尼亚是个多宗教信仰的国家，姆贝亚市也不例外。根据观察，三谷中学的学生多信仰基督教和伊斯兰教，其中基督教徒占大部分，所调查的 42 名学生中有 39 名是基督教徒，3 名学生是伊斯兰教徒。

2.1.4 学习汉语时长

由于三谷中学教学点开设汉语课仅有两年，被调查者学习汉语的时间集中在半年到两年之间，其中半年到一年时间的学生占主要部分，共有 24 名；一年半到两年之间有 9 名学生；半年以下有 9 名学生。

2.2 学习者语言能力

2.2.1 学习语言数量

调查显示，42 名被调查者中，会说三种语言的有 18 人，会说四种语言的有 18 人，会说五种语言的有 6 人。

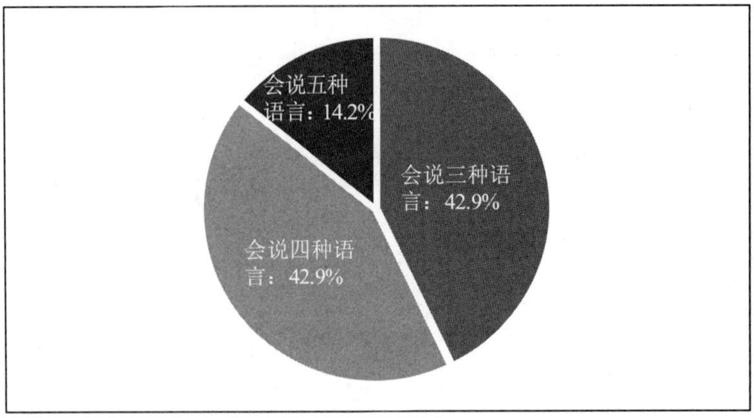

图 2　被调查者会说的语言数量

可见，三谷中学的学生基本都会说部族语言、斯瓦希里语、英语等三种以上语言，会说三种或四种语言的学生占绝大多数，这也正反映了整个坦桑尼亚的现实。而在三谷中学，部族语言、斯瓦希里语、英语、汉语是四种主流语言，但各语言水平参差不齐。

2.2.2 语言掌握程度

关于母语，42 人中有 31 人认为母语是斯瓦希里语，其余 11 人认为母语是其部族语言，但没有人把英语作为母语。

表 2　中学生母语认同情况

	斯瓦希里语	部族语言	英语
人数 / 人	31	11	0
占比 / %	73.8	26.2	0

可见，学习者对于斯瓦希里语的母语地位认同度还是比较高的。关于自己所能熟练使用的语言，有 16 人选择斯瓦希里语，24 人选择英语，12 人选择部族语言，还有 1 人选择汉语。

表 3　中学生各语言的掌握情况[①]

	熟练使用者 / 人	欠熟练使用者 / 人	初学者 / 人
斯瓦希里语	16	0	0
部族语言	12	6	2
英语	24	3	2
汉语	1	23	18

可见，尽管没有人把英语当作母语，但却普遍认为英语是其使用最熟练的，这也反映

① 本题为多选题。

出英语在坦桑尼亚所占据的地位。英语的地位，主要是由于英语使用场域范围较大，而且作为学校教育的主流语言。

仅就汉语而言，42 名被调查者中，只有 2.4% 的学生认为自己熟练掌握的语言是汉语，大部分学习者还处于欠熟练掌握（54.8%）和初学水平（42.8%）。

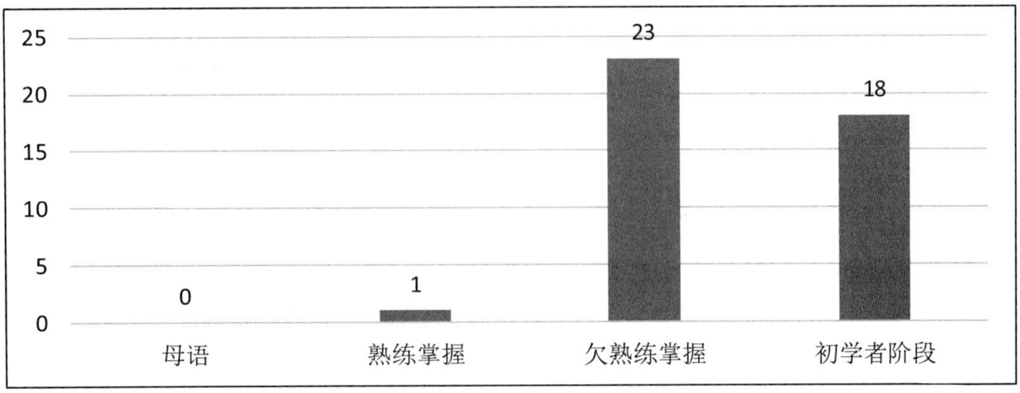

图 3　参与者的汉语水平

2.3　语言使用场域

考察这四种语言的使用场域可见（见图 4）：

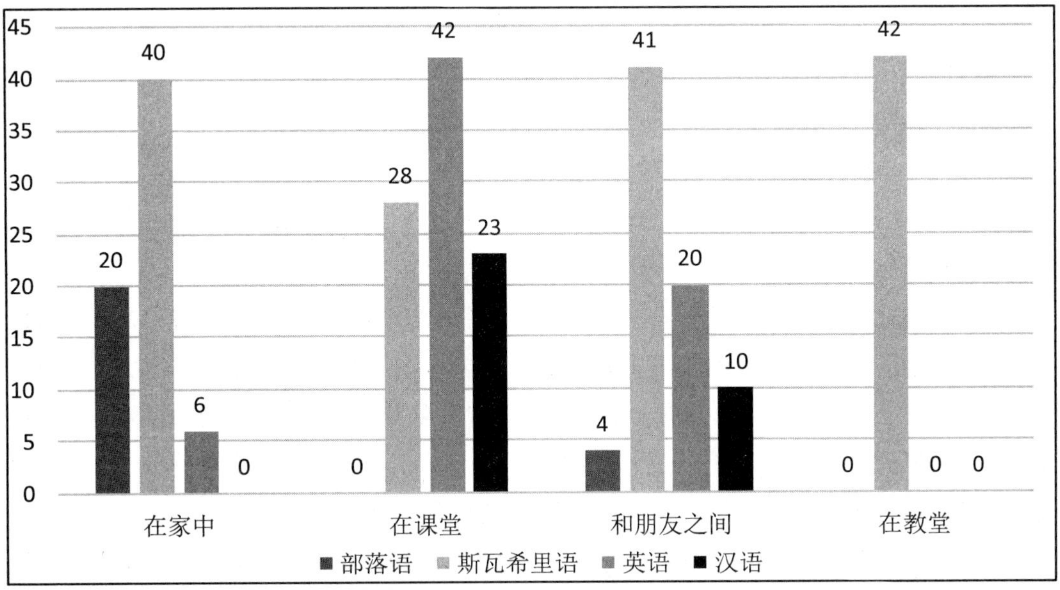

图 4　四种语言的使用场域

部族语言只有 57.1% 的被调查者会选择使用，且其中 83.3% 的被调查者只在家里和父母或祖父母交流时使用，另外 16.7% 的被调查者会在与来自同部落的朋友交流时使用。

斯瓦希里语有 95.2% 的被调查者在家庭场域使用，97.6% 的被调查者在与朋友交流时使用，教堂场域使用者则达到了 100%，课堂场域使用者却相对较少，只有 66.7%。

英语使用的主场域则是课堂，使用者高达 100%；14.3% 的被调查者在家使用英语，47.6% 的被调查者在与朋友交流时使用英语。

至于汉语，54.8% 的被调查者仅限教室场域使用，只有 23.8% 的被调查者在与朋友交流时使用汉语。

四种语言的使用场域分布也代表了坦桑尼亚一般学校里的普遍状况：

（1）斯瓦希里语作为国家规范通用语已十分普及，在除课堂外的其他场域，尤其是在公共场合，都是使用频率最高的语言。

（2）英语作为中学教学用语，也是学校鼓励使用的语言，所以在课堂使用频率最高，主要用于课堂之中和与外国人的交流。

（3）绝大分青少年都会一些本部族语言，但只限于在家里与父母交流和朋友之间使用。但是，对于自己的部族语言与部落文化，绝大部分青少年的态度是积极的，他们认为自身的文化身份认同是由部族语言承载的，他们的国家身份认同和爱国情感是由斯瓦希里语承载的。

（4）汉语的使用场域十分有限，主要是汉语课堂，另有少部分学生在课下也尝试着用汉语与会说汉语的朋友简单地寒暄几句。这虽然与三谷中学的汉语课程开设时间不长有关，但也反映出该地区甚至在坦桑尼亚的很多地区，汉语学习缺乏强烈的驱动力，汉语的活力明显不足。

三、三谷中学学生语言认同分析

本研究采用语言肖像法研究三谷中学学生对诸语言的认同。“语言肖像”是指语言使用者通过涂画的方式把个人的语言资源表示出来（Busch，2006）。语言肖像法主要用于研究在多语学校里接受过多语教育的学生对待语言的态度和意识，不仅能够缓解调查过程中参与者的紧张心理，而且涂色过程形象有趣，能使参与者仔细回顾自己的语言经历和对待语言的态度，同时也能够弥补学习者英语水平有限的不足。

在研究中，每位被试在一张人形轮廓图上给人体部位涂色，每种颜色和每个人体部位代表一种语言；涂色结束后，做一个约 10 分钟左右的小访谈，让被试描述和解释每一种特定的颜色代表什么语言，为什么选择这种颜色，涂在特定的部位表示什么意义，以显示出被试对待每种语言的态度和情感；此后，与四位英语水平较高的参与者进行了深度讨论，四位受访者都谈到了语言学习经历、语言态度、语言意识形态和今后的个人发展计划，从中我们可以发现：

3.1 斯瓦希里语是一种爱国语言，是国家公民身份的象征

在人形轮廓中，大多数学生都选择心形部分和自己最爱的颜色表示斯瓦希里语，在面积上也占有很大比重。其描述的原因是：斯瓦希里语是他们最主要也是使用最普遍的语言，心形部分代表着一颗热忱的“坦桑尼亚爱国之心”，也代表着他们热爱自己的母语。大部分参与者都说：“这是我们的语言，我们是坦桑尼亚人，我们都说斯瓦希里语。”其热爱之心可见一斑。

可见，斯瓦希里语作为坦桑尼亚的官方通用语已经深入人心。在走访与观察中笔者也了解到，如今几乎每个坦桑尼亚青少年都会说斯瓦希里语（包括姆贝亚市），这种生动形象的描述说明斯瓦希里语所代表的身份是一种坦桑尼亚国家的公民身份，所负载的是一种爱国情感，是一种民族自豪感。

3.2 部族语言是一种承载传统文化和传统习俗的语言

被试只用了小面积的身体部位代表部族语言，一是因为受访者的部族语言水平有限，二是部族语言的适用场合有限。这与图 3 显示的结果相一致。据不完全统计，坦桑尼亚有至少 169 种部族语言，且每种部族语言代表着各自的部落文化，据被试叙述，有些部落的传统习俗和传统文化只能代代口耳相传；而且，并非所有青少年都会部族语言，且他们的部族语言水平非常有限，因此在朋友之间使用部族语言的机会其实并不多。

3.3 英语是一种学校教学用语和国际交往用语

大多数被试将一只手或脚涂成代表英语的颜色，显示其实用性。坦桑尼亚很多图书都是英文的，中学生使用的教材，除斯瓦希里语科目外，都是英文的；中学的教学语言也是英语，中学各学科教师在课堂上也必须用斯瓦希里语将英文教材翻译解释给学生听。坦桑尼亚人与外国人语言交流时的第一选择是英语，因为英语是绝大多数人掌握的第一外语，几乎受过教育的人都会或多或少地说英语。

3.4 汉语是一种能给未来带来机会的语言

被试将手、脚或身体其他部位涂成黄色，因为中国人的肤色是黄色。受访者纷纷表示，随着中国国际地位的提高，汉语影响力越来越大。坦桑尼亚姆贝亚市绝大多数生活用品都是中国制造，汉字在这里的商品上随处可见。中国工厂在姆贝亚有不少投资建设项目。很

多青少年觉得中国的技术是很先进的，希望通过学习汉语去中国留学，去学习先进的科学技术和管理理念。中国有着很大的吸引力，去中国是他们学习汉语的一大动力，学习汉语是他们未来求得一个好职位的敲门砖。但目前汉语在姆贝亚市的传播刚刚起步，青少年学生的汉语水平还十分有限。

四、三谷中学学生语言使用和语言认同的影响因素

4.1 家长语言信念主导外语学习

语言信念是指家庭成员尤其是父母对待每种语言的态度。在坦桑尼亚，父母的语言信念决定着子女的语言选择，而家长的语言态度又受家长国际视野、宗教信仰，以及自身是否因语言受到经济效益等因素的影响。

坦桑尼亚人觉得，英语是青少年了解世界走向世界的一门重要的外语，是国际化的基础，因此，用英语教学的学校也更受家长欢迎，这使得在校学生的身份认同中难免会受英语文化的影响。

据走访了解，三谷中学学生家长对待汉语的态度并不相同。在姆贝亚市，有些家长长期与中国商人打交道，或者从事中坦贸易，经常往返于中坦之间，有着汉语学习的需求，对于汉语的学习愿望十分强烈，认为汉语是一门十分有用且能够帮助他们发家致富的语言，汉语的附加值是经济效益，此类家长对子女学习汉语的态度十分积极，也非常支持，很看重子女在学校的汉语学习成效，这些学生在学习中往往也比较积极主动，汉语学习成绩名列前茅。

另外一些家长经常看新闻报纸等，视野比较国际化，也比较注重子女的教育，希望子女中学毕业能够去国外留学。随着中国的崛起，中国快速发展的形象频繁出现在他们的视野里，而去欧美国家留学的机会又是凤毛麟角，所以他们看中学习汉语能够到中国留学的机会，十分愿意送子女到中国去留学，去学习先进的科技和理念。

当然，也有些家长对中国了解甚少，尚未感受到学习汉语的效益，更不了解中国政府对汉语学习的支持，对于汉语学习的态度较为冷漠，既不排斥也不支持，学生受家长语言态度的影响，学习汉语的动力也不强，汉语成绩也往往不尽人意。

4.2 多方实施语言管理影响语言学习动机

语言管理是用以干扰和影响语言实践所采取的具体措施（Spolsky，2004）。坦桑尼亚青少年家庭的语言管理主要是由父母实施。在政府部门工作或受过高等教育的父母，在

家中会有意识地用英语与子女交流，从而提升子女的英语听说水平，并且对学校英文课程的学习也较为重视；经常与中国人打交道并从中受益，或有着国际视野、了解到中国发展快速的家长，在家中会有意识地使用一些简单的汉语问候语与子女交流，也支持并注重子女在学校的汉语学习。当然，有些家长民族意识强烈，且认识到部族语濒临消失的危机，在家中会有意识地说一些部族语，并希望子女将部族语特别是部族语背后的文化传承下去。

家庭语言管理除了受家庭内部的影响，还受到外部力量的影响，例如国家、学校和机构。斯瓦希里语能够占据主流语言地位、英语能够成为学生使用最熟练的语言，究其原因就是国家语言政策的影响，二者都是国家官方通用语。而且，坦桑尼亚高等教育阶段除了斯瓦希里语专业以外都只用英语教学，为了能够更好地衔接，政府规定从中学开始英语作为教学语言。

学校或机构开设的语言课程也影响着家庭的语言规划。据了解，在坦桑尼亚姆贝亚市，还没有出现过中文教学的专门机构，影响来自于开设汉语课的学校。姆贝亚市的中学分为公立和私立两类。其中，公立中学学费较低，师资力量和学生家庭条件都较差；而一些教会学校、印巴贵族学校或者坦桑尼亚本土的私立中学，无论是外语师资水平还是学生家庭的支持力度都有明显的优势，因此私立学校学生的外语水平明显高于公立学校。近两年，由于中国驻坦桑尼亚大使馆的中学项目进驻姆贝亚地区，一些公立中学也开设了汉语课程，但总体情况仍未发生大的变化。

学校语言管理主要由校方以及孔子学院的汉语教师实施。姆贝亚市开设汉语课程的中学往往都是将汉语课直接设定为必修课，其中教学内容、教学进度、教学方式都由汉语老师来决定安排。三谷中学是当地一所私立学校，学校外语水平总体较高，授课语言为英语。2017 年 1 月起开设汉语课，目前汉语与斯瓦希里语一样作为一门必修课程，每个年级文科班都已开设；由两位孔子学院的中文老师授课，在坦桑尼亚的中学还不多见，也成为学校招生的一大吸引力。

学校开设汉语必修课程，对于部分想要学习汉语的家庭或学生来说是迎合自身发展的一大优势。但对于大部分家庭来说，汉语课程的学习还是缺乏主动性，缺乏明显的学习目标和动机。据调查，三谷中学学生汉语学习的主要社会支持来自老师、父母、朋友，如图 5 所示：

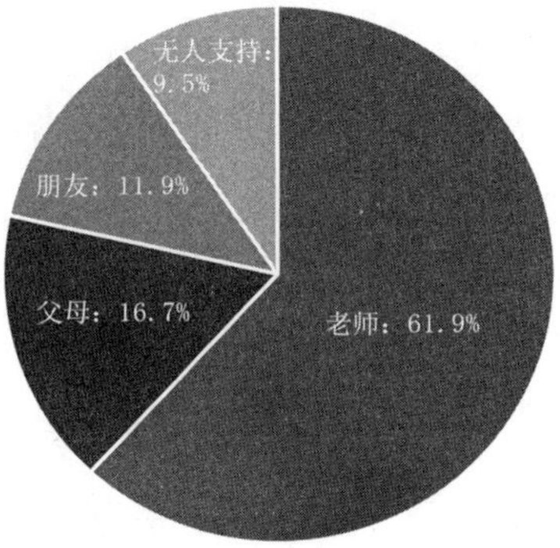

图 5　汉语学习者的社会支持

其中，在老师支持下学习汉语的最多，有 26 人，占比 61.9%；父母支持学习汉语的有 7 人，占比 16.7%；朋友支持学习汉语的有 5 人，占比 11.9%；另外 4 人无人支持，占比 9.5%。

家庭、学校的语言管理影响着学习者继续学习汉语的意愿。如表 4 所示：

表 4　继续学习汉语的愿望①

	次数 / 次	百分比 / %
1	18	42.9
2	9	21.4
3	5	11.9
4	7	16.7
5	3	7.1
总计	42	100.0

大部分学习者都有继续学习汉语的意愿，不过也有 16.7% 的人继续学习汉语的意愿非常薄弱，也有极少数人不愿意继续学习汉语（7.1%）。

4.3　家庭语言实践决定部族语言和国语的场域

语言实践是家庭成员在语言使用上的选择。如前所述，坦桑尼亚青少年在家庭中以斯瓦希里语为主要交流语言，偶尔使用一些部族语或英语。

实际上，三谷中学学生在家里会因面对的家庭成员不同而使用不同的语言。访谈发现，有些学生的祖父母辈斯瓦希里语说得不流利，甚至不会说，所以双方交流时，部族语和斯瓦希里语并用。父母辈的语言使用情况也不尽相同，出生、成长在部落地区，且没受过教

① 未来继续学习汉语的意愿由数字 1—5 代表。数字越小代表被调查者越想继续学习汉语，数字越大代表被调查者越不想继续学习汉语。其中在 3 以内（包括 3）表示愿意继续学习汉语，大于 3 表示学习汉语的意愿薄弱或者没有意愿。

育的父母，经常斯瓦希里语和部族语并用；出生在城镇、但没受过良好教育的父母，多使用斯瓦希里语；出生在城镇且受过良好教育的父母，在家与子女交流多是斯瓦希里语和英语并用。这样的语言实践和语言选择，使得青少年具有多语能力，也使得这些语言有了其特定的场域。

4.4 语言传媒影响家庭语言学习途径

在调查中，我们设定了六种家庭汉语学习途径，采用李克特五级量表法，每种途径用 1—5 五个数字标示，1 表示频率最高，5 表示从不采用，从 1 到 5 递减。数据详见表 5。

表 5 家庭汉语学习途径

		复习笔记	阅读中文书	看中文电视	听中文广播	网上学习	练写汉字
N	有效	42	42	42	42	42	42
	缺失	0	0	0	0	0	0
均值		2.83	3.86	1.76	3.98	3.95	2.98
均值的标准误		0.259	0.230	0.189	0.206	0.228	0.269
中值		3.00	5.00	1.00	5.00	5.00	3.00
众数		1	5	1	5	5	1
标准差		1.681	1.491	1.226	1.334	1.481	1.746
方差		2.825	2.223	1.503	1.780	2.193	3.048
极小值		1	1	1	1	1	1
极大值		5	5	5	5	5	5
和		119	162	74	167	166	125

六种途径的均值由强到弱排列依次为：看中文电视（1.76）、复习笔记（2.83）、练写汉字（2.98）、阅读中文书（3.86）、网上学习（3.95）、听中文广播（3.98）。

家庭学习途径中排在第一位的是看中文电视。由于中国卫星电视接收器公司“四达时代”在坦桑尼亚设立，坦桑尼亚几乎每个城市都有居民安装了中国公司的电视卫星接收器，用户都能收到中国的 CCTV 等电视频道。这也给坦桑尼亚的青少年提供了一条学习汉语的途径，也是青少年最喜闻乐见的途径。

家庭学习汉语的第二条重要途径是复习笔记和练写汉字。参与调查者都是三谷中学的汉语学习者，学生没有教材（在坦桑尼亚非常常见），老师把重点内容写在黑板上，学生们抄在笔记本上，用来课下复习。所以除了看中文电视外，对于大部分学生来说，复习笔记和练写汉字是学习汉语的重要途径。

家庭学习中最少用的是上网和收听中文广播。据了解，由于经济发展水平有限，很少有青少年能够拥有一部电脑或智能手机，收听中文广播所需的收音机、智能手机、智能调频耳机或音响等设备在姆贝亚非常少见，所以对于当地大部分人来说，上网学习或收听中文广播是一件难以实现的事。

五、结语

本文通过问卷调查、访谈和语言肖像相结合的研究方法，探讨了坦桑尼亚姆贝亚市青少年在多语言情境下的语言使用和语言认同，分析了影响因素。

基于微观视角研究坦桑尼亚及其非洲地区多语环境下学习者的语言使用和语言认同十分必要，以此为基础，可以分析汉语学习的驱动力，从而结合学习者的不同需求和动机，协助学校、家庭等多方因地制宜地制定相应的微观汉语教育规划，增强汉语学习者的主动性，为坦桑尼亚青少年汉语学习提供更加明确的政策指导、更加切合实际需求的课程设计和更加完备的教学评估方法。

参考文献

董　洁（2016）全球化语境下北京“海归”的语言社会身份——民族志个案研究报告，《全球化与应用语言学研究》第 1 期。

荒井茂夫（2007）马来西亚华人社会的语言生活和认同结构——以问卷调查为基础的分析，《华侨华人历史研究》第 2 期。

矫雅楠（2016）作为媒介的孔子学院——基于媒介环境学的视角，山东大学硕士学位论文。

李国芳、孙　茁（2017）加拿大华人家庭语言政策类型及成因，《语言战略研究》第 6 期。

李秀锦、刘媛媛（2016）家庭语言政策与儿童文化认同建构——两例民族志研究个案报告，《语言政策与语言教育》第 2 期。

莫海文（2011）坦桑尼亚小学教育语言政策的两难选择，《教育学术月刊》第 7 期。

宋　琰（2015）东南亚华裔留学生的汉语语言态度与文化认同调查研究——以华侨大学留学生为例，华侨大学硕士学位论文。

王洋涛（2014）德国孔子学院学生学习动机和中国文化认同研究，北京第二外国语学院硕士学位论文。

魏岩军、王建勤、朱雯静（2015）不同文化背景汉语学习者跨文化认同研究，《华文教学与研究》第 4 期。

赵　靓（2016）乌兹别克斯坦青少年在多语情境下的身份认同，《天津外国语大学学报》第 4 期。

Blommaert, J., Collins, J., & Slembrouck, S. (2005). Spaces of multilingualism. *Language & Communication*, 25, 197−216.

Ennaji, M. (2005). *Multilingualism cultural identity and education in Morocco.* New York: Springer Publishing Company.

Busch, B. (2012). The linguistic repertoire revisited. *Applied Linguistics*, 10, 1−22.

George, A. Mhina (1975). Language planning in Tanzania. *Linguistic Documentation for the Developing Countries, Cases, Problems, Solutions*, 1−56.

（胡亚洲，浙江师范大学国际文化与教育学院，1371281980@qq.com;
孙春颖，浙江师范大学国际文化与教育学院，chunyingsun@163.com）

多语言背景下汉语在马来西亚传播的特点与动因

王睿欣

提　要　马来西亚一直以来就是一个典型的多元种族、多元文化的社会，由此造就了多种语言共存的语言生态状况。在多种语言的交流与碰撞中，汉语在马来西亚扎根并扩散，从而形成了自己的传播历程并呈现出不同于其他区域的发展轨迹与特点。从历史与现实两个维度，呈现多语言背景下汉语在马来西亚传播的样貌，以此对汉语在马来西亚传播的特点与动因进行理性分析，不仅能明晰汉语在马来西亚多语言背景下的传播趋势，而且能为汉语国际传播的实践与研究提供借鉴与参考。

关键词　多语言；汉语传播；马来西亚；特点；动因

一、引言

汉语传播作为一种语言传播现象，是社会历史、文化、经济、教育、人口等多个维度、多种因素共同驱动而形成的复杂的语言交际行为。对其进行历史的追溯和现实的考察，才能透过现象而对汉语传播的本质与规律做出理性的分析和判断。汉语在东南亚传播的历史之悠久、规模之巨大、范围之广泛、汉语方言之多样、时间持续之长，都是世界其他地区所无法比拟的（罗骥和钱睿，2014）。马来西亚作为东南亚的重镇，自古以来就是一个典型的多元种族、多元文化的社会，由此而造就了多种语言共存的语言生态状况。在多种语言的交流与碰撞中，汉语在马来西亚扎根并扩散，从而形成了自己的传播历程并呈现出不同于其他区域的发展轨迹与特点。作为汉语国际传播的研究对象，马来西亚汉语传播无疑是一个很好的样本。因此，从历史与现实两个维度，呈现多语言背景下汉语在马来西亚传播的样貌，对汉语在马来西亚传播的特点与动因进行理性思考，不仅可以明晰汉语在马来西亚多语言背景下的传播趋势，而且对当今汉语国际传播的实践与研究具有历史借鉴意义和现实价值。

二、多语言背景下汉语在马来西亚传播的历史和现状

马来西亚是一个多民族、多文化的国家。马来人、华人和印度人是马来西亚三大主要民族，各民族都有自己的语言与文化。马来西亚多民族、多文化的社会特点决定了马来西亚语言上的多样化。在马来西亚使用的语言主要有马来语、英语、华语、泰米尔语等。马来语是占马来西亚人口 68% 左右的马来人的民族语言，它在伊斯兰教的传入和殖民统治的背景下形成与发展起来，在 1957 年马来西亚独立后通过政府的强制性规定和措施，被确立为马来西亚的国语和官方语言。从 19 世纪初开始，英国对马来西亚实行了为期较长的殖民统治，英语因此而被确立为马来西亚的官方语言，并通过学校教育、各种英制学校的建立得以强行推广开来。殖民时代虽然早已经结束，但英语对马来西亚语言文化的发展起到了极其深刻的影响，加上其国际影响力，仍被作为官方语言广泛地使用在行政、工商业、科技教育等领域。汉语是占马来西亚人口 23% 左右的华人的民族语言，随着海上贸易和华人移民的形成与发展而在马来西亚得以传播，并成为华人社会交际的通用语。泰米尔语是占马来西亚人口 7% 左右的印度人的民族语言，伴随印度教传入马来西亚的历史较早，18 世纪殖民时期大批印度移民来到马来西亚充当劳力，泰米尔语就此主要作为印度人的通用语传播开来。在多语并存的环境下，马来西亚很多公共设施的指示牌、商业招牌等都共同使用马来语、英语甚至华语、泰米尔语进行书写，而马来西亚语言使用者之间至少通用两门语言——马来语和英语，人们用两种或者两种以上决然不同的语言进行交谈则是常见的现象。正是在这样的多语言背景下，汉语在马来西亚得以传播并形成了自己的发展历程。

2.1 汉语作为母语在马来西亚传播的历史和现状

早在秦汉时期，就有中国商人通过海上贸易航线来到马来半岛，成为早期华侨，汉语便随之而来。隋唐至宋元时期，中国与东南亚之间的经贸、文化交流更加频繁，更多的中国人来到马来半岛进行贸易活动并定居下来。明朝中后期开放海禁，中国人来马来半岛谋生及定居的愈发多了。据历史记载，大约在 15 世纪初叶，定居于马来半岛的华侨就开始建立自己的族群和社区（郑良树，1998：19），汉语以方言的形式而在马来半岛落地生根。从鸦片战争特别是清政府承认国民前往海外谋生的权利开始，来自广东、福建、海南等地的中国人大量移民马来西亚各地。为了让众多华人后裔受教育，建立私塾成为当时华人传承汉语的主要方式。在五四运动后，私塾纷纷跟随中国的教育改革，把教学语言由方言改为中国的华语。从此华文教育（汉语作为华人的母语教育）在马来西亚兴起，汉语得以以正规的教学方式在华裔中传承。经过 200 多年的曲折发展，从华文小学、华文中学到

华文大专的完整华文教育体系已经在马来西亚建立，其受众之广、教学之规范在中国（含香港、澳门、台湾）之外都是绝无仅有的，因而在全球汉语传播体系中独树一帜（吴应辉，2015）。

2.2 汉语作为第二语言在马来西亚传播的历史和现状

早在15世纪，马六甲王朝的官员和商人就开始学习汉语以便与中国进行经贸、政治往来（叶婷婷，2013：62）。而马来西亚汉语作为第二语言教学的历史则始于16世纪葡萄牙人占领马六甲时，当地的葡萄牙人为了到中国建立邦交、传教和经商而学习汉语。19世纪初英殖民者在马六甲创办了英华学院，教授传教士汉语以便让他们到中国传教；20世纪50年代为了进一步瓦解马来西亚共产党的影响力，英殖民政府开办汉语学校教授非华裔官员汉语，包括各种方言（叶婷婷，2013：63）。1957年马来西亚独立后，民间非华裔学汉语的风气并不盛行，大部分为大专学府里的马来裔大学生，他们学习汉语的目的是与本地华裔同胞交流和与讲汉语的商家进行贸易、提供服务等（陈朝义和何富腾，2007）。到了20世纪60、70年代，相继有马来亚大学、玛拉工艺学院等四所国立大学为非华裔学生开设了汉语课程。90年代，中国崛起带动了汉语学习的潮流，越来越多的非华裔投入到汉语的学习中。近20来年，全球兴起的“汉语热”使汉语在马来西亚的传播扩展到了更多的族群中。2011年汉语课被纳入到国民小学、国民中学的正式课程中，这标志着汉语作为第二语言教学被正式纳入国民教育体系。现在，除了马来西亚所有20间国立大学都开办汉语课程之外，许多私立大专院校也开办了汉语班（何富腾，2014）。此外，汉语学习及培训机构、国际学校特别是孔子学院的建立，也为汉语在马来西亚的进一步传播提供了助力。

三、马来西亚汉语传播的特点

3.1 马来西亚汉语传播的二维路径：空间的传播和时间的传播

从目前世界各种语言传播的方式看，语言的空间传播大致包含三种方式：移民语言成为移民地的主导语言即占据式传播；移民语言被移民地的土著语言所同化即变异式传播；移民语言以混合了移民地其他语言的形式在移民地传播即蔓延式传播（潘巍巍，2015）。以此传播方式来考察，可以发现在马来西亚汉语主要作为华人移民的共同语而存在并处于马来语、英语的包围之中，华人如果需要与马来人、印度人等其他族裔沟通，则必须使用马来语或英语。在多语环境下，马来西亚汉语方言作为最初的汉语传播形式，虽然与中国的汉语方言同出一源，但要表达当地事物时会受马来语、英语的影响从而形成一些特有的汉语词汇，再加上不可避免地受华人移民原居地方言的影响，使得汉语在马来西亚的传播一方面不断向汉语普通话靠拢，一方面呈现出马来西亚的本土特色与风土人情。因此，马来西亚的汉语并不完全等同于华人移民原居地的方言，也不完全等同于汉语普通话，而是一种以汉语普通话为主、夹杂了马来语、英语和汉语方言的混合语，从而呈现出典型的蔓延式传播的特点。

时间传播则可通过明文规定的政策来传播语言的显性传播和通过语言意识及实践活动来传播语言的隐性传播来体现（潘巍巍，2015）。在马来西亚，汉语的隐性传播要远远早于显性传播，汉语意识及其实践活动远远早于相关汉语政策的制定与出台。早在 15 世纪，汉语作为华人移民的通用语和非华裔的第二语言，就开始在马来半岛传播。19 世纪到 20 世纪，汉语学校出现、华文报刊兴办、华文教育建立等实践活动极大地推动了马来西亚的汉语传播。而关于汉语传播的政策直到 20 世纪 20 年代才出现，即当时英殖民政府实行的“学校注册法令”，虽然此项法令在一定程度上限制了华文教育的自由发展，但同时也确立了华文教育的合法性。此后，《1952 年教育法令》出台，把汉语列为第三种语文并排除在国家教育制度之外。此项推崇马来语至上的单元化语言政策深刻影响着马来西亚教育的走向，也攸关华文教育的生死存亡。在语言政策的不断打压下，华文教育蹒跚而行。直到 90 年代，华文教育在国内外局势与政策发生相对变化的影响下，才逐渐获得一些相对宽松的发展环境。对于汉语作为第二语言教学，直到《1996 年教育法令》才做出了相关规定，即国小的汉语课程正式开放予各族学生选修；2007 年开始，政府推行“国小华文班”；2011 年，教育部把汉语纳入国中、国小的正课。由此可见，汉语在马来西亚的时间传播以隐性传播为主辅以显性传播，隐性传播起着支撑和决定性作用，从而影响着汉语传播的行为和实践。

3.2 马来西亚汉语传播的方式：扩散与交际

国际上关于语言传播的研究基本上围绕两条线索展开：一条是在“语言扩散”的意义上探讨语言在地理上的扩散结果，另一条是在“语言交际”的意义上考察社会成员如何在日常生活的互动中以语言建构对话的意义（卢德平，2016）。以“语言扩散”的线索来观察，汉语自古便以非霸权的方式从中国传播到马来西亚，没有取代马来语、英语等当地语言，而与这些语言并存于马来西亚的社会生活中，并由此遍布马来西亚，从而丰富了当地的语言生活，一定程度上达到了“语言扩散”的效果。从“语言交际”的线索考察，汉语已经成为马来西亚华人社会交往的基本方式，并带有明显的母语文化传承的色彩，因而是一种典型的母语共同体内部的语言传播。但从汉语传播跨种族的典型特征看，汉语从华人的族内传播向非华人的族际传播的位移虽然存在，但还没有进入马来西亚非华人族群的社会生活场域，成为其他族群的社会交往方式。这是因为语言的传播往往并非由语言本身所决定，而是很大程度上取决于语言携带者的移动性，特别是具有强势政治、经济、文化背景的语言携带者的移动性（王建勤，2016）。马来西亚基本上是一个以马来人为主导的社会，华人作为汉语携带者，其在人口、政治、文化上与马来人相比都不具优势，再加上马来语至上的单元化语言政策以及英语在国民教育体系中的普遍性制度安排，与汉语的扩散和传播构成了一定冲突，使得长期以来汉语在非华人中的传播程度不高。因此，虽然华人搭建了一个真实、自然的汉语交际环境，但华人需要与马来人、印度人建立交际情境时，会选择用马来语或英语而非汉语来进行，由此丧失了以汉语为对话平台形成社会交际的机会。反之，对马来人、印度人而言，用马来语和英语与华人进行交往是更自然而便捷的选择。因此，从这个角度说汉语还没有真正进入非华人族群的社会交往生活。

3.3 马来西亚汉语传播的力量：外部的推力和内部的拉力

一种有效的汉语传播，既要考虑来自于传播国的外部推力因素，也要考虑对象国内部生成的拉力因素，以及二者之间的关系（卢德平，2016）。在马来西亚的汉语传播过程中，中国通过经济、文化等方式在师资、教学等方面给予了很大的帮助与支持。以孔子学院为例，2017 年已与当地 20 余所大学、中小学展开合作并开设汉语课程，注册学员已近万人，以此足见中国对汉语在马来西亚传播的促进作用。马来西亚政府虽然对华文教育和汉语教学已经有了比较开明的态度和一定的政策支持，但对其缺乏规划，发展力度明显落后于泰国、菲律宾等其他东南亚国家。究其原因不过是马来人至上的单元化政策导致了多元族群在政治、经济、文化、教育上的长久分化，从而体现为汉语族群与马来语族群语言角力的事实以及在推动非华人学习汉语上的裹足不前（叶婷婷，2013：167）。因而，从宏观层面上看，马来西亚汉语传播的内部拉力要明显弱于外部推力。

但从中观和微观层面看，马来西亚汉语传播的内部拉力在不断增强。汉语在服务业、旅游业、国际贸易、行政管理机构的需求不断增长。相关调查显示，有 74% 的机构管理层希望马来裔员工修读汉语以更有效地服务国内外客户。① 而汉语也逐渐成为马来西亚人的语言学习目标。据统计，2017 年华文独立中学总人数自 2003 年起连续 15 年保持增长，增幅达 61%。② 目前，就读华文小学的非华裔学生近 10 万人，华文小学因此成为各源流小学中不同种族学生就读比例最高的学校。③ 同时，各高等院校的大学生对汉语的学习也蔚然成风。因此，马来西亚汉语传播中观和微观层面的内部拉力即民间力量，明显强于宏观层

---

① 《到北京学汉语，马来学生有感动》，http://news.seehua.com/?p=31830(2017-11-6).

② 孔婉莹《连续 15 年增长，今年独中生 8.5 万创新高》，http://www.sincheac.com.my/node/1704710（2017-11-25）.

③ 《非华裔生达 15%，华小面对教学问题》，http://www.orientaldaih/.com.my/s/230917(2018-2-7).

面的内部拉力，从而成为推动汉语在马来西亚传播的中坚力量。

3.4 马来西亚汉语传播的标准：规范化与本土化

早期，马来西亚华人以各自的籍贯方言来传承汉语；五四运动后，特别是随着华文教育的兴起，中国的“国语”成为汉语传播的主导标准。20世纪50年代到70年代，马来西亚的娱乐节目、文学读物等文化产品主要来自中国台湾或香港地区，因此汉语受到了中国台湾地区“国语”的一定影响。中国改革开放之后，随着马来西亚与中国文化交流的加强，马来西亚采用了中国通行的汉语拼音方案并开始普遍地从繁体字改用简体字。21世纪开始，马来西亚华人与中国的交流日渐频繁，使得汉语在用词、发音等方面也逐渐向汉语普通话靠拢。近10年来，随着中国的发展及汉语传播的影响，马来西亚受汉语普通话的影响越来越大，其标准化不断加强。在媒体或公共场合，华人一般都会采用标准汉语普通话作为媒介语来进行沟通，但是在私人领域则会用有本土特色的汉语（马来西亚华语）来交流。这种在修辞、腔调、文法、词汇等方面都带有马来语、英语和闽粤等方言痕迹的马来西亚华语在当地的历史、文化与社会环境影响下形成，虽然与标准的汉语普通话有差异，但是却反映了汉语传播在地化过程中的本土性特征。因此，政府、媒体、教育机构等也采用了各种方式来规范马来西亚的汉语使用，推进汉语传播的标准化。此外，马来西亚的汉语教学由于受当地各方面因素和条件的限制，在国民中、小学之外包括国立大学的汉语教学普遍缺乏统一的标准，其教师、教材、教学方法缺乏专业性的要求与规范，而呈现出杂乱无序、素质不高的特征。随着汉语传播的不断推进，当地也在发展专业的汉语教学课程、编写适合本土不同层级需要的汉语教材、研讨与推广教学方法等方面对汉语教学进行规范化建设。

四、马来西亚汉语传播的动因

4.1 华人移民与文化是马来西亚汉语传播的原动力

华人来到马来西亚并逐渐建立起以汉语为通用语的“华人社区”，从而为汉语在马来西亚的落地生根奠定了基础。后来，华人移民逐渐从侨民转变为国民从而慢慢向“华人社会”转变。带着对母国、母语的深厚认同和归属，华人社团、华文教育、华文报纸应运而生，它们以点状扩散式在海外传播中华文化、又以网状构建海外汉语传播系统（李洁琼，2017），从而成为中华文化优秀的继承者与宣传者和汉语的重要传承者与传播者。因此，可以说马来西亚华人的移民史既是华人社会的发展史，也是汉语在马来西亚的传播史（李洁琼，2017）。而华人移民形成的“华人社区”及其由此而构建的华人社会与文化才是汉语在马来西亚延续至今的原动力。

4.2 经济价值是马来西亚汉语传播的主动力

海上贸易是汉语漂洋过海能够在马来西亚传播的关键因素。一方面，汉语伴随着华商的移民与定居而在马来西亚扎根；另一方面，由于海上贸易的需要，非华裔也开始学习汉语。这一时期的汉语传播可称作“贸易拉动式”汉语传播（王建勤，2016）。时至今日，中马之间的经贸关系不断加强，“一带一路”倡议使双方的经贸合作更加紧密。截至2017年中国连续8年成为马来西亚的最大贸易伙伴，双边贸易额达近千亿美元。目前，中国已成为马来西亚制造业最大的外资来源地，工程施工承包最主要的合作方，也是马来西亚第三大游客来源国。[①] 因此，汉语在马来西亚的商业、经贸、旅游等领域的经济价值不断得以提升与彰显。现在，汉语在马来西亚社会不仅仅是一种语言工具，更是一种能够带来直接经济效益的技能，这是大多数马来西亚人包括非华裔学习汉语的主要动机。可以说，不管在历史上还是在现今，经济价值都是汉语在马来西亚传播的主动力。

4.3 语言政策是马来西亚汉语传播的助力

汉语在马来西亚传播一定程度上受到政治因素的影响。历史上，宋、元、明、清在不同时期都采取过支持海外贸易、开放海禁和海外谋生权的政策，这些举措加速了华人移民的到来，极大地推进了马来西亚的汉语传播。后来英殖民政府将华文教育合法化，从而给予了汉语传播生存的空间。马来西亚独立后，虽然政府对华文教育及汉语教学一直持限制或保守的态度，但随着中国综合国力的提升和中马经贸关系的发展，将汉语纳入国民教育体系、与中国签订《高等教育学位学历互认协议》及马来师资培训的合作项目等都不同程度推动了汉语的进一步传播。现在执政的新政府对汉语传播采取了更为开明和支持的政策，在继续扶持华文小学的同时，首次对未被纳入国民教育体系的华文独立中学进行了拨款资助。当然，中国政府也通过建设孔子学院、选派与培养汉语教师等方式积极支持马来西亚的汉语传播。由此可见，中马双方所采取的语言政策和措施已成为汉语在马来西亚能够不断传播的助力。

---

①《中国驻马来西亚大使：中马经贸合作经济巨大》，http://my.xinhuanet.com/2017-12/13/c_129765079.htm(2017-12-13).

4.4 媒体、网络是马来西亚汉语传播的重要因素

华文媒体作为马来西亚华人与母国、母语连接的重要桥梁和纽带，对华人的民族认同、文化认同和汉语传承具有重要意义。马来西亚是海外华文媒体历史最久、数量最多，体系最全的国家。从媒体类型看，传统华文媒体的主要形式是报纸、杂志、电视台、广播。目前，马来西亚有 19 种华文报纸、63 种华文期刊（赵健，2015）、10 多家华文电视台、10 多个华语电台，其中华文报纸的日销售量已超过马来文报和英文报 （李洁琼，2017）。通过华文媒体的传播，不仅让华人提高了自己的汉语水平，也培养出更多有兴趣和能力接触华文媒体的受众。近年来，新媒体出现后，马来西亚的网络电子媒体兴起。2000 年前后，《南洋商报》《星洲日报》等多家华文报刊开办了电子版，新兴的华文网络媒体不断涌现。这些华文网络媒体快捷、即时、无地域限制的特色在汉语传播上具有巨大的潜能，其在教学上的应用进一步拓展了汉语传播的时空，满足了市场的不同需求，因而对马来西亚的汉语传播起到了积极的推动作用。

五、马来西亚汉语传播的趋势

5.1 在经济价值的拉动下，汉语在马来西亚的传播还有很大的空间，但在短期内不可能与马来语、英语并驾齐驱

随着“一带一路”倡议的推进，马来西亚需要更加频密地与中国进行经贸往来，就需要一批掌握汉语的人才，汉语的经济价值因此而不断得以凸显。所以，非华人族群中“汉语热”的出现不仅是官方鼓励的结果，更是当今汉语经济价值的一种体现（郑通涛等，2014）。马中经贸关系的紧密发展为汉语在马来西亚的传播奠定了经济基础，同时为汉语传播的发展提供了更有利的条件和更大的空间。但是应该看到的是，强制性推动马来语一体化的单元主义政策仍然是主流，马来语至上的国语传播地位依然是影响汉语传播的主要因素。再加上英语在殖民时代根植于马来西亚教育体制的影响及其巨大的国际市场价值，使得英语在马来西亚仍然居于官方语言地位，在某些社会场域甚至超越了马来语的地位。因此，虽然汉语在马来西亚将获得更大的传播空间，但是短时间内不可能改变语言格局而成为与马来语、英语并驾齐驱的语言。

5.2 汉语在非华人族群中的传播速度及其增长幅度将快于、大于华人族群

近年来随着华人生育率的大幅下降、城市人口老化、国际学校的蓬勃发展，马来西亚华文小学的华裔学生逐年减少，10 年来共减少 11 万华裔学生。而与此相反，随着汉语

使用价值的不断提升，华文小学的非华裔学生却日渐增加，族群比率差异逐渐缩小。7 年来共增加近 3 万非华裔学生，增幅达 6.16%，非华裔学生人数已占华文小学学生总人数的 15%（马来西亚华校教师会总会，2018）。华文小学非华裔学生占比越来越大、华裔学生日益减少已经成为事实，也成为华文小学生源结构的未来趋势，这一现象也日益显现在华文独立中学的生源结构中。这种冷热不均的状况折射出随着人口、教育、经济等因素的发展变化，马来西亚汉语在非华人族群中的传播速度及其增长幅度将明显快于、大于华人族群的传播速度及其增长幅度。

5.3 汉语作为母语传播与作为第二语言传播的相互交融

从汉语传播的性质看，马来西亚的汉语传播一直以来就包含着华人的母语传承和非华人的第二语言传播两个部分，这两个部分的历史一样很长，但发展的状况却不尽相同。21 世纪以前，汉语作为华人的母语传承得到了全面完善的发展并成为汉语在马来西亚传播的主要形式和主要场域，汉语作为非华人的第二语言传播则处于松散式微的状态；21 世纪以来，汉语作为华人的母语传承继续发展的同时，汉语作为非华人的第二语言传播快速发展起来，成为汉语在马来西亚传播的重要形式和重要场域。现在，这两种性质的传播在相当多的空间里发生了交融：华文小学和华文独立中学的非华裔学生不断增加，从而形成了汉语作为母语传承下的特殊的第二语言传播；国民型、国民中学的汉语课被设置为第二语言课程，对于在其中就读的相当比例接受过汉语母语教育的华裔学生而言，又形成了汉语作为第二语言传播下的特殊的母语传承；而在国际、私立中小学，以上两种传播方式的交融大量存在于汉语课堂中。可见，汉语作为母语传播与汉语作为第二语言传播的相互交融、汇合将是马来西亚汉语传播的趋势。

5.4 华人作为汉语传播的客体同时又是汉语传播的主体，仍然是汉语在马来西亚进一步传播的主力

华人在马来西亚的汉语传播中扮演着重要角色，其经过上千年的发展让汉语在马来西亚落地生根，又通过 200 多年的华文教育让汉语在华裔子弟中传承。因此，他们既是汉语的传承者，又是汉语的传播者；既是汉语传播的客体，又是汉语传播的主体。随着“一带一路”倡议的实施，华人在马来西亚的汉语传播中发挥着更为重要的作用：（1）实现汉语人才的本土化培养。通过华文教育培养既懂马来语、英语又懂专业的复合型汉语人才。这些人才在中马经贸关系的发展中起着越来越重要的作用。（2）实现了汉语师资的本土化培养。通过设立中文系和专门的应用华语教学专业为汉语教学培养师资，从而成为马来西亚汉语师资的主要供给者。（3）带动东南亚汉语传播的发展。通过教材和教学资源的

研发、师资的培养与培训等方式辅助印尼、菲律宾等其他东南亚国家的汉语传播。由此可见，华人仍然是推动马来西亚汉语进一步传播的主力。

六、结语

历史上，海上丝绸之路为汉语南下提供了条件并为汉语在马来西亚的传播奠定了基础。而今“一带一路”倡议为汉语在马来西亚的传播提供了新的动力。我们应借“21 世纪海上丝绸之路”的发展，助力汉语在马来西亚的进一步传播，让汉语走进马来西亚的社会语言生活，实现汉语传播从地理上的“语言扩散”向日常生活“语言交际”的转化，从华人的母语教育向非华人的二语教学的拓展，从而反向助力于“一带一路”倡议的实施，实现汉语在马来西亚多语言背景下的传播价值。

参考文献

陈朝义、何富腾（2007）浅谈马来西亚土著大学对外华语教学的研究及贡献，《华文学刊》第 5 期。
何富腾（2014）马来西亚国立大学华语教学及教师能力标准研究，马来西亚拉曼大学博士学位论文。
李洁琼（2017）“一带一路”背景下的东南亚汉语传播，《长江丛刊 • 理论研究》第 10 期。
卢德平（2016）汉语国际传播的推拉因素：一个框架性思考，《新疆师范大学学报》（哲学社会科学版）第 1 期。
卢德平（2016）汉语国际传播的理论维度，《语言战略研究》第 4 期。
罗　骥、钱　睿（2014）东南亚汉语传播历史研究：现状与思考，《云南师范大学学报》（对外汉语教学与研究版）第 2 期。
马来西亚华校教师会总会（2018）2008 年至 2018 年华小学生人数的演变，以及华小建校和迁校的发展实况，http: //web.jiaozong.org.my/index.php?option=com_content&task=view &id=4755&Itemid=1（2018-9-3）。
潘巍巍（2015）语言传播的本质规律探究，《云南民族大学学报》（哲学社会科学版）第 2 期。
王建勤（2016）“一带一路”与汉语传播：历史思考、现实机遇与战略规划，《语言战略研究》第 2 期。
吴应辉（2015）汉语国际传播背景下马来西亚华文教育功能的新定位与新拓展，华语文教学的理论与实践研讨会论文，马来西亚新纪元大学学院。
叶婷婷（2013）《马来西亚高校汉语作为二语教学发展研究》，北京：中央民族大学出版社。
赵　健（2015）华侨华人：建设 21 世纪海上丝绸之路的独特力量，《玉林师范学院学报》（哲学社会科学版）第 3 期。
郑良树（1998）《马来西亚华文教育发展史》（第一分册），吉隆坡：马来西亚华校教师会总会。
郑通涛、蒋有经、陈荣岚（2014）东南亚汉语教学年度报告之三，《海外华文教育》第 3 期。

（王睿欣，马来西亚新纪元大学学院教育系，ruixin.wang@newera.edu.my）

商務印書館 最新推出

《对外汉语教学概论（修订本）》

主编：赵金铭 开本：16开 书号：978-7-100-16619-5 定价：69.00元

《对外汉语教学概论》作为应用语言学精品教材，于2004年推出后，每年重印，已成为语言学及应用语言学专业和汉语国际教育专业学习者和新教师的必读书。

15年来，汉语作为第二语言教学学科，不断发展，取得了新的研究成果。此次修订，本着为满足应用语言学学习者的需求，并为对外汉语教师培训提供较为全面的参考资料的原则，仍以阐释基本概念、基本理论、系统知识为主，结合学科发展和教学实际，介绍本学科的科学本质及其特色。

本次修订坚持精简、增新的原则，对原书的基本框架不做大的变动，增加本学科各分支领域的新的研究进展，适当删改较为陈旧的知识与表述，兼顾学术性与普及性，更加适用和实用。

http://www.cp.com.cn

商务印书馆官方微信

ISBN 978-7-100-17881-5

9 787100 178815 >

定价：40.00元